LOCUS

LOCUS

LOCUS

LOCUS

from

vision

from 128
終極慢活：
現在是當老人最好的時代
作者：卡爾．歐諾黑（Carl Honoré）
譯者：許恬寧
責任編輯：潘乃慧
封面設計：三人制創
校對：呂佳真
出版者：大塊文化出版股份有限公司
www.locuspublishing.com
台北市 10550 南京東路四段 25 號 11 樓
讀者服務專線：0800-006689
TEL：(02) 87123898　FAX：(02)87123897
郵撥帳號：18955675
戶名：大塊文化出版股份有限公司
法律顧問：董安丹律師、顧慕堯律師

總經銷：大和書報圖書股份有限公司
地址：新北市新莊區五工五路 2 號
TEL：(02) 89902588　FAX：(02) 22901658

初版一刷：2019 年 6 月
定價：新台幣 400 元
Printed in Taiwan

Bolder

終極慢活

Making the Most of Our Longer Lives

現在是當老人最好的時代

《慢活》作者 熟年創意省思大作

Carl Honoré

卡爾・歐諾黑 著 許恬寧 譯

目錄

本書獻給墨瑞斯（Maurice）與丹妮爾（Danielle）

老不老，是心態問題。
不把自己活得老態龍鍾，就不老。
——美國作家馬克．吐溫（Mark Twain）

前言　不想過生日？門都沒有！

我希望在年老前死去。

——英國搖滾歌手皮特・湯申德（Pete Townshend），〈我這一代〉（My Generation）

我本人數十年如一日的興趣，就是抓著球桿追逐小球。加拿大的國球冰上曲棍球，對我來說意義重大，遠遠不只是一種樂趣十足的運動。磨人的訓練除了能鍛鍊體力，也是與朋友相聚的好機會，順便又能感受一下母國的精神。此外，打球還能讓我忘卻年齡，不去管什麼長日將盡的事。每當我的球桿貼上冰球，我的心瞬間雀躍如青少年。年齡什麼的，哪裡重要？

然而，自從我前往英格蘭北部的蓋茨黑德（Gateshead），在那個藍領階級聚集的市鎮，參加了一場冰上曲棍球錦標賽，一切都變了。

我的球隊打進前八強，和去年輕鬆痛宰的對手陷入一場苦戰。眼看比賽時間即將結束，兩隊依舊處於平手。我感受到隊友身上又氣又惱的情緒，時間只剩一分鐘，要打PK賽了，我孤注一擲，決定使出冰上曲棍球最難的險招。

裁判重啟比賽，把球擺在雙方陣營的兩名前鋒之間，重新爭球。這可是考驗力量、平衡、反射的大挑戰，需要手眼協調能力，腦筋也得轉得快，目標是奪取控球權。重新爭球後立即得分是罕見的情況，然而在那場八強賽中，我險中求勝，在沒有任何人來得及反應之前，在距離球門五公尺處，瞬間將冰球擊至門網底角。與我爭球的對手暗罵一聲髒話，守門員更是氣到把球桿摔在地上。我的隊伍順利進入準決賽，立了大功的我興奮到飄飄然。

裁判吹哨，隊友擁抱、擊掌，剛才那個得分的瞬間，不斷在我腦中重播。我優哉游哉，閒晃進更衣室。臭烘烘的濕球衣堆成的小山旁，一名錦標賽的工作人員正在查看各隊資料，比對球員年齡。他發現最年輕的參賽者是十六歲，那最年長的呢？「嘿，是你耶！」那位工作人員有點興奮過頭地大喊：「你是這場錦標賽中年紀最大的球員！」

那一年，我四十八歲，頭上早就冒出很多白髮，眼角也浮現魚尾紋，但那位工作人員脫口而出的話，依舊讓我愣在原地。在八強賽中使出制勝一擊的精采重播畫面，瞬間被該死的算術給取代：這次錦標賽一共有兩百四十名球員上場，每個人都比我年輕，我瞬間從大英雄變老爺爺。

我走出更衣室，仔細打量場上其他球員，腦中有無數個問題在打轉：我來這裡比賽，是不是看起來格格不入？人們是不是在偷笑我？我是不是曲棍球版的老牛吃嫩草，靠著交二十歲的小女友，證明自己五十歲依舊是一尾活龍？是不是該從事輕鬆一點的休閒活動，例如玩玩賓果？

我們每個人都有碰上那一刻的一天：一盆冷水澆下來，你突然間感到自己老了。出生日期曾經只是身分證上的一串數字，如今卻成為冰冷的嘲諷，提醒你人終有一死，還在你耳邊低語著：你已經開始走下坡。狗公腰一去不復返，愈來愈寬廣，坐在搖椅上的日子不遠了。隨心所欲的時光已經消逝，你開始擔心自己做的事情合不合乎自己的年齡。穿這套衣服，會不會像是年紀一大把還在裝年輕？留這個髮型、做這種工作、跟這個人交往、喜歡這樣的樂團、從事這類運動，真的合適嗎？那個被雷打中的一刻，可能是某個特定歲數的生日到來、生了一場病或受傷、被甩了，或者是爭取升遷失利、親友過世等等。我的那一刻，發生在被指出是整場曲棍球錦標賽中年紀最大的球員。

不過呢，要是仔細研究一下，就會發現其實不必那麼悲觀：人類壽命在二十世紀出現重大革命，老當益壯的人數如今創下歷史新高。由於營養、健康、科技、衛生與醫療突飛猛進，吸菸人口下降，收入上升，我們的壽命因而大幅增長。全球人類出生時的預期壽命，自一九〇〇年的三十二歲大增一倍以上，達到今日的七十一．四歲，在富裕的國度更是超過八十歲。自一九六三年起，日本每一位過百歲生日的國民，政府都會致贈銀製酒杯祝壽，但二〇一五年後中斷了這項傳統，因為日本現在百歲人瑞隨處可見。

當然，在二十世紀之前，歷史上就有長壽之人。人類史上多數時期的平均預期壽命之所以那麼低，是因為兒童死亡率相當高。前工業時代的人如果能活到成年，接著就有機會再活很長一段時間。按文獻紀錄來看，羅馬帝國有百分之八的公民活過六十歲，十七、十八世紀的英格蘭、法國、西班牙超過百分之十，例如科學家牛頓活到八十四歲。極度高壽的耆老，不時還會成為人們爭相傳誦的大新聞。一六三五年過世的農場工人湯瑪斯．帕爾（Thomas Parr），聲稱自己這輩子活了一百五十二年，英格蘭舉國為這位人瑞瘋狂。有人說，帕爾其實是把祖父的出生年跟自己的搞混了，但英格蘭的民眾依舊津津樂道他的事跡，包括簡樸的飲食習慣（「半腐的起司、各種奶類、粗麵包、以酸乳清為主的小酒」），以及多采多姿的愛情生活，甚至百歲時還因通姦生子到教會懺悔。帕爾太出名，同時代的歐洲宮廷畫家范戴克（Van Dyck）與魯本斯（Rubens）都畫過以他為名的「老帕爾」（Old Parr），他死時葬在王公貴族與名人雅士安息的倫敦西敏寺。

雖然從來沒人能活得像帕爾宣稱的歲數那麼長，不管怎麼說，近代的長壽革命都讓人類的壽命大躍進，標示著人類文明的一大進展，理應自豪。然而，我們通常不覺得有什麼好慶祝的。為什麼呢？主要是因為我們看待老年的態度，跟不上整體人口壽命暴增的速度。一想到還會再活那麼多年，我們的反應通常不是開香檳慶祝，而是仰天長嘆。我們沒有因為在曲棍球賽中寶刀未老而志得意滿，只會為了後退的髮際線長吁短嘆。

公共論壇在探討壽命增長的現象時，通常憂心忡忡，把長壽當成一種負面趨勢，宛如氣候變遷或貧富差距加大。媒體在報導全球的百歲人口如今超過四十五萬人，或是六十五歲以上人口很快就會超越五歲以下人口時，免不了加油添醋、繪聲繪影，說「銀髮海嘯」即將來襲，帶來「滴答作響的炸彈」。末日預言家警告，老人多，將帶來經濟停滯、勞工短缺、國庫破產、股市下跌、社福崩潰、世代相爭、創新消失。如果不快點鬆綁安樂死法規，喜歡倚老賣老的失禁老人將壓垮我們所有人。

我們恐懼社會上的老人，也害怕自己變老。各位上次見到迫不及待迎接四十歲或五十歲生日的人，是什麼時候？遑論過六十歲或七十歲生日。要是能一路活到八、九十歲以上，的確是可喜可賀。然而，成為人人稱羨的人瑞之前，變老帶來的通常是恐懼與焦慮的心情，甚至是自我厭惡。自古英雄與美人，不許人間見白頭。過了某個歲數後，每過一次生日，前頭等著的是雪上加霜的年華老去，無所事事，悶悶不樂，活力衰退，創意銳減，健康不再，故步自封，老朽無用。簡而言之，我們不再是自己。

不管走到哪，我們接收到的訊息都一樣：年輕才萬歲。交通號誌燈上的老人駝背拄著拐杖。化妝品產業推銷「抗老」產品，就好像老是一種病似的。這年頭給大人的生日卡片上，除了祝你生日快樂，還攙雜著同情與挖苦，插圖是B級恐怖片裡的女性縮著身體尖叫：「天啊，你三十歲了!!」

我們平日講話，也常把不好的事歸咎於變老。想不起某件事，就說自己「一時老年癡呆」。腰痠背痛，手腳無力，是「感到有年紀了」。我們讚美別人時，總會打點折扣，硬是加上「以你的年紀來說算不錯了」。六十歲今日被稱為「新四十歲」，五十歲變「新三十歲」，就好像順利活到五、六十不是件好事，應當避之唯恐不及。我們討論人們如何過老年生活時，也免不了罹患在話裡加上「依舊／還」等字眼的症候群，像是「他**還在**工作」；「他們**還有**性生活」；「她**依舊**頭腦清楚」——彷彿過了某個年紀繼續活著，就是一種了不起的奇蹟。「老」這個字太刺耳，英國資深演員茱蒂．丹契女爵（Dame Judi Dench，一九三四年生，曾扮演英國伊麗莎白女王、維多利亞女王〔若未另外標示，以下皆為譯註〕）不許家中講那個字，「也不准提什麼「國寶」或「退休」。丹契女士剛慶賀完八十歲生日時表示：「我不喜歡人們提起那些與老有關的字眼。」

就連替年長人士謀福利的團體，也苦於找不到合適的詞彙。倫敦無退休時代組織（Age of No Retirement）的共同創始人強納森．柯里（Jonathan Collie）每次要寫新聞稿或接受訪談時，都碰到相同的難題：「問題出在你一定免不了提到『變老』（age）或『老』（old）這兩個詞彙，但一提到，大家就不想聽了。」創辦史丹佛長壽中心（Stanford Center on Longevity）的蘿拉．卡斯滕森（Laura Carstensen）主任，在美國也被相同的問題所擾：「過去四十多年間，我試圖說服大家自豪地說出『老』這個字，但沒能成功說動任何人，甚至連我自己都會因為怕得罪人，盡量不提『老』這個字。」

覺得老很可怕，不是什麼新現象。古希臘羅馬時代的詩人與劇作家，就已經無情地嘲弄老人。阿里斯托芬（Aristophanes，古希臘喜劇作家，生卒年約為公元前四四八年－前三八〇年）劇中的老人孱弱、可悲、好色，普勞圖斯（Plautus，古羅馬作家，生卒年約為公元前二五四年－前一八四年）更是首創「好色老頭」這種固定角色。從薄伽丘（Boccaccio，義大利十四世紀作家，以《十日談》聞名）到喬叟（Chaucer，英格蘭中世紀作家，代表作為《坎特伯里故事集》），歐洲中世紀作家的作品中，也不乏被戴綠帽的老傢伙。兩百多年前，編纂世上第一本英文辭典的薩姆爾．約翰遜（Samuel Johnson）發現，人們對於上了年紀的大腦，有著再熟悉不過的偏見。[2]約翰遜在一七八三年寫道：「多數人想也不想，就假設人老了一定會智力衰退。如果是年輕人或中年人和大家道別時，想不起來帽子擱哪了，是小事一件；但如果這麼心不在焉的人是老人，人們就會聳肩拋出一句：『他記憶力不行了。』」

從古代一直到今日，事情是否有所轉變？的確有，但不是往好的方向變。我們討厭變老，不想和「老」有任何瓜葛，想盡辦法讓自己不顯老，每年砸下兩千五百億美元，不手軟地購買抗老產品與服務。[3]今日二十多歲的人就在打肉毒桿菌與植髮，只為了參加工作面試。甚至連青少年都在動整形手術，好讓外表「朝氣一點」。

有時，好像只要你過了某個年紀，人人都有權對你施加不平等待遇。耶魯大學的公共衛生學院（Yale School of Public Health）搜尋臉書（Facebook）上討論老年議題的群組，[4]最後找到八十四個，追蹤人數共達兩萬五千四百八十九名使用者。除了其中一個社團，其他每一個都毫不掩飾自己的刻板印象。網站的社團說明顯示，超過三分之一的社團贊成禁止老人開車、購物，也不該從事其他會出現在公眾面前的活動，一名使用者還提出老年人的最終解決方案：「凡六十九歲以上者，應立即帶至行刑隊前。」

雖然支持處死老人或安樂死等極端手法的人不多，在這個消除各種歧視的年代，人們唯一敢公開大鳴大放的，就是對老人的歧視言論。英國二〇一六年舉辦脫歐公投，年長者一面倒支持英國離開歐盟。有人因此建議，未來應該剝奪六十五歲以上者的投票權。臉書創辦人馬克．祖克柏（Mark Zuckerberg）也有差不多的言論。他在史丹佛大學的聽眾面前表示：「年輕人就是比較聰明。」美國歌手梅莉莎．埃瑟里奇（Melissa Etheridge）曾在走葛萊美獎（Grammy Awards）紅毯時，勇敢讓世人看到自己因抗癌剃成光頭，博得眾人掌聲，但也抱怨過社會壓力逼著她染髮：「我可以在全世界面前以光頭示人，但不能有白頭髮。」

就連研究老化的學者都感受到壓力。我和曼徹斯特大學（University of Manchester）的社會老年學教授黛博拉．普萊斯（Debora Price），約在倫敦泰晤士河旁的咖啡廳碰面。教授侃侃而談關於老化的每個面向，直到一個話題才破功：頭髮。目前五十歲出頭的她，因為定期到美容院染髮，得以保有一頭棕髮。普萊斯教授語帶尷尬地說：「我能理直氣壯告訴你，我從不做什麼修復青春的事，但我卻染髮，唯一的理由顯然是為了看起來年輕一點。努力和『老』劃清界線的文化無處不在，就連我們這些研究老年學的學者，也未能免俗。」

我本身也是厭老文化的一員。二十歲時，每當想到三十五歲以上的人，總帶著鄙視與嫌惡。我還記得當年讀到英國作家馬丁．艾米斯（Martin Amis）的《倫敦戰場》（*London Fields*），其中「……古往今來，歲月所做的事，就是讓每個人體能衰退、面目可憎」這幾句話讓我臉上露出揶揄笑容。我還幸災樂禍讀著美國小說家約翰．厄普代克（John Updike）筆下的主人翁「兔子」（Rabbit），陷入意志消沉的中年，「腰圍日廣，彎腰時小心翼翼……醜態畢露，免不了也成為凡夫俗子。」我跟著何許人樂團（The Who）的〈我這一代〉樂聲，苦澀又痛快地唱出：「我希望在年老前死去。」如今，我自己也要邁向五十歲大關，開始想方設法，挖空心思，向這個世界、向自己隱瞞年華老去的事實。能做的全做了。臉書上不填出生年？設好了。讓自己活在柔焦的世界，就不必戴眼鏡？OK。頭髮理短，藏住白髮？剪了剪了。我還有多久就會和紐約劇作家諾拉·艾弗隆（Nora Ephron）一樣，開始厭惡自己鬆垂的脖子？（艾弗隆著有《我的脖子讓我很不爽》〔*I Feel Bad about My Neck*〕一書，台譯為《熟女拉頸報》，以幽默口吻探討老化。）

有時我會害怕露出老態，怕到荒謬的程度。有一次，我在五金行看不見燈泡上印的小字，眼睛不管怎麼瞇就是沒辦法，只得找人幫忙。我身旁有好幾個二十歲的小夥子，他們隨便瞄一眼，就能告訴我上頭寫了什麼，但我嫌丟臉，怎麼樣都開不了口，最後大步繞了整間店，向鼻梁上垂著眼鏡的老太太求助。

我的鴕鳥行徑有些可悲，不過似乎無傷大雅，說不定各位也做過類似的事。然而，事實上並不是真的無傷大雅。我在五金行所做的事，或是普萊斯教授每次預約染髮，這一類的小決定加總起來後，便滾成一個大問題：那些芝麻蒜皮的事，代表著背叛與否認自己的年齡，有意無意間流露出對年齡的歧視，向強勢的厭老文化屈服，覺得變老是一件羞恥的事，老人就是可悲的糊塗蟲。

變老的確有壞處。感受到時光飛逝，確實是相當令人不快的人生經驗。我們不論吞下多少羽衣甘藍，做了多少小時的皮拉提斯，身體就是會隨著時間走下坡，腦袋就是會不靈光。年紀愈大，愈可能眼睜睜看著親朋好友走過生老病死。不過，最大的挑戰，或許是必須面對人們對於「老」這件事所抱持的負面觀點。就因為覺得老不是好事，我們把生命中許多時間拿來感嘆自己歲數有多大，還變得目光如豆，不再嘗試走另一條路，不再探求可能性，努力活出不同的人生。一切的一切，只為了我們腦中有一個小小的聲音說著：「你有年紀了，不適合做這個。」我們覺得老了就會很悲慘的想法，甚至成為自我應驗的預言。研究顯示，年長者接觸到悲觀的老化觀點之後，在接受記憶力、聽力與平衡測驗時表現較差，[5]走路速度也放慢。

我不禁好奇，上次的冰上曲棍球錦標賽，是否也發生了類似的事。自從工作人員點出我是賽事中的老爺爺後，我在場上的表現頓時下滑。我當時是否開始依照我對於老人的想像來打球？我是否開始用力過猛，適得其反？這些問題永遠不會有答案，不過我的隊伍輸掉準決賽後，我帶著比曲棍球獎杯還珍貴許多的東西離開。我就此交給自己一個任務：我要研究如何能順利老去，**也要**學習去發覺變老是一件好事。

告訴自己變老是好事，或許沒有表面上聽起來那麼阿Q。為什麼？因為一旦去掉刻板印象，就會發現年過三十後，人生不會一下子就直直墜入谷底，真的沒這回事。各位可以想一想自己身邊的人：他們再也不能參加限定十八歲到三十五歲才能報名的 Contiki 青年半自助旅行團後，人生是否從此急轉直下？根本沒有。如果各位跟我一樣，你大概認識很多四十歲、五十歲、六十歲以後生活照樣過得嚇嚇叫的人。我的雙親今年七十七歲和八十三歲，正在享受人生最美好的歲月，旅行、烹飪、運動、社交、讀書、工作，愛做什麼就做什麼。

人老了只會成為他人的負擔、再也無法貢獻社會，顯然是荒謬的說法。歷史上有許多大器晚成的例子。文藝復興時期的藝術家米開朗基羅，在七十四歲完成保祿小堂（Pauline）的濕壁畫。三個世紀後，義大利的作曲家威爾第（Giuseppe Verdi）在七十九歲時，將一生最優秀的喜歌劇作品《法斯塔夫》（*Falstaff*）首次搬上舞台。建築師法蘭克・洛伊・萊特（Frank Lloyd Wright）九十一歲蓋出紐約的古根漢美術館（Guggenheim Museum）。美國藝術家喬治亞・歐姬芙（Georgia O'Keeffe）在九十幾歲持續產出重要作品，史丹利・庫尼茨（Stanley Kunitz）在九十五歲成為美國桂冠詩人。康德（Kant）、高爾吉亞（Gorgias）、加圖（Cato）等幾位哲學家，也都是在晚年完成一生最傑出的著作。怎麼樣，祖克柏，你說啊，究竟是誰比較聰明？

今日在公共領域，許多人士即便年過五十，依舊做著了不起的事。從演員改行當導演的克林・伊斯威特（Clint Eastwood），六十二歲拿下生平第一座奧斯卡最佳導演獎，七十四歲拿下第二座。前愛爾蘭總統瑪麗・羅賓森（Mary Robinson）在七十幾歲時，為了氣候正義挺身而出。珍・古德（Jane Goodall）八十幾歲還全球跑透透，四處演講，談她的坦尚尼亞黑猩猩研究，場場爆滿。全球最成功的投資人華倫・巴菲特（Warren Buffett）即將慶祝九十歲生日。英國生物學家兼主持人大衛・艾登堡爵士（Sir David Attenborough）在九十多歲製作出得獎的大自然紀錄片，而英國女王伊麗莎白二世（Elizabeth II）即使年過九十，一年還要跑四百多場活動。

今日的人類在青春年華早已逝去後，依舊不斷挑戰極限。最近在倫敦馬拉松賽上，四十歲至四十九歲的業餘跑者，成績勝過二十歲的參賽者。[6]二〇一六年，一名印度女性接受不孕症治療，在七十二歲生下健康男寶寶。一年後，一名諾曼第戰役老兵成為全球年紀最大的跳傘人，在一萬五千英尺的高空上，自一架飛機一躍而下——當時他一百零一歲。在此同時，所有年齡群組的ＩＱ穩定上升，就連九十歲以上的組別也一樣。多倫多大學生命週期與老化研究所（Institute for Life Course and Aging）的所長艾絲美・富勒－湯森（Esme Fuller-Thomson）指出：「好消息是現在是史上當老人最好的時代。」就連語言本身也不斷演變，反映出一股樂觀向上的精神。十四世紀時，義大利詩人但丁（Dante）認為，四十六歲之後便是進入老年。二〇一七年，日本老年醫學會（Geriatric Society）與日本老年學會（Gerontological Society）則建議將「老人」的定義自六十五歲提高至七十五歲。

把「身為長者」當成一種榮耀而不是厄運，開始成為一股社會運動。世界各地的人們紛紛組織團體，例如成員遍布六十國的「老年行動計畫」（Age Demands Action），宗旨便是協助民眾好好度過長壽生活。政府也加入戰局。法國教育部為了打破年輕人與長者之間的藩籬與偏見，鼓勵教師在學年中發起跨世代計畫。新加坡為了推廣終身學習，補助二十五歲以上的國民接受訓練或選修大學課程。世界衛生組織（World Health Organization）也誓言讓二〇二〇年至二〇三〇年，成為史上第一個「健康的長壽十年」（Decade of Healthy Ageing）。

個人也接下傳承改革的聖火棒。現年八十多歲的演員珍·方達（Jane Fonda）發起運動，鼓勵大家活出精采的人生「第三幕」。活力旺盛的美國作家與行動主義者艾須頓·亞普懷特（Ashton Applewhite）自二〇一六年出版《這把椅子好得很》（*This Chair Rocks: A Manifesto Against Ageism*），就四處演講，上TED，進聯合國。我首次留意到亞普懷特的名字時，正為了要不要探討長壽革命，感到躊躇不前，擔心一本講老化的書會顯得黯淡無趣、倒盡胃口。我擔心變老的壞消息多過好消息，試圖對抗崇拜年輕的社會文化將是徒勞無功。我為了找人壯膽，便安排造訪亞普懷特在紐約布魯克林的公寓。

在一個乾冷的冬日早晨，我尚未抵達亞普懷特的家門口，就看見她在外頭拍照。亞普懷特記錄對街工地圍籬上的政治塗鴉，明天打算參加一場女權遊行。頂著一頭短鬈髮的她，講話有如連珠砲，幽默辛辣，令我想起自己第一任老闆，立刻心生好感。亞普懷特公寓裡的廚房桌子上，堆滿書籍卷宗，我們端著綠色蔬果冰沙坐下（畢竟這裡可是處處文青的布魯克林），接著她一一破除我的疑慮，告訴我：「你愈思考變老這件事，就會發現這件事愈是引人入勝。那就像談戀愛或生孩子，很難、很複雜，但也很美妙。人就是這樣度過一生，和社會、與彼此互動。有什麼事會比變老更有趣呢？」

好吧，聽起來有理，但我要如何克服怕老這件事？那似乎是自古以來不曾改變的現象？愛上變老是怎麼一回事？真的有可能做到嗎？亞普懷特點頭：「其實一旦你擺脫對老化的僵固看法，不再帶著恐懼的眼光，每一件事都會豁然開朗。」她表示：「不過要轉換觀點確實不容易就是了。」

「不容易」並非「不可能」。我們有理由樂觀，因為全球已經有愈來愈多人迫不及待拋棄年齡教條，隨心所欲過日子，不認為幾歲就一定得做什麼事。這樣的人士四十歲揚帆跑遍全球，五十歲回學校念書，六十歲成家立業，七十歲跑馬拉松，八十歲當模特兒或參加政治運動，九十歲陷入愛河，一百歲從事藝術工作。他們的一切表現，讓我們對於長壽生活中能做些什麼，多了許多期待，打破老年人口一定是負擔的過時想法。

此外，活生生的證據擺在眼前，身分證上的年齡已經不再定義或限制著我們。你是哪一年生的，今日不再那麼重要，重要的是你的思考、講話、外表、舉止、運動、跳舞、穿著、旅行、遊戲。日後定義我們的將不是年齡，而是我們做出的選擇：讀哪些書、看什麼電視、聽什麼音樂、吃什麼食物、愛哪些人、支持哪些政策、做什麼工作。這樣的轉變，符合整體文化開始朝「多元」與「個人自由」發展的現象。今日我們表達性向與性別認同的方式，在不久前還是不可思議的事，而下一個挑戰社會認知的主題將是年齡。牛津大學的人類未來研究所（Future of Humanity Institute），召集數學、哲學、科學各領域的思想領袖，討論人類面臨的重大問題。所長尼克・伯斯特隆姆（Nick Bostrom）認為，身分證年齡的概念已經過時：「重點不是你出生後已經活了幾年，而是你處於人生哪個階段，你如何看待自己，你有能力、有意願做哪些事。」[7]

❖

我拜訪完亞普懷特後，過了幾天前往泰國參觀初興米粉廠（Cho Heng Rice Vermicelli Factory）。初興位於曼谷郊外，占地三十英畝，每年生產價值超過一億美元的米粉，但這間工廠真正出名的地方，在於員工會一直工作到過世或失能為止。初興目前年紀最大的職員是一名維修經理，他大搖大擺走過廠房，頭髮染成時髦顏色，腰間繫著最新的iPhone，今年八十六歲。初興的創始人在近一百年前成立工廠時，立下留住老員工的政策。這項政策十分成功，憂心泰國人口正在快速老化的政府官員，將初興奉為企業典範。我即將結束參訪行程前，訪問已經在廠內待了四十年的清潔人員妲魯內・卡蘭旺（Darunee Kramwong）。七十三歲的卡蘭旺坐在會議室沙發的一角，安安靜靜，有些焦慮，像是等著被叫進校長室的女學生。她五官精緻，笑容慈祥，帶有一股特殊魅力，《國家地理》（*National Geographic*）雜誌的攝影師會為她傾倒。卡蘭旺講話聲音輕柔，卻一針見血，我不禁喜歡上她。卡蘭旺最初待在生產線，後來加入打掃廠內高科技實驗室的清潔隊，依舊每週工作六天，每天八小時。卡蘭旺的兒女要母親退休，但她太喜歡在初興工作，把孩子的話當耳邊風。「我的工作能力是一流的，非常熟悉那幾間實驗室，知道哪些東西要清、哪些不要動。」卡蘭旺的背在沙發上挺了起來。「家人要我待在家裡，但我想要每天繼續工作，我喜歡有事做，動一動，也喜歡見到朋友，喜歡賺錢，喜歡助人。我就是愛來工廠。」

我請教卡蘭旺，上了年紀是否有任何令她感到困擾的地方，或是不能做的事。她看了我一眼，眼神帶著訝異，也有惋惜，就好像抓到生產線上形狀被壓壞的米粉。卡蘭旺說一點也不會，活到七十三歲是一種榮耀，她感到自己是初與大家庭的一分子，很自豪年輕同事會向她求助關於清潔與戀愛的事。「他們就像我的兄弟姐妹。」卡蘭旺表示：「他們有時會開我玩笑，叫我『奶奶』，但我不在意，因為我的年紀的確夠當他們的祖母！」卡蘭旺大笑，笑聲溫暖又真心，立刻感染在場的每一個人，大家都笑了起來。我心想：「**如果七十三歲的生活長這樣，那就來吧。**」

❖

年紀變大是世上最自然的事：從現在起再過十二個月，每個人都會多一歲。只要科學界沒發明出返老還童的仙丹，人人都會老，這點無從改變。我們能改變的只有**如何老去**，以及要抱持什麼樣的**態度**。

本書的宗旨正是以卡蘭旺展現的精神，瞭解變老是怎麼回事，真心迎接銀髮歲月。活得久可以是一種福氣，而不是負擔。接下來將帶大家一起瞭解，個人與團體可以怎麼做，讓變老對每個人來說都是喜事。

我們將跑遍世界各地，瞭解不崇尚年輕的人士，是如何依據自己想要的方式，好好度過人生中的每個階段。我們將和波蘭的八十歲ＤＪ一起在舞池擺動身體，和中年的西班牙塗鴉藝術家當好友，參加拉斯維加斯第一屆長青環球小姐（Miss Senior Universe）選拔賽。此外，我們還會見到八十歲的電玩玩家，與資深公車司機一起勇闖曼谷街頭。還要拜訪住在荷蘭老人院的學生，以及在紐約傳授年輕時尚達人針線工夫的七十歲師傅，還有貝魯特八十歲的回收革命發起人。我們甚至會試穿一下「老化裝」，瞭解待在老化的身體裡面是什麼感覺。

這本書也是我的個人之旅。我希望自己抵達終點時，不再擔憂年齡，自在地看著鏡子裡的自己。在商店裡看不清包裝上的小字寫什麼的時候，不再覺得開口問人很丟臉。在曲棍球場上對抗小到足以當自己孩子的年輕人，也不會把它當回事。我想要變得和卡蘭旺一樣。

簡而言之，我的目標是不再害怕變老，甚至是開始期待變老。聽起來像天方夜譚？各位看下去就知道。

1 我們不是一開始就害怕變老：縱容年齡歧視，等於否定未來的自己

老嘍……老嘍……
褲管得捲起。

——詩人T．S．艾略特（T.S. Eliot），〈普魯弗洛克的情歌〉（The Love Song of J. Alfred Prufrock）

臉書創辦人祖克柏讚揚年輕人的腦袋時，他心中想的是倫敦肖迪奇（Shoreditch）這樣的地方。任何超過三十五歲的人來到這裡，不免感到自己有點過時。近年來，位於東倫敦的肖迪奇脫胎換骨成「小矽谷」。狹小的街道上，塞著滿坑滿谷的科技公司與新創公司，同時穿插幾間服務年輕科技人士的商家，例如雞尾酒吧、壽司店或是有冷萃咖

啡的咖啡廳。來自全球各地的年輕人，騎著小摩托車或單速車呼嘯而過，在駭客松與軟體測試中釋放精力。一邊吞下無麩質的蝴蝶脆餅與精釀啤酒，一邊計畫著掌控世界。所有人的目光，全放在成立下一間估值達十億美元的獨角獸科技公司。即便當不了創始人，至少也得擁有股份。

我今晚來到肖迪奇，為的是見證創業精力用在銀光生意是什麼情況。提案宗旨是「加速創新，改善全球年長成人的生活」。十間新創公司將對著台下的企業家、投資人、政策專家，說出自己的商業計畫，由評審挑出今晚的英國贏家，接著贏家將參加歐洲決賽。活動尚未開始，我已經在筆記本上的兩個問題反反覆覆畫底線，紙都戳破了：肖迪奇年輕人心中的「年長成人」是什麼樣子？他們提議該如何改善老年生活？

活動地點是 Google 成立的倫敦創業學校（Campus London）。我抵達會場時，一個穿著緊身西裝背心的年輕人像個緊張的哨兵，在外頭走來走去，不斷對著智慧型手機咆哮要與一群創投人士見面的事：「他們超看好老人商機。」很好，目前為止，一切都相當肖迪奇。

會場大廳內，擺放著我年輕歲月時的科技裝置，如今已成裝飾用的古董，包括初代的 iMac、電晶體收音機、映像管電視、Super 8 電影放映機。牆上貼著引自新創手冊的口號：「更大、更聰明、更大膽、更勇敢。」（Bigger. Brighter. Bolder. Braver.）現場人山人海，大家聚集在桌邊，嚼著墨西哥玉米片與布拉塔乳酪（burrata），放眼望去都是年輕人。我走向一個留鬍子的二十歲小夥子，問他怎麼會參加談老化的活動。他回答：「我是連續創業家，永遠在尋找下一件大事。現在老化這個議題正夯。」

他滿嘴生意經，令我有點退避三舍，但又想起今天的活動本來就是要推銷創業點子。往好處想，這裡聚集著滿屋子自信十足的聰明人，他們挖空心思探討老化，想辦法替我們改善老化體驗，我應該開心才對，不是嗎？

我坐下來聽大家的商業提案。率先登場的第一個裝置，可以計算你跌倒後摔斷骨盆的風險。第二個出場的是一種 app，可以讓發送簡訊跟分享照片變簡單，目的是減少老人的社交疏離情形。接下來是一位講話飛快的娃娃臉創業者，他提出，解決老人受虐、老年憂鬱與營養不良的最佳辦法，就是將居家照護者的人力供應數位化。接下來，觀眾看到一台「全方位」輪椅，除了可以前進、倒退、往兩側移動，連往上與往下都不是問題。最後勝出的那一組，預備推出販售失智症產品的內容聚合網站。

台上的每一個點子，的確都能讓世界更美好，創業者也都散發具備感染力的熱情，即便在侃侃而談獲利的可能性時，他們的初衷，幾乎都是為了解決身邊親友碰上的困擾。獲勝的那位提案人，多年來一直在照顧失智的母親，全場替他鼓掌，我也為那股救世的熱忱所感動。

然而，我依舊感到有幾分洩氣。為什麼？因為每一項產品、每一份提案、每一個商業計畫，前提都一樣：假定人「老」了，就一定會孤單寂寞、體弱多病、健忘、失去行動能力、悲傷或心靈脆弱，或以上皆是。那另一群人數正在成長的幸福長者，又該怎麼說？他們健康快樂，隨心所欲度過生命的後期歲月。然而肖迪奇會場上介紹的東西，感覺沒有一樣跟卡蘭旺那樣的開心老人有關，也和我無關。我的五十歲生日即將悄悄到來，對這群肖迪奇的時髦年輕人來說，我也屬於「年長成人」——然而還要好多好多年後，我才會需要用到今晚登場的產品。為什麼台上的人，都沒發明工具協助我這樣的人設計app？或是教卡蘭旺那樣的人在肖迪奇推銷新創公司？

活動結束後，我到外頭排隊等Uber，突然想到今晚的簡報內容，正好點出我們對「老」的看法有問題的地方。我們想像「老」的時候，第一個想到的就是最糟的情況。

諸位可以現在就試一試，提到老化，你心中冒出什麼畫面？如果各位和我一樣，或是和肖迪奇出發點良善的創新者一樣，腦海會浮現最悲觀的畫面：身體差、頭腦壞、不會用科技產品、癡呆、踏進墳墓，有如作家王爾德的小說主人翁道林・格雷（Dorian Gray）擺在閣樓裡的肖像，面容日漸影消形散。療養院裡的老人滴著口水，一次又一次玩著賓果。老奶奶認不出親戚，找不到回家的路。老爺爺爬不了樓梯，大小便無法自理。

為了活出美好的長壽生活，我們得破除這種凡事往壞處想的思維模式，而打破舊思維的方法，就是先瞭解我們對於「老」的厭惡，究竟從何而來，那種負面情緒又是如何在文化中生根。

❖

首先，先幫問題正名。一九六九年，美國老年學家羅伯特・N・巴特勒（Robert N. Butler）提出「年齡歧視」（ageism）一詞，意思是「對老人系統性地抱有刻板印象或加以歧視」。日後這個詞彙的定義，還多了詆毀「年紀大」這件事。相關的刻板印象通常沒好話（老人健忘、悲哀、體弱多病、脾氣暴躁、乏味、無聊），但有時也有正面的刻板印象（老年人比較有智慧），甚至是貶低年輕人（一九八〇年到二〇〇〇年出生的千禧世代都是草莓族）。不論如何，刻板印象的最終效應總是一樣的：某某年出生的人，就一定是怎樣怎樣，於是每個人都覺得年紀大沒好事。

年齡歧視是一種相當獨特的歧視。相較於針對種族、性別的歧視，遭受年齡歧視的人，就連自己也深深厭惡受歧視之處。白人至上主義者永遠不會是黑人，男性沙豬大概不會變性成女人。然而，我們每個人都會變老。縱容年齡歧視，等於是在貶低、否定未來的自己。如同十四世紀初，方濟會的會士瑟納的聖伯爾納定（Bernardino of Siena）所言：「每個人都希望長命百歲，但沒人想老。」

那麼，年齡歧視究竟來自哪裡？討厭老，大概和人們忌諱「死」有關。美國開國元勳班傑明．富蘭克林（Benjamin Franklin）講過，人生無常，唯一能確定的只有「死」與「稅」兩件事，就連最聰明的會計師，也無法助你逃脫，世上每天約有十五萬人嗚呼哀哉。儘管從來沒人逃脫成功，我們總是抱著奢望。演化讓我們抱著萬死一生的精神求生存，有名的極端例子包括極地探險家薛克頓（Ernest Shackleton）搭乘救生艇，穿越寒風刺骨、驚濤駭浪的南極海域。又或者像安地斯空難中的倖存者，靠吃同行者的屍體活下來（一九七二年發生的烏拉圭班機空難。當時飛機碰上亂流撞山，生還者接著又不幸碰上雪崩，不得已以屍體充飢）。

就連相信有來生的人，也沒那麼急著抵達下一世，因此不管哪朝哪代、哪個文化，總有人渴望長生不老。現存最古老的文學作品《吉爾伽美什史詩》（*Epic of Gilgamesh*，源自美索不達米亞的作品，詩中描述的時代約介於公元前二七〇〇年至公元前二五〇〇年之間），講一位蘇美國王尋求永生的故事。日後在中世紀的歐洲，幾乎每一位鍊金師都忙著找到長生不老的藥方。中國唐代還有好幾位皇帝為了求得青春永駐，吞下含汞或鉛的仙丹。

到了現代世界，我們更是一心一意希望騙過死神，連虛擬的永生都出現了。永在公司（Forever Identity）與永世公司（Eternime）替顧客製作數位分身和全息圖。顧客嚥下最後一口氣之後，依然能以影像的形式永遠活下去。在網路以外的世界，人們更是花錢如流水，掏出數十億美元抗老。回春的理論五花八門，目前有人正在探索如何藉由輸年輕人的血，讓年長者返老還童。這波「治療」死亡的運動，甚至有個招牌人物：英國的生物醫學老年學者奧布里・德格雷（Aubrey de Grey），留著一臉舊約中的鬍子，他走遍全球進行 PowerPoint 演講，告訴聽眾，史上第一位可以活到千歲的人類，現在可能已經出生。

然而到目前為止，終結死亡仍是科幻小說的成分多過科學事實。儘管人類壽命愈來愈長，我們從細胞層面開始，依舊被設定會死。亞利桑那大學（University of Arizona）的研究人員利用數學模型證明，完全停下人類等複雜多細胞有機體的老化過程是白日夢。該研究的論文資深作者、生態與演化生物學教授喬安娜・馬澤爾（Joanna Masel）指出：「從數學的角度來看，老化不可避免，真的辦不到。不管是從邏輯上、理論上、數學上來看，都不可能。」

死神——世界的毀滅者，等著我們所有人。變老因此成為我們要對抗的敵人。怎麼能不抵抗？每一年、每個月、每星期、每天、每一分鐘，我們距離沒人想抵達的終點又更近一些。就連最微小的老化跡象——一條皺紋、一根白頭髮、喀喀作響的關節，都提醒著死神要來抓走我們。我們還有好多事想做，眼看就要沒時間了。

死亡帶給現代人的恐懼更勝以往。在這個不信神的理性年代，再也無法靠來世自我安慰，而且我們還把死這件事搞得一團糟。全球多數的區域，如今都以制度化的醫療方式來處理死亡。死亡降臨時，預設作法是不惜一切代價，讓我們苟延殘喘，不論得花多少錢、忍受多少痛苦、失去多少尊嚴，都不能讓人死去。外科醫師葛文德（Atul Gawande）在《凝視死亡》（*Being Mortal*）一書提到：「我們覺得，可以等到醫生表明束手無策再放手。然而，很少真的有什麼都不能做了的時候。醫生可以開給我們療效不明的有毒藥劑，開刀切除部分腫瘤，無法進食了就插餵食管：永遠可以再多做點什麼。」[1]臨終前的時刻，變成好幾天、好幾星期，甚至是好幾個月半人半機器的痛苦生活，身旁圍繞著醫療人員，死時還接在維生儀器上。我們都在電視劇或現實人生中見過那種場景，不免心中一驚，得出結論：「如果人老了會落入那種下場，麻煩不要算我一份。」

就算沒被死亡的陰影籠罩，老化帶來的人體變化，也讓人對老沒啥好印象。一開始是些微的衰退，精神沒從前好，全身有點沒力，性欲不再，視力有點模糊，耳背，近期的事記不住。老年人的愚昧昏聵，讓事情變得醜惡。莎士比亞在這件事上，如同他談每一件事般地一針見血。他在《皆大歡喜》（*As You Like It*）這齣劇提到「人生有七階段」，人死前的最後一章是「重演幼稚童年，腦子茫然／失去牙齒、失去視力、失去味覺，什麼都不剩。」也難怪人們想像天堂和烏托邦時，剔除了變老這件事。

當然，不是每個人在老年都會經歷莎士比亞筆下的嚴重折磨。現代人齒牙沒那麼容易動搖，許多人在倒下的那一天之前，仍然精神奕奕。其他人雖然會遭逢「失去一切」的時期，但跟從前比起來，那段煎熬的時間短了許多。問題出在沒人能斷言自己的最後一幕會是什麼樣子——我們很容易朝最壞的方向想，尤其是現代醫療發明出成千上萬種延長壽命的手段，我們早想安歇了，卻一直留在人間。倫敦國王學院（King's College London）鑽研老化史的專家帕特．桑恩（Pat Thane）表示：「現代人愈來愈焦慮會活到老年，因為這件事幾乎一定會發生：除非遭逢不幸，要不然人人都會活超過七十歲。問題出在我們不曉得自己老的時候，將處於什麼狀態。」

雪上加霜的是，我們不願去多想未來的自己。我清楚記得自己四十歲、三十歲、二十歲的樣貌。記憶中缺乏的片段，還能靠影片、照片補足，或是重讀自己在那段時間寫下的東西，或是問問當時認識的人。我強烈感受到我和年輕的自己是一體的。相較之下，未來的我則是一片空白。我的人生有可能朝百萬種不同的方向發展，也因此，描繪自己六十歲或七十歲的樣貌，就彷彿試圖讀懂《無盡的玩笑》（*Infinite Jest*，該小說以晦澀難懂出名，長達一千多頁），簡直難如登天，更別提要想像八十歲或九十歲的自己。此外，人類的天性讓整件事難上加難：我們的獵人／採集者老祖宗沒必要思考與計畫未來，只是活在當下，光是想辦法多活過一天，就夠他們忙了。加州大學洛杉磯分校安德森管理學院（Anderson School of Management）的心理學教授哈爾・郝許費爾德（Hal Hershfield）表示：「從演化的觀點來看，我們不得不專注於『現在』，『現在』深深左右著我們。」「人腦的主要用途不是思考長遠的未來，這一點讓我們在心理上覺得離『老年的自己』很遠。」

這種心理上的斷裂，在兩方面助長了年齡歧視。第一，我們因此恣意對老人懷有最深的偏見。第二，我們很容易認為老人是「別人」。

不過，要是我們難以想像自己的未來，就更別提要覺得變老是好事一樁；或許我們能以從前的老人為借鏡。

❖

人們一般認為，古時候是長者神氣揚揚的年代。對我們的祖先來講，年紀長不是壞事，因為從前的人懂得敬老尊賢，但真有這麼一回事嗎？如果是真的，為什麼今天的人歧視老人呢？

在過去，年齡的確受到崇敬。長老在傳統社會中扮演著關鍵角色，受人敬重：他們蒐集食物；教年輕人製作武器、工具、籃子、衣服；照顧孫子；擔任政治與精神領袖，提供建議。長者擁有歷史、歌曲與醫藥知識，在沒有文字的年代，長者是Google。有一句非洲諺語說：「死了一位長者，等於燒掉一座圖書館。」

世界各地許多重要的文明，以律法規定人民必須敬老，例如長者占據儒家最高的階級。古希臘人要是對年邁的父母不敬會受罰。在馬雅與印加帝國，年輕人必須完全服從老人。長者在雅典、斯巴達、羅馬的公共議會上，永遠是第一個發言。殖民時代的美國，清教徒將聚會所的首位，特別留給會眾中年紀最大的成員。就連蔑視傳統的法國大革命發動者，亦試圖將尊重長者塑造成愛國義務，訂定「老人節」（Fête de la Vieillesse）。在這個全國性的節日，城鎮會向年長的市民致敬，裝飾他們的屋子，讓他們成為街頭遊行的主角，唱詩讚揚他們的美德，例如法國西南部的土魯斯市（Toulouse）在一七九七年唱道：

別忘了這是值得尊敬的年紀
寧靜生智者
智者永保健康
惡人永不長命

有一派的人甚至認為，高齡是力量、紀律與美德的證明，也因此許多人和老帕爾一樣，沒事就愛誇大自己的歲數。一六四七年，英國教士與學者湯瑪斯・富勒（Thomas Fuller）提醒：「許多老人家過了七十歲後……把自己的時鐘調得太快，才過十二個月就大了十歲，一下子變八十歲；沒錯，過了一、兩年後，他們就會直升一百歲。」

年齡除了帶來榮耀，還帶來實質的權力。在古希臘，年過五十才能進入陪審團。公元前一世紀的羅馬政治家西塞羅（Cicero）熱切寫道：「老年帶來至高無上的榮耀……帶來權力、威望、影響力。」文藝復興時期的威尼斯，推舉威望最高的男性長者擔任位高權重的總督。歷史上的多數時期，各文化中的父執輩，直到過世都掌控著家族的田產，操控自己的子女。在十七、十八世紀的歐洲，年輕男性試圖靠著老成的裝扮，獲取社會地位。他們戴上撲粉的假髮，穿上製造特殊視覺效果的服飾，好讓自己的體態呈圓窄肩、粗腰、厚臀，甚至微微彎腰駝背。

古時候的長者還享有一個優勢：他們不太可能因為實際年齡，就被制度排除在外。由於從前少有登記年齡的紀錄，也很少計算歲數，我們的老祖宗大都只知道自己約略的年齡。美國政府一直要到一九〇〇年，才開始在人口普查表加上「出生年」這一欄。史上鮮少有紀錄記載有人哀嘆自己跨過三十歲、四十歲、五十歲大關，因為數字本身不具太多特殊意義，也沒有實際作用。對中世紀的歐洲農夫或秦朝官吏來講，得到「生日憂鬱症」是很荒謬的事，因為你不會因為紙上是幾歲，就遭受大量歧視。古代的人生是靠人生里程碑來定義，例如立業、成家、生子、喪親、繼承財產，而這些事可能發生在任何年齡。

相較於古代，今日要是有人不知道自己幾歲，人們會認為他們認知功能出了問題。身分證上的年齡，左右我們人生很大一部分，包括你的社群媒體會出現哪種廣告；你要繳多少保費；你何時能購買菸酒、從事性行為、上學、投票、從軍、賺取最低薪資、退休、領養老金、搬進退休社區。現代人被問到年齡時，許多人會先欲言又止，因為我們的大腦在盤算，一旦說出數字後，別人會把哪些成見套在我們身上、冒出哪些偏見。對方會覺得我年紀太輕或太大？他們將認為我經驗不足或老到沒力氣做？我看起來保養得好，還是不好？也難怪在Google搜尋欄輸入「我會對我的……說謊」（I lie about my...），第一個跳出的提示字串是「年齡」（age）。如果額外付費，可以選擇讓Tinder約會應用程式隱藏年齡。加州還通過立法，電影從業人員有權移除自己在線上電影資料庫的年齡資料。老化學者桑恩表示：「從前的人沒碰上如此明顯的年齡關卡。人們的判斷依據不是實際的歲數，而是外貌與行為舉止。現代人則對年齡比較敏感，這點大概讓人更難以接受年齡增加。」

即便如此，若是問起過去是否為變老的好時代，歷史學家會翻白眼，告訴你沒那回事。首先，在沒有現代醫學的年代，生老病死是痛苦的關卡。此外，年紀大不保證就會受人敬重，大權在握。老人一旦成為負擔，傳統社會通常會毫不留情地殺掉他們。美洲原住民霍皮族（Hopi）將老人遺棄在特別建造的小屋裡；南太平洋的薩摩亞人（Samoans）與巴拉圭的阿奇印地安人（Aché Indians）活埋老人；中亞的巴克特里亞人（Bactrian）拿老人餵狗；突厥化蒙古人（Turco-Mongol）偏好悶死老人；古薩丁尼亞人

（Sardinians）把老人扔下懸崖；北美溫尼伯湖（Lake Winnipeg）的歐及布威族（Ojibwa）與亞洲的馬薩革泰人（Massagetae）、帕達依歐伊人（Padaei）會進行獻祭儀式。在北西伯利亞，衰老到無法打獵的人會走進雪地自我了結。

此外，從前年齡的確會帶來的好處，也不是人人都能公平享受到，菁英男性是主要受惠者。上了年紀對女性或窮人來講，鮮少是好事。歷史上，人們在公開場合尊敬老人，但也有一股厭惡與排斥老人的暗流。藝術家、劇作家、哲學家筆下有年紀的人，通常身體羸弱、喜愛吹牛、面貌醜陋、生性貪婪、心胸狹窄、惡毒又好色。儘管老人在殖民時期的美國，可以坐在最好的教堂座位，他們卻是年齡歧視撻伐的對象。清教徒牧師馬瑟（Increase Mather）就曾感嘆：「就因為老人老了，便以不敬與詆譭的語言談論老人，在神的眼中是一種嚴重的犯罪行為。即便如此，只因為年齡的緣故，就喊人老頭子或老傢伙，是多麼常見的事。」早期的基督徒甚至擔心，上帝自己也不喜歡老人，在聖經《詩篇》七十一篇苦苦哀求：「我年老的時候，求你不要丟棄我！我力氣衰弱的時候，求你不要離棄我！」老化史專家桑恩同意其他歷史學家同行的說法：「過去人們會因為年紀大而被敬重的說法，只是無稽之談。」

現代世界來臨後，變老聽起來更不是一件好事。在十六世紀之前，人們不相信進步說，[2]多數文化流行的觀點是世界遲滯不前或正在衰退，較為值得期待的未來是來世。然而，科學革命改變了一切，人類開始有能力重塑世界，進步的概念成為一種強烈的信念，引導著文化前進。當大眾相信人類身處的情境有可能改善後，老化就像是半路殺出的程咬金，死亡更是終極的阻礙：明明還活在世上時，有可能出現更好的未來，卻被中途打斷。

此外，農業社會轉型成工業社會後，德高年劭的好處也少了。當社會上出現新型工作，兒孫可以靠自己的力量發達之後，男性長輩對下一代的掌控力就沒那麼大了。識字率提升，一度由長者掌管的知識，如今被交到每一個人手中。科技快速變遷，社會追求新型專業知識的程度，如今勝過資歷與傳承而來的技能。語言反映出長者的聲望正在下滑，許多用來形容老年人的英文詞彙如：fogey（傳統人士、守舊之人）、greybeard（白鬍子的人、老傢伙）、superannuated（領有退休金的人、衰老到不宜工作的人）、

codger（長者、怪老頭），原本是中性或正面的稱呼，到了十八世紀末、十九世紀初，開始出現貶義。拿破崙麾下的「老禁衛軍」（old guard，早期就追隨拿破崙四處征戰的菁英軍人）原本是榮譽的象徵，後來則暗指一個人反對改革，貪污腐敗。

平均壽命開始上升後，老年族群成為社會頭疼的對象。套用某位美國工會領袖的話來講，這群數量不斷膨脹的人，「要他們工作，年紀太大，卻還要很久才會躺進棺材。」現代國家在十九世紀進入尾聲時，開始設立好壞參半的國家養老金制度。好處是數百萬人不至於在晚年生活貧困，壞處則是我們因此陷入三段式的人生週期——人的一生先接受教育，再來是從事有薪工作，最後是領養老金逍遙度日。這樣的概念讓我們在六十多歲時，瞬間從生產者變成消耗者。我們的文化評斷一個人的價值又是看你對國內生產毛額（GDP）有多少貢獻，老年雖然被美化成「黃金歲月」，老年人卻像是吃白食的人。一九六七年，披頭四問道：「等我六十四歲，你還會需要我、給我東西吃嗎？」

一九六〇年代的「青年震盪」（youthquake，指由年輕人掀起的文化、政治、社會等各方面的變革），進一步讓老更不具魅力。從古至今，年輕帶來的活力、生育力、美貌向來受到稱讚，例如希臘羅馬神話便歌頌具備生育能力的身體，只是年輕本身從前很少是人們追求的目標。然而，乘著戰後嬰兒潮而來的年輕文化改變了一切，年輕人的服飾、音樂、藝術、語言、態度征服了世界。史上第一次，年輕突然變得很酷，令人嚮往，任何看起來有點馬齒徒增的人，瞬間變成明顯的攻擊目標。頂著蘑菇頭的披頭四，在自己主演的一九六四年電影《一夜狂歡》（*A Hard Day's Night*）中，從頭到尾不停嘲弄一個上了年紀的角色。四個人抖了抖：「可憐的傢伙，變老也不是他的錯。」五年後，老年學家巴特勒提出前文的「年齡歧視」一詞。

我們的時代強烈擁護個人主義，年齡歧視的問題因而雪上加霜。不可否認的是，上了年紀，通常愈來愈仰賴他人。年長人士需要的協助，有時是舉手之勞，例如需要年輕的眼睛幫忙看五金行產品說明上的小字寫些什麼。有的老人則需要有人協助他們洗澡、上廁所、付帳單。年長人士需要幫忙的程度不同，但不論大小事，我們的文化重視自食其力，什麼事都該自己來，依賴他人是不被接受的行為。

現代喜新厭舊的消費主義更是進一步推波助瀾，推崇「年輕就是好」的看法。此外，消費主義還把老化當成一種問題看待，只要你願意投入足夠的金錢、時間與努力，就可以解決。來自四面八方的訊息無情又明確：世上沒有老人，只有不夠努力的人。

❖

若要研究現代化是如何助長年齡歧視，看看東亞就知道。那一區的許多國家，尤其是日本、韓國、越南、新加坡、中國，擁有歷史悠久的孝順傳統，奉行儒家推崇的敬老尊賢。人與人之間是互相的——我小的時候你照顧我，你老了換我照顧你。這種觀念讓變老不再那麼令人焦慮。中國散文大家林語堂在一九三〇年代主張，東方人期待變老，西方人則恐懼變老。即便到了今日，許多亞洲國家的老人依舊享有崇高的社會地位——至少表面上如此。日本人對長者會用敬語，尊稱他們為「某某桑」。此外，日本還過「敬老日」這個全國性節日，致贈長者禮物並敬酒設宴款待。日本媒體習慣介紹老當益壯的高齡人士，報導他們將歌舞伎或製鞋等技藝傳承下去。韓國人則是將六十大壽當成頭等大事。在中國社會，千百年來，孩子閱讀《二十四孝》等民間故事，學習孝順長輩。有一則故事是孩子不忍父母被蚊子咬，便脫下衣服待在一群蚊子裡。另一則故事是一個男孩為了救爹爹，赤手空拳打老虎。

東亞究竟有多敬老尊賢，眾說紛紜，但顯然這種風氣正在消失。這一區的專家學者和西方一樣，開始把老年人口當成問題看待。從打扮有如漫畫人物的明星、娃娃臉的男孩團體，到優衣庫（Uniqlo）、寶可夢（Pokémon）、江南風（Gangnam Style），東亞的地方流行文化無不繞著年輕人打轉，整形業大發利市。東亞的獵頭公司指出，年紀大的求職者悄悄拿掉履歷中的生日。二〇一七年，北韓的外交部在一場外交紛爭中打出年齡歧視牌，稱美國總統唐納・川普（Donald Trump）為「老糊塗」（neukdari，常用來貶損年長人士的詞彙）。就連仍想為民服務的年長政治人物，都承受了因為年齡不得不下台的壓力。日本的前首相中曾根康弘在二〇〇三年、八十五歲時，不得不引退，他寫下俳句抒發心中的無可奈何：「一切都是人生的劇場，秋陽正在下山。」[3]

儒家講求倫理的風氣也在衰退，愈來愈多亞洲人把上了年紀的父母送進養老院，而不是三代同堂。日本人開始抱怨「介護地獄」（意指「照顧老人的地獄」），還說年輕人的人生追求兩件事：一是買車，二是不用跟奶奶住。中國為了防患未然，開始想辦法提高老人的地位。二〇一二年，北京政府發行現代版的傳統孝道手冊，當中提到的建議包括：「教你的爸媽使用網路」、「逢年過節盡量探望父母」。政府為了推動親子見面，還立法強迫成年人探望年老的父母，企業也必須准假讓員工有時間回家。

依據林語堂的說法，東方的年齡歧視程度，曾經一度比西方輕微。這樣看來，還是有希望的。怎麼說？因為這提醒了我們，年齡歧視不是一種恆久不變的心態。人類或許天生欣賞年輕胴體，不喜歡預告死亡的事物，但除此之外，變老帶給我們的感受其實受到文化影響——換句話說，觀感是可以改變的。

板塊已經開始移動。我在倫敦肖迪奇看到的創業能量顯示，新潮流正在改變我們面對老化的方式。我們應該善用人生下半場的時間，而不是當鴕鳥。

如果說我們在過去一世紀變得歧視老年，我們可以在接下來的世紀變成欣賞老年。

2 要活就要動：老化是一場大屠殺？

我們的身體是一部用來活的機器，構造如此，本質如此。

——俄國小說家托爾斯泰（Leo Tolstoy）

設計適合年長駕駛的車輛，曾是令人頭疼的任務，因為年輕工程師無法體會，用僵硬的關節繫上座位安全帶是怎麼一回事，也不瞭解靠差勁的平衡感從方向盤後方擠到門外是什麼感受。用昏花的老眼看儀表板，也不是他們平日會碰上的事。此外，他們也不需要用罹患關節炎的手指與不靈敏的觸覺轉動旋鈕。

到了二〇〇〇年代初，事情產生了變化。日本的日產汽車（Nissan）發明出模擬老年肢體限制的裝束。穿上去後，你會多增三十歲左右，體會到大聯盟級的大開眼界。日產的年輕工程師實際體會有一副年老身軀是怎麼一回事之後，更懂得替年長駕駛設計車輛。今日的汽車等各產業廣泛應用「老化裝」（ageing suit），例如建築師也利用老化裝來設計退休住宅。

這次我也要來體驗看看。對於上了年紀，我主要是擔憂身體將力不從心。我害怕自己在邁向五十歲大關時感受到的疼痛與僵硬，預示著未來體能將一路走下坡，也害怕曲棍球桿變成牆上裝飾的那一天將提早來臨，快過我的預期。歷史上不乏這類恐懼，年老力衰的人們發出的憂鬱感慨，更是加深了這樣的看法。四千五百多年前，一名年事已高的埃及書吏寫道：「衰老已經來臨……心跳每日更微弱一些。心臟的疲憊使視線模糊，耳朵聾聵，力氣消失，口不能言……年歲帶來筋骨痠痛……所有的味覺都消失。老年在各方面都帶給人們不幸。」美國的現代小說家菲利普・羅斯（Philip Roth）心有戚戚焉，冷冷地指出：「老年並非一場戰役，而是大屠殺。」

我為了面對自己對老化的恐懼，決定親身體驗一下擁有衰老的身軀是什麼感覺，說不定可以因此戰勝恐懼——唯一的方法，就是穿上老化裝。離我家最近的老化裝，存放在倫敦南岸大學（South Bank University）。校園裡，聳立著橘紅色的玻璃混凝土建築，離倫敦的環球劇場（Globe theatre）不遠，也就是四百年前莎士比亞搬演「人生七階段」看法的地點。南岸大學持有的老化裝，用途是促進醫護與看護人員的同理心，平日也是研究工具。

南岸大學老化裝的官方保管人是希拉・米林（Sheelagh Mealing）。米林以前當過護理師，說話帶有英格蘭東北的約克郡口音，散發公事公辦的態度。雖然最近剛動過髖關節置換術，走起路來依舊輕快，彷彿仍在醫院巡房一樣。我坐在米林狹窄的辦公室裡，躍躍欲試，等不及要穿上老化裝，但她堅持要先確認我的健康情形，飛速問過一長串問題：我目前是否正在接受任何藥物治療？有心臟病史嗎？有呼吸問題嗎？肌肉、骨骼是否不適？整體健康狀況如何？米林表示：「我們必須確認你能承受這套衣服所帶來的負荷。」負荷？擁有老化的身體真的有那麼恐怖，還得先簽署健康免責切結書？我的心沉了下去。

處理完文書作業後，米林打開地上一個大盒子，原來所謂的「老化裝」，不是一件衣服，而是好多個套件，看起來像有肢體接觸的運動或是拆除炸彈時使用的身體護具。襯墊、手套、支架、重片、背心、頸部固定物、靴子，每一個零件都是黑色，用扣環與魔鬼氈固定住，大約要花整整十分鐘才能穿戴完畢。

我全副武裝，看起來像寒酸版的機器戰警。我站了起來，雖然感覺全身變重，有一點搖搖晃晃，我的第一反應是自信滿滿，心裡想著：「**根本是小題大作，也沒那麼糟。小說家羅斯居然說老年是大屠殺，也太誇張了。**」然而，米林的整人任務才剛開始。為了減損我的聽力，她要我耳內塞進泡棉耳塞，然後套上耳罩。接下來要挑選特殊眼鏡，以模糊我的視力。米林請我從紙本清單上挑選一種疾病，有白內障、視網膜色素病變（retinitis pigmentosa）、黃斑部退化，無所不包，感覺像是在星巴克點咖啡。我挑了青光眼。眼鏡一戴上，我眼前立刻一片昏暗，只剩中間一個小小的模糊乳白圓圈，感覺像是透過髒兮兮的窺視孔看東西。

好了，該是散步的時候了。米林帶我走出辦公室，進入走廊，朝電梯前進。我全身動起來後，老化裝帶來的各種障礙，開始產生綜合效果。我感到自己笨手笨腳、動作遲緩、搖搖晃晃、彷徨無依，甚至有些害怕。我為了彌補模糊的視力與聽力，像是從驚嚇箱跳出的玩偶一樣，頭不斷左右擺動，尋找迷霧中可能出現的視覺或聽覺線索。我每踏出一步，都要扶著牆壁。滅火器、米林的手臂，只要是能抓的東西我都抓。

下樓到大廳，來到旋轉門更是雪上加霜。我通常覺得那種門慢吞吞的，害我撞到前方的玻璃板，讓門停下來，但這一次角色對調。對已經用人為方式老化的我來說，旋轉門像是高速前進的旋轉木馬。

「這是正常速度嗎？」我問米林。

「沒錯，」她回答：「是你腳步變慢，自己沒發現而已。」

我後來終於鼓起勇氣，踏進旋轉門，但門立刻停止，因為玻璃片撞在我身上——正中臀部。我意識到其他人正在等我通過，我感到一陣暴躁與羞愧。

走到街上，情況一樣糟糕。每個人似乎都在高速移動，有如奧運競走般，一下子闖進我的視野或超越我。交通號誌的小綠人消失前，我未能及時抵達對面的人行道。大約十五分鐘後，我走不動了，氣喘吁吁。樓梯上到一半，汗流浹背。米林評論：「你開始步履蹣跚，拖著腳走路，整個人看起來搖搖欲墜。」

我們進入大考驗的最後一部分時，一名年輕女子從我右手邊的門冒出來。從她的肢體語言，我看得出她想經過我面前，但我不想讓路給她，決定加快腳步，行使我的通行權。然而，由於我的速度不夠快，中途還有些失去平衡，結果就是兩個人差點撞在一起。我感覺自己像個白癡。

我回到米林的辦公室，脫下老化裝，心情沉到谷底。變老比我想像的還糟，糟一千倍。米林開口：「發現自己再也無法控制身體，打擊很大吧？」米林說的一點都沒錯。我回到家，煩惱以後要怎麼活下去。心底那個聲音像討厭的風鈴一樣，一直響個不停：老化真的是一場大屠殺，那我們怎麼可能欣然接受？

可是我的結論正確嗎？真的是大屠殺嗎？

我試穿過老化裝後不久，搭火車穿過海底隧道，抵達法國北部，前往魯貝（Roubaix）。魯貝是個小型城市，十九世紀以紡織業出名，然而過往的榮光早已散去，駁船再也不會載著羊毛或製好的成衣，來往於舊運河。今日，廢棄的加工廠與紡織廠靜靜立在一旁，商店裡擺放著中國製的衣服。失業現象隨處可見，地方上近一半的家庭生活在貧窮線以下。不久前，魯貝得到「法國最窮城市」的封號，世界各地的人們今日來到這裡的唯一原因，是造訪一座高科技的自行車賽車場。

我抵達時，歐洲自行車錦標賽已經如火如荼展開，來自歐洲各地的汽車與露營車，停在賽車場外。場內有兩名自行車選手正在繞行松木跑道，他們穿著萊卡衣的身影，化成一抹野獸派的筆觸。計時器以千分之一秒的精確度，追蹤他們的車速。場中央是熟悉的景象。男男女女的自行車選手在車林中走動，每台比賽車輕如羽毛，要價超過多數人一個月的薪水。選手一邊觀賽，一邊替朋友與隊友加油。他們吃著香蕉，喝著水，靠著按摩和冥想放鬆。有的人在自行車訓練台上，原地踩踏板暖身，製造出嗡嗡聲響。一名選手正在和義大利的家人用 Skype 通話。每隔一段時間，擴音器就會響起某一國的國歌，金銀銅牌得主上台領獎。場內的聊天內容不脫競賽秒數、日常的訓練方式、最新型的裝備等等。

我到此一遊的目的，為的是治癒穿上老化裝所帶來的創傷。自行車賽車場怎麼會有這種功效？因為在場上呼嘯而過的選手，有的比我還大上三十歲。

❖

即使早過了全盛時期，人體依然能以了不起的方式運轉。公元三世紀中葉，在羅馬行省茅利塔尼亞（Mauritania）、今日的阿爾及利亞，一名男性五十歲時入土為安，墓碑上寫著此人「死於青春年華」。公元前四世紀，效忠亞歷山大大帝的精銳軍團「銀盾兵」

（Silver Shields），許多已年逾六十，但仍在戰場上擔任先鋒，執行特殊任務，在沙漠中強行軍。一一六五年，賓根的赫德嘉（Hildegard of Bingen，中世紀的德國神學家）在萊茵河谷建立修道院，當時她六十七歲。直到八十一歲去世為止，赫德嘉都持續管理院中的修女。一三九一年，法國第十一任富瓦伯爵（Count of Foix）加斯頓·菲普（Gaston Phébus）在獵熊後的返家途中去世，享壽六十。一年後，七十二歲的英國傭兵約翰·霍克伍德（John Hawkwood）還參加波隆那（Bologna）的比武大賽。

米開朗基羅於六十五歲左右完成藝術史上最耗體能的作品：在西斯汀禮拜堂（Sistine Chapel）的祭壇牆壁，畫上《最後的審判》（*Last Judgement*）。米開朗基羅於一五三六年開工，在離地二十公尺的搖晃鷹架上待了四年，中途曾一度摔下，傷勢嚴重，不得不在床上躺了四星期。另一位義大利畫家喬爾喬·瓦薩里（Giorgio Vasari）對這位同行的毅力感到敬佩不已：「他忍受極度的不適，完成教堂的濕壁畫。由於作畫時必須臉朝上，視力嚴重受到影響，平日除非頭往後仰，要不然無法閱讀，也無法看畫，後來這種現象還持續了數個月……我很訝異米開朗基羅居然能苦撐過來。」《最後的審判》並未要了米開朗基羅的老命，他日後繼續創造出大量作品，直到八十八歲過世為止。

今日的我們在科技的輔助下，更可能享有米開朗基羅般的耐力。菁英運動員倚賴更理想的營養與訓練，以及更聰明的休息與休養方式，在賽事中領先群倫。在二〇〇八年的奧運，四十一歲的美國泳將達拉．托里斯（Dara Torres）勇奪三面銀牌，還創下混合接力的世界紀錄。二〇一六年的奧運賽上，四十一歲的烏茲別克選手奧克薩娜．丘索維金娜（Oksana Chusovitina），參加傳統上由少女稱霸的女子體操賽。同一年稍早，捷克冰上曲棍球選手亞羅米爾．佳格（Jaromír Jágr），以四十三歲的年齡，參加國家冰上曲棍球聯盟（NHL）的全明星賽。網球好手羅傑．費德勒（Roger Federer）在三十五歲左右東山再起，反手拍似乎比全盛時期更加厲害。二〇一八年，費德勒拿下澳洲網球公開賽冠軍，在該年度第三次贏得大滿貫勝利，在三十六歲創下網球史上年紀最大球王的紀錄。費德勒表示：「我不認為年齡本身是問題。」

明星帶頭怎麼做，一般民眾也會跟著模仿。近日的YouTube上，有大量影片的內容是高齡者超越人體的極限。較為近期的例子包括：一百零一歲的女性自九十四公尺的高塔上垂降；還有一位八十二歲的女性跳傘；一名男性在八十七歲開始練舉重，十年後參加比賽；一位六十七歲的人士奪得《國家地理》雜誌的「年度冒險家民眾票選獎」

（People's Choice Adventurer of the Year award），原因是他完成史上最長的跨洋公開水域愛斯基摩獨木舟遠航；全球年紀最大的瑜伽教師則是九十八歲。

不論是田徑運動、游泳、自行車、滑雪、網球、曲棍球，幾乎你想得到的運動，今日都有給三十歲至一百歲以上業餘人士參加的「長青賽」（Masters）。雖然有的人聽到七十歲的滑雪健將或一百歲的短跑選手（五十歲的曲棍球員根本算不了什麼），反應是乾笑兩聲，但是長青運動蓬勃發展。每四年舉辦一次的「世界老將運動會」（World Masters Games），各位可以想成是三十歲以上人士的奧運。世界老將運動會今日吸引的選手人數，勝過全球任何運動賽事，而且老將們可不是志在參加而已，他們勢在必得。每個年齡組的賽績都呈現突飛猛進的趨勢，也就是說三十五歲、五十五歲、七十五歲的普通人，年年都在變快、變強壯、變靈活。加拿大約克大學（York University）運動學與健康科學所（School of Kinesiology and Health Science）的教授喬．貝克（Joe Baker）表示：「如今有一股風潮正在重新定義年長者能做的事，我們才處在開端而已。」

❖

魯貝的自行車長青錦標賽，也帶給我相同的感覺。賽車場上第一件引人注意的事，就是幾乎不可能猜出跑道上的選手年齡。場中央的選手休息區裡，看得到白頭髮、皺紋、初期男性女乳症、啤酒肚，然而選手們一旦穿上萊卡運動服，戴上頭盔、護目鏡，開始踩踏板，看起來都十分類似。八十歲和三十歲唯一的不同處是車速——長青賽中，年紀較輕的選手還是速度較快。然而，由於每場比賽都是依據年齡分組進行，年齡差異很少顯現出來。

不過，魯貝真正引人注目的地方，在於部分自行車選手竟然每年都在進步。整個年齡組別表現比十年前好是一回事，個別運動員在年紀愈來愈長的同時，還持續變快，又是另一回事。然而，那種情形的確發生了。

在我抵達賽車場不久之後，選手史蒂夫．寇蕭（Steve Cronshaw）在起點就定位，準備參加一場個人賽，比賽結果將決定他在爭先賽中的種子地位。寇蕭在場上光速而過，雙腳像卡通一樣不停踩踏板，以十一．三秒騎完兩百公尺，刷新六十歲至六十四歲組的世界紀錄，也創下個人最佳紀錄。換句話說，這位英格蘭的退休工程師六十歲的騎車速度，快過自己四十歲的紀錄。

場內其他選手也都提供了類似故事。一位目前六十六歲的選手，十英里與二十五英里的賽績都快過自己二十年前的紀錄。四十一歲的荷蘭人卡洛琳・凡赫瑞庫曾(Carolien van Herrikhuyzen)，剛剛創下個人五百公尺最佳紀錄，她預估自己在下一個十年還會進步：「我現在比十年前快多了。我瞭解我的身體，也看到其他年長運動員的表現，知道自己還能更快。」年紀更長的運動員，更是老當益壯。二〇一二年，退休的法國消防員羅伯特・馬尚（Robert Marchand）打破一百歲以上組別的世界紀錄，一小時內騎了十四・二英里（約二十二・八五公里）。兩年後，馬尚在一百零二歲時，再度創下新紀錄，一小時騎了十六・七英里（約二十六・八七六公里）。如同寇蕭所言：「我們打破世人對老化的看法。」

那平常人呢？要是完全沒興趣苦練，也不想參加自行車賽、創下世界紀錄呢？剛才提到的事與我們何干？其實關係可大著呢。就算各位沒興趣參與競技運動，老年唯一想進行的體能活動只有散散步，陪孫子玩，凡赫瑞庫曾或寇蕭這樣的銀髮體育健將，還是值得各位關注。他們除了讓世界接受新觀念，明白任何年紀的人都能把運動當成休閒，還證明人生下半場不會只是小說家羅斯口中的大屠殺。

人體通常在三十歲左右達到體能巔峰，接著為了目前仍未明的原因，開始穩定衰退，頭髮變白，皮膚皺起。我們的身高縮水，骨質密度、力氣與活力下降，關節僵硬，視力與聽力退化，動脈堵塞。年過三十更容易生病，死亡風險每七年多一倍。接下來，通常在四十歲過後開始出現的更年期，讓女性無法生育，還可能帶來數個月以上的身體與情緒不適。此時不論男女，行動能力、記憶、新陳代謝都會衰退。漫畫家約翰．華格納（John Wagner）曾開玩笑：「上了年紀之後，什麼事都慢了下來，除了蛋糕和冰淇淋變成臀部肥肉的時間。」

好恐怖的噩夢，對吧？別這麼想。好消息是，不是所有的消息都是壞消息，真的不是。年紀增長其實讓我們在某些方面變得更強韌。糖尿病、白血病、乳癌等幾種棘手疾病，在晚年威脅性較小。[1]頭痛與偏頭痛會隨著年齡減緩，花粉熱等過敏有可能消失。此外，先前歲月所累積的免疫力，也會使年紀大的人罹患普通感冒的機率變小。

與年齡相關的衰退出現的時間，也比想像中來得晚，例如我們七十歲後，依然能維持一定程度的運動控制與手眼協調。穿上老化裝會帶給我那麼大的創傷，原因是把所有可能發生的生理狀況，一次全部加在我身上——在真實生活中如此不幸的人並不多。多數人只會出現老化裝帶來的部分障礙，而且是逐漸浮現，有足夠的時間適應。最好的消息是，老化現象出現的時間其實不一。人體隨著時間出現的改變，有的是基因早已決定，因此無法掌控（至少目前還辦不到）。不過，大多數的變化其實受到生活形態的影響，例如飲食、工作、運動、睡眠、社交、休閒方式，以及是否濫用藥物、抽菸喝酒，還有居住地點等。也因此，不論是運動健將或視運動為畏途的人士，我們所有人都能多管齊下，帶給自己為時更長的健康生活。

教人延年益壽的建議，可以一路追溯至古代，譬如羅馬帝國的名醫蓋倫（Galen）提供的方法，包括騎馬、丟球、吃李子、搭船旅行。儘管現代的建議有較為扎實的科學依據，有的實在太恐怖，我個人不考慮——我這裡講的，可不是叫人吃小麥草或吞螺旋藻什麼的。提供各位一個例子：研究顯示，最能確保男性多活十四年的方法，就是成為太監。[2]呃，還是不了。

幸好，現代科學家還認同另一種較能讓人接受的保健方式：要活就要動。記得飲食要健康。飲酒要適量，別抽菸。維持活躍的社交生活。人生有早上想要起床的目的。減少物欲，多笑一笑。

養生的方式五花八門，但運動的效果似乎最接近仙丹。古希臘醫生希波克拉底（Hippocrates）在公元前四百年就表示，運動是最佳良藥。布里斯托大學（University of Bristol）的公衛學者尼克・卡維爾（Nick Cavill）表示：「人體生來就是要動。大概人人都曉得這個基本原則，但現代人的生活太忙碌，我們經常忽略要讓自己動一動。人類是獵人與採集者，人體的設計原本就是從早到晚都要有體能活動。」

人體可說是「用進廢退」。雖然我們的握力一般在三十五歲左右達到最高峰，接著就會快速衰退。大量動用握力的裝配線工人，到六十多歲都還能保有力氣。彈鋼琴也一樣，專業的鋼琴家直到晚年，依然能夠保持手指的敲擊速度，我們一般人則是三十歲以後就開始變慢。

世界上被稱為「藍色寶地」（Blue Zones）的長壽區域，向世人傳達類似的訊息。那些地方住滿特別健康長壽的人士，其中有一些，成為今日專家與江湖郎中爭相朝聖的地點，人人都想找出延年益壽的法寶。幾年前，我拜訪過同樣名列藍色寶地清單的維卡班巴（Vilcabamba）。維卡班巴是厄瓜多南部一個翠綠河谷裡的小村子。那裡沒有健身房，也沒有自行車賽車場，但是體能活動是日常生活的一部分。維卡班巴的村民不管到哪裡都用走的，而且多數人到老依舊從事某種形態的體能勞動。地方上常見的景象是老人背著一袋穀物，把家畜趕至曾孫耕種的田地。我在當地採訪到一半時，錄音筆掉到地上，一名九十多歲的婦女立刻彎腰幫我撿起來，靈活有如少女體操選手。

不過，我們很幸運，不必搬到藍色寶地，就能好好地老去。我們甚至不需要報名混合健身（CrossFit）或聘請個人教練，就算只是小小調整日常的生活方式，也對健康有好處，像是多走樓梯，不搭電梯；起身幫電視轉台，不使用遙控器；提早一站下公車，或是把車停遠一點，多走一點路。同樣地，專家提出的運動目標，其實也沒有特別困難。專家大都建議，每週從事一百五十分鐘的有氧活動、七十五分鐘的劇烈運動，或是兩者混合，再加上一點阻力訓練。平均起來，每天只需要小小運動十五至二十五分鐘。中度的有氧運動包括快走與騎腳踏車，慢跑則算劇烈運動。阻力訓練包括舉重，甚至提購物袋或在花園挖土就足夠了。輪椅族可以從事坐式運動，或是參與輪椅版的羽毛球與籃球等運動。

不論各位選擇以何種方式揮灑汗水，身體都會感激你。研究顯示，規律運動可以預防中風、癌症、糖尿病、心臟病、跌倒與髖部骨折，還能穩定體重與血壓，降低早死的風險。英國研究五十五歲至七十九歲之間的男女業餘自行車騎士，[3]這群人在成年後一直定期運動。結果讓研究人員嚇了一跳，因為這群人的身體幾乎沒有因為上了年紀而衰退，不論是力氣、肌肉量、睪固酮（男性）都保持得很好，也沒有中年發福。最令人訝異的是，這群年長的自行車騎士，免疫系統和二十歲的人一樣健康。

各位如果讀到這裡，感到太遲了，這輩子來不及運動了，別那麼快灰心。就算你直到現在這一刻都是沙發馬鈴薯，運動仍會帶來好處。挪威的一項研究顯示，四十歲與五十歲才開始健身的男性，中風的風險依然能降到和終身運動的人一樣低。[4]此外，每當各位看到朋友在臉書上貼出參加鐵人三項的照片，也不必有罪惡感，因為運動遵守報酬遞減法則。換句話說，運動量愈大，好處愈多，但有一定的極限。公衛學者卡維爾指出：「跑馬拉松或參加鐵人三項的人士，他們的健康情形並未勝過適度運動的人太多。」總而言之，只要適度保養身體，心態正確，多數的人一直到老，還是能夠保有良好的身體狀況。

今日運動風氣日盛，從香港、休士頓到漢堡，各地的民眾都動了起來，跑步、登山、騎單車、划船，或是簡單的一天走一萬步。五十歲以上的人士，今日占了美國冒險旅遊家的四成以上。英國成長最快速的旅遊群組是六十五歲至七十四歲人士，而且他們偏好緊張刺激的假期。許多人因為從事運動，粉碎了年齡歧視帶來的刻板印象。跆拳道、空手道、合氣道等武術運動，成長最快速的年齡群組是五十歲以上。南非約翰尼斯堡郊區治安不佳的科斯摩市（Cosmo City），有大量六十歲以上的女性參加拳擊課。

運動熱潮可以解釋，為什麼六十五歲以上的一般民眾，今日的健康狀況比從前更好，還有老化帶來的多數壞處，如失明、耳聾、中風、心臟病，為什麼目前出現的年齡愈來愈晚。在歐盟多數區域，五十歲過後的「**健康**預期壽命」（*healthy* life expectancy），上升速度快過預期壽命本身。[5]也就是說，我們在過世前享受到的美好歲月正在延長，惡疾纏身的時間則正在縮短。華盛頓大學「健康指標與評估研究院」（Institute for Health Metrics and Evaluation）指出，二〇一五年出生的英國男嬰，預期壽命將比一九九〇年出生者多六歲[6]——而且這六年中的五年將是健康的。美國也出現類似潮流，[7]六十五歲以上人士的「無失能預期壽命」（disability-free life expectancy）正在上升。前文提到的加拿大老化專家富勒－湯森表示：「過去五年出爐的新數據非常漂亮，每一件事都在好轉，我們這個領域的人實在沒意料到。」

❖

然而，不是每個人都追隨今日的運動潮流。在許多國家，「體能活動不足」（physical inactivity）依舊名列失能與罹病的十大原因。據說因為懶得動而致死的英國人和抽菸人口一樣多。全球各地所有年齡群組皆上升的肥胖率，也抵消了長壽革命帶來的新壽命。

若要讓長壽變成好事，我們需要進一步推廣運動革命，做大幅度的改變，包括在學校課程中納入更多體育活動，讓運動成為醫療的核心，還得重新設計城市設施，鼓勵、甚至是強迫民眾多走路、多騎單車。日本率先以各種新點子，促使國民在人生下半場繼續過著活躍的生活。千駄谷日本語學校為了校內六十歲以上的學生，在兩堂授課之間加進體能活動。日本建築師也採取類似精神，設計出地板高低起伏的房子，讓走路也像在鍛鍊身體。

此外，我們也需要找出推廣健康體適能的正確方式。體能絕佳的高齡人士，的確打破了刻板印象，證明人老了不一定風一吹就倒，然而研究顯示，立下高標準的例子反而會帶來反效果。加拿大溫莎大學（University of Windsor）的運動學副教授尚恩・霍頓（Sean Horton），同時以參賽者與研究者的身分，參加過許多長青賽。他不贊成把年長的體育健將當成新的老化模範。霍頓指出：「長青賽運動員是年輕人的絕佳模範，對同齡的群組卻有反效果。銀髮體育健將被當成奇人軼事，其他年長者則會心想：『**我不可能的，我永遠無法像那樣。**』結果乾脆什麼運動都不做。」霍頓建議，應該同時分享各年齡層人士活躍程度不同的故事。

❖

關於延長身體使用期限，還有更多好消息：我們的大腦可以幫忙分攤工作。怎麼幫？答案是以更聰明的方式運用留存的體能。頂尖運動員長久以來都使用這個方法。專業高爾夫球選手年紀大了之後，球打出去的距離變短，但老將能靠更高的準確度來彌補。麥可・喬丹（Michael Jordan）在職業生涯後期，不再擁有讓他成為籃球傳奇的超人彈簧腿，但他把Nike廣告中抵抗重力的不朽飛躍，換成拉竿跳投，成功把得分機器的巔峰期硬是延長了幾年。

足球員要是過了體能高峰期，表現依然良好，西方球評常會說：「第一碼在他腦中。」那句話的意思是說，老將利用自己對賽況與賽事走向的過人瞭解，即使面對身強力壯、速度又快的年輕對手，還是擁有優勢。研究人員在數種運動的守門員身上，也觀察到相同的現象。即便年紀大會造成反射與動作變慢，守門員靠著判讀比賽與射門者的動作，表現仍然優秀。年長的大腦甚至學會判讀並利用隊友、對手發出的聲音。運動學家貝克表示：「一直到人生相當晚期，你都有辦法藉著大腦自我重塑的能力，以更有效率、更快速的方式做事，彌補許多因為年齡增長而失去的東西。」

當然，智取的效果有極限。身體最終會衰退到再多的認知功能也無法彌補差距的程度，所以別把錢拿去賭費德勒四十五歲還能拿下大滿貫，或是佳格到了五十歲還能參加NHL全明星賽。

不過，大多數人並非頂尖運動員，不求在大聯盟多贏一個賽季，只希望繼續做自己喜歡的活動就心滿意足了，像是遠足、搖呼拉圈、打曲棍球，將不能動的時刻延後到愈晚愈好。在這方面，專家再次給了令人心安的建議：只要你的身體能夠承受，繼續做那些事沒關係，只不過得逐步調整期待。有一個方法是加入正在興起的「走路聯盟」（'walking' leagues），包含溫和版的籃網球（netball，又稱英式籃球或無板籃球，一隊七人，流行於大英國協的運動）、足球、籃球等運動。我尚未準備好放棄冰上曲棍球賽，不過我的打球風格已經有所改變。我的速度、力氣、體力已經不如二十年前，不過手眼協調跟從前一樣好，也更擅長解讀比賽。雖然現在較少得分，但藉由年輕隊友的飛奔能力，我的助攻次數增加。最重要的是，我期待曲棍球之夜。

長青賽的世界以一種聰明有效的方式，調整人們期待身體在銀髮期做到的事：運動員每多五歲，就會升級到下一個年齡群組。每一次進入新的年齡組別，就會突然再度成為炙手可熱的新人，大顯神威。這種制度以幽默的方式，讓變老像是開外掛一樣。我朋友的母親六十多歲開始參加競技性游泳。伯母最近才剛過八十八歲生日，就宣布她等不及要變成九十歲。為什麼？「這樣我才能在泳池再度痛宰別人！」

「調整期待」這個作法，也適用於運動以外的世界，例如鋼琴家弗拉基米爾・霍羅威茨（Vladimir Horowitz）八十歲後為了繼續表演，想出方法配合老化的身體帶來的限制。[8]他拿掉最耗神的曲目，剩下的曲目則重新安排順序，先彈奏節目中速度慢的，以襯托接下來較快的曲子。

在長青賽運動選手以及霍羅威茨這樣的音樂家身上，我們都能學到不少東西。與其想念身體過去做得到的事，不如善用身體今日能做到的事。不過，我們也得接受，身體有一天終將衰退。也就是說，我們得學習把體能下降看成是人生的一部分，而不是失敗的象徵。

❖

不論我們目前幾歲，都能努力讓這個世界對老化的身體更加友善。各地的零售業者紛紛重新設計店面，方便上了年紀的顧客購物。美國的油漆供應商宣偉（Sherwin Williams）增添座位與照明，說明文字也避免使用米粒般的小字體。大型連鎖藥妝店CVS在店內鋪設防滑地毯，降低貨架高度。日本永旺（Aeon）連鎖超市的東京旗艦店，特別規畫出健康診所與運動區，讓銀髮購物者在店內打乒乓球，上有氧運動課程，在室內跑道健走，還能一邊運動、一邊監測心跳。鐵鎚牌（Arm & Hammer）為了協助和我一樣老眼昏花的消費者，增強貓砂包裝的色彩對比，還把字體放大兩成。鑽石食品

（Diamond Foods）旗下的祖母綠產品（Emerald），在細長的零食罐上設計內凹的腰身，方便手指無力的人握住罐子。

基於兩點理由，多數企業八成也會陸續跟進。第一，全球年長消費者的人數每年都在增加。第二，適合年長者身體的設計，通常也適合每一個人，例如福特汽車（Ford）研發 Focus 車款時便發現此事。福特在老化裝的協助下，打造出空間更寬敞、儀表板更好判讀、一下子就能摸到操控開關的汽車。各位猜結果如何？年輕消費者也喜歡相關設計，Focus 成為老少都愛的暢銷車款。

在此同時，肖迪奇的新創公司讓人見微知著。今天，有大量的創新點子瞄準老化的身體。大數據有望翻轉醫療，大幅改善我們檢測、預防與治療老年疾病的能力。如今，智慧型裝置以不久前還有如科幻小說的方式，協助人們控管自身的健康狀況，例如能夠追蹤體能活動、監控生命徵象的穿戴裝置。

我們的身體開始退化時，科技將助我們一臂之力。機器人技術不斷在改善，每一年我們都更接近無人駕駛車的世界。二〇一七年，科學家寫下歷史新頁，讓一位頸部以下癱瘓的男性，靠著意念移動自己的手。電腦解讀這位男性大腦中電子植入物發出的訊號，發送至嵌入前臂肌肉的感測器，讓這位男性八年來首度能自己喝咖啡、吃馬鈴薯泥，無需他人協助。

此外，「動力衣」正在興起。老化裝增加肌肉負荷，使人移動困難，「奧拉動力裝」（Aura Powered Suit）則正好相反。動力裝以具備彈性的輕型材質製成，原型看起來像高科技版的瑜伽服，直到你注意到腿部、臀部、軀幹與背部上有小小的六邊形墊片，裡頭藏著感測器，可以讀取你的動作，接著利用電力，啟動縫在動力裝布料內的帶子。帶子有如「電子肌肉」般，增強布料下方的人類肌力。這種概念服不會讓你變成鋼鐵人，但是能讓你更輕鬆地坐下、起身、走路、爬樓梯或是挺直身體。此外，動力裝可以穿在一般的便服下。等我年紀更老一些、身體需要多一點動力時，我很願意穿上這樣的動力內衣。要是有人能發明曲棍球的版本，那就更棒了。

❖

雖然在魯貝賽的自行車車場內，選手的萊卡運動服下沒藏著動力衣，他們對於自己身體的未來表現都抱持樂觀的看法，而且彼此激勵。對許多人來講，保持樂觀的方法首先是克服自己的年齡成見。寇蕭剛進入自行車的長青賽領域時，其實對老化的身體抱持苛刻的觀點。包著萊卡衣的老人身體，令他起雞皮疙瘩。「我四十歲出頭時開始騎車，心想：**看看那些噁心的老傢伙，六十幾歲了還在那邊裝年輕。**」寇蕭回憶起當年的想法，不由得苦笑。近二十年過後，他如今也成為自豪的「中年萊卡族」（MAMIL, Middle-Aged Men In Lycra）。「我還能再騎幾年？天曉得，不過我熱愛騎車。」他表示：「我現在明白，變老的過程沒有你想的那麼糟。」

我和寇蕭及其他的魯貝自行車選手共度一個週末後，開始有了相同的感受。他們就算老了，依然有辦法這麼健康，還是可以自由從事喜歡的運動，沒道理其他人不行。蓋茨黑德曲棍球錦標賽給我帶來的人生危機感，突然顯得有點好笑，就連試穿老化裝的恐怖回憶都開始消失。

不過，走出自行車賽車場後，我的心情有些沉重。一路行經的街區，毒品走私與偷拐搶騙，司空見慣。我採訪的路人，沒人聽過什麼長青賽，甚至沒發現就在不遠處，穿著萊卡運動服的七十歲人士正在跑道上競速。地方人士所過的生活，顯然比賽車場裡的運動員不健康許多。

我和路人丹尼爾．貝特宏（Daniel Bertrand）聊了起來。貝特宏是保全人員，最近剛失業，平日唯一做的運動是逛大街，還有探望住在兩條街之外的女兒。貝特宏走起路來有點彎腰駝背，步履蹣跚，一口壞牙。他一輩子都在喝酒，因此整張臉紅通通的，有酒糟鼻。他要我猜他幾歲，基於禮貌，我少報了十歲，卻正好猜中他的年齡：貝特宏看起來至少有六十了，但實際才五十歲，和我同年。

貝特宏的例子提醒我們，長壽一直都不是均勻分配的現象，有錢人比窮人更可能順利老去。財富可以讓老年生活順遂，買得起健康的食物，住舒適的房子，得到完整的醫療，運動選項也多，還能選擇比較不耗體能的工作。此外，有錢也較能避開物質濫用、環境傷害，以及無家可歸、暴力犯罪、破產等看來會加速老化的壓力事件。

進一步平均分配長壽果實的唯一方法，就是縮減富人與窮人之間的距離。和貝特宏一樣的人，才有可能像在他家附近參加週末賽事的長青賽自行車選手，好好老去。

即便心中感慨萬千，我離開魯貝時，由於三個鐵證如山的原因，不再那麼擔心自己日益老化的身體。一，變老其實沒有多數人想像的那麼恐怖。二，只要改變自身的行為，就能過著史上前所未有的理想老年生活。三，這個世界不斷前進，努力提供便利的生活給銀髮族。

好了，身體的事就不必太擔心了。現在我想知道，同樣這三個理由，是否也適用於老化的其他面向。

3 老年創意大爆發：我們不會在二十歲就摔下學習斷崖

想像力與年齡無關。

——華特．迪士尼（Walt Disney）

每次史丹利．麥克莫特里（Stanley McMurtry）踏進倫敦《每日郵報》（*Daily Mail*）的辦公室，都有相同高難度的任務等著他。在新聞編輯部都沒人能幫忙的情況下，他必須孤身一人畫出一則時事漫畫。內容要夠尖銳，尖銳到足以影響英國最暢銷的報紙銷量——而且幾小時內就得完成，沒有時間讓他尋找靈感，走來走去想內容，慢慢推敲。他必須一坐到辦公桌前，過濾完當天頭條，就立刻靈感迸發。誰能跟他比開天窗的壓力！

不過，筆名「麥克」（Mac）的麥克莫特里勇往直前，每天只要一捲起袖子，就認真畫出令人捧腹大笑的漫畫。早上，他先思考當天的重大新聞，整理出主要與次要情節，思考對話，試試能否講出幽默的笑話，接著在下午的截稿時間前，畫出一針見血的漫畫。麥克日復一日完成這項艱巨挑戰，倫敦的報社從業人員，沒有誰比他更資深。

麥克除了是英國漫畫家的老前輩，也是我的鄰居。他年近七十歲時，搬到我們這條街上。我因為心中的年齡歧視作祟，以為早已功成名就的麥克，即將抵達事業終點。我的假設大錯特錯：二〇一七年，就在即將麥克過八十一歲生日時，他第七次榮獲英國年度最佳漫畫家獎（Cartoonist of the Year），評審說他「出類拔萃」，大力讚美他「在崇高的領域，畫出筆觸完美、聰明機智的漫畫」。

麥克榮獲大獎不久後來到我家，我們在客廳坐下，暢談老化這件事。麥克本人幾乎就是他漫畫作品的化身：溫和、逗趣、一針見血。他講話聲音輕柔，但妙語如珠，而且具備浪漫細胞：他的作品特徵是在每一幅漫畫裡，偷偷藏著過世妻子莉齊（Liz）的側臉。麥克還沒坐進沙發就告訴我：「在心智這方面，我不覺得自己和二十歲的時候有什麼不同。」

我問他，他的意思是他在二十多歲時，就是今日這般優秀的漫畫家了嗎？

麥克回答，今日的他更上一層樓。

麥克表示：「我回頭看自己早期的作品時，覺得很多都畫得很糟，比例不太對，人物源自他人的作品，傳達的意念也不是很巧妙，或是不夠有創意。當時的我因為沒自信，每件事都努力過頭。一個人太過焦慮，就會放不開。」

然而，麥克漸漸站穩腳步，創造出屬於自己的風格。麥克表示：「我的標準提高，感到現在這個八十多歲的我，正在產出一生中最好的作品。我的漫畫現在比較放得開、比較有自信，也比較一語中的——我感到創意大爆發。」

「創意大爆發」幾個字，令我愣了一下。我想到變老時，最擔心的就是自己不再有創意。我能夠寫作、演講、上節目，靠的就是以不同的方式看世界。這年頭的履歷表與職務簡介上，「創意」兩個字滿天飛，各行各業都需要創意。我最近看到一家咖啡店的徵人廣告要請「創意忍者」。人工智慧不斷進步，創意思考成為人類手中的王牌，是我們獨一無二的賣點，也是我們仍勝過機器的地方。此外，找出新方法來做事及表達自我，也能豐富工作以外的生活。這就是為什麼在各種文化都見得到舞蹈、音樂、說書與藝術的蹤影。

麥克八十一歲了，卻處於創意的高峰期，榮獲年度最佳漫畫家獎，理論上我應該不必替自己擔心了，但不知怎麼，我感到難以置信。我的直覺告訴我，那一定是麥克的錯覺，或者他是天生奇才，畢竟傳統講法都說創意屬於年輕人。別忘了前文提過的祖克柏定律，或者套用身家億萬的昇陽電腦（Sun Microsystems）共同創始人柯斯拉（Vinod Khosla）的話：「三十五歲以下的人帶來改變。四十五歲以上的人，基本上不會有什麼新點子了。」

歷史提供大量英雄出少年的證據。第一個想出風浪板這個點子的是誰？英國一個十二歲小男孩。何瑞修・亞當斯（Horatio Adams）十三歲發明了泡泡糖，路易・布萊葉（Louis Braille）十五歲替盲人發明閱讀系統。布萊思・巴斯卡（Blaise Pascal）十九歲打造出世上第一台機械計算器。亞歷山大・格拉漢姆・貝爾（Alexander Graham Bell）剛過二十九歲生日，就取得電話專利權——和矽谷頂尖科技公司員工的平均年齡差不多。

數學家大都是年少成名。埃瓦里斯特・伽羅瓦（Évariste Galois）替現代代數打下基礎，尼爾斯・阿貝爾（Niels Abel）發明了群論，兩人當時都是青少年。一九四〇年，英國數學大師哈代（G. H. Hardy）指出，人不可能在年紀一大把時，得出類似的重大突破：「走數學這條路的人，絕不能忘記數學界……是年輕人的天下。」在二十五歲左右提出相對論的愛因斯坦，也這樣評論過科學界：「三十歲之前尚未對科學做出重大貢獻的人，這輩子就別想了。」

我和麥克所從事的藝文產業，歷史上也充滿年紀輕輕就創作出不朽之作的例子。英國作家瑪麗・雪萊（Mary Shelley）在二十歲那年出版《科學怪人》（*Frankenstein*，瑪麗因此書被譽為科幻小說之母），J・K・羅琳（J. K. Rowling）在同樣的年齡，在一班曼徹斯特開往倫敦的誤點火車上，想出《哈利波特》（*Harry Potter*）系列的點子。畢卡索二十多歲時，用立體主義震撼了藝術界。舒伯特、舒曼、莫札特、孟德爾頌等眾多作曲家，在三十歲前寫下永垂不朽的音樂。十六世紀的法國哲學家蒙田（Michel de Montaigne），可說是散文（essay）這個文類的創始人。他表示三十歲生日是創意開始走下坡的關卡：「我不由得深深相信，自那個年紀過後，我在身心兩方面都是衰退超過進步，退得多，進得少。」

流行文化也以百萬種方式，強調並誇大創意是屬於年輕人的。眾家媒體定期選出

「三十歲以下最值得關注的新星」——彷彿蒙田說對了。講述天才生平的電影是好萊塢的熱門主題，有的是真人真事改編，有的是虛構人物，例如《舞動人生》（*Billy Elliot*）、《天生小棋王》（*Searching for Bobby Fischer*）、《我的天才寶貝》（*Little Man Tate*）、《心靈捕手》（*Good Will Hunting*）、《阿瑪迪斯》（*Amadeus*）、《鋼琴師》（*Shine*）。數學家約翰・奈許（John Nash）二十歲出頭成為賽局理論的先驅，講述他的生平、榮獲奧斯卡獎的電影《美麗境界》（*A Beautiful Mind*），使他成為全球知名人士。創意大會也喜歡邀請年輕人做TED風格的演講，內容是他們擊出的創意全壘打。傑克・安佐卡（Jack Andraka）自從在二〇一二年十五歲時，發明了胰臟癌的早期偵測技術，就四處演講。

當然，年少歲月是充滿無限創意的年紀，得出重大發現的年輕人理應得到眾人喝采。然而，這難道證明年紀大了，創造力就會下降？今日我們對大腦瞭解得愈多，那個問題的答案是愈加肯定的「不會」。換句話說，我的鄰居麥克並不是特例。美國小說家馬雅・安傑洛（Maya Angelou）說得沒錯：「創造力不是一種會用完的東西。愈用，就會愈多。」

人類的大腦，和身體一樣會隨著年齡變化。我們的大腦二十歲後便開始萎縮，每過十年，重量與體積大約縮減二%。血管會萎縮，限制氧氣供應量。我們在一生之中可以留住大部分腦細胞，不過細胞會愈變愈小，細胞間的連結數量也會下降。到了四十多歲，「髓鞘」（myelin sheath）這種協助神經軸突在大腦內傳遞訊息的脂膜會開始碎裂。

相關的腦部變化會影響我們的認知功能。我們的大腦就像用了好多年的電腦，處理速度變慢，解數學題與吸收新知的速度下降，花較多時間才能想起某些事。我們想講某個字、某個姓名，卻怎麼樣都想不起來。專注力也下降，更難不去注意周邊的干擾，也難以同時在好幾件耗神的事務間轉換。

不過，沒有任何變化會扼殺我們的創意，恰恰相反。科學已經證明，人腦極度擅長彌補老化帶來的改變，甚至可以借力使力。功能性磁振造影（fMRI）掃描顯示，步入中年後，我們解決困難時會動用腦中更多的區域。[1]日積月累下，可以促成區域間豐富的互動，刺激創意思考——如果再加上經驗與知識助陣，效果更佳。

年齡增長帶來的自然減速，也能助創意一臂之力。我們不再匆匆忙忙，心智會換檔至更具創意的功能區塊，也就是心理學家所謂的「慢思考」（slow thinking）。哈佛商學院教授與研究主任泰瑞莎・艾默伯（Teresa Amabile）表示：「創意通常需要一段醞釀期。人們需要沉浸在問題中一陣子，讓想法冒出來。」年紀大所帶來的微幅不專注，甚至可能成為苦思時的祕密武器。為什麼？因為分心會讓大腦接收到額外資訊，[2]起初看似不相關的事物，日後可能是帶來創意突破的關鍵。

最常見的刻板印象，就是人老了會變成「老頑固」，但其實沒這回事。研究顯示，中年人的確比年輕人更容易堅守教條與現況。[3]然而，一旦進入六十歲，我們變得「耳順」，比較能敞開心胸，碰上新資訊時會改變態度——而轉變態度正是創意發想的第一步。物理學家霍金（Stephen Hawking）在一九七〇年代，全力支持宇宙學最著名的理論：沒有任何東西能逃脫黑洞。三十年後，量子力學與廣義相對論帶來的新見解，改變了霍金的想法。他接受黑洞吞噬物質後有可能釋出相關資訊。此外，當時六十二歲的霍金，和意見不同的科學家打了一個人盡皆知的賭，最後願賭服輸，公開承認自己錯了。

另一個出乎意料的理論則是老化會改變大腦結構，促進創意。髓鞘碎裂後會鬆綁神經架構，讓意念更能自由流通。「你的前額抑制少了幾個煞車，便能以更新鮮、更實用的方式把東西組合起來。」新墨西哥大學（University of New Mexico）的神經外科教授雷克斯・榮格（Rex Jung）表示：「如果你看到有人退休後變得更有創意，原因除了退休會帶來更多空閒時間，也可能是腦組織變得不一樣了。」這一點或許可以解釋，為何所有民族和種族的民間藝術，大都是老年人的天下，也能解釋為何古希臘劇作家索福克勒斯（Sophocles）在七十一歲，寫下一生最偉大的作品《伊底帕斯王》（*Oedipus Rex*）。而馬諦斯（Matisse）、林布蘭（Rembrandt）、提香（Titian）等傳奇畫家，以及華格納（Wagner）、貝多芬（Beethoven）、巴哈（Bach）等作曲家，在晚年創作出不朽的作品。法裔美國藝術家路易絲・布儒瓦（Louise Bourgeois）在八十多歲時，創作出經典的大蜘蛛作品，接著持續創作，直到九十八歲去世為止。

在較不浪漫的工作領域，老年同樣會帶來創意。儘管世人跟臉書創始人祖克柏一樣抱持著偏見，發明家通常接近五十歲才達到生涯高峰，[4]而且在事業的下半場持續產出。以美國為例，申請專利的平均年齡是四十七歲，其中利潤最高的專利，申請者通常超過五十五歲。[5]安藤百福在近五十歲時發明了泡麵，富蘭克林在七十四歲發明雙光眼鏡，愛迪生一直到八十四歲去世那年還在申請專利。

由於年齡歧視的緣故，老年的創意爆發通常出乎意料。佛洛伊德（Sigmund

Freud）年輕時認為，五十歲以上的人頭腦僵化，但他自己在六十五歲後寫下一生中最具影響力的幾本著作。哲學家蒙田雖然抱怨自己過了三十歲生日後頭腦變差，他最具開創性的作品《隨筆集》（*Les Essais*）是在四十七歲寫成的。

種種證據都駁斥常見的老年刻板印象，也因此我們可以大膽指出，年紀大了之後，不但可以繼續保有創意，神經科學還告訴我們，上了年紀，大腦會重新連結，甚至有可能讓我們變得更有創意。我的漫畫家鄰居麥克並不是離群值，祖克柏完全說錯了。

對我這種中年人來講，以上當然是好消息，但本章的重點不是「年紀大的人比較聰明」，而是人類不論在哪個年齡都能發揮創意，因為創意有各種不同的形式。芝加哥大學（University of Chicago）的經濟學家大衛．蓋倫森（David Galenson）主張，創意主要有兩種：「概念型人士」（Conceptual）突然間得出重大突破，但依然以全新的眼光看待自己的領域，這種情形通常發生在年輕歲月。「實驗型人士」（Experimentalist）則仰賴試誤，依靠經驗與日積月累的知識，也因此通常會在人生較晚期的階段，提出最具原創性的作品。同一個領域，可能同時存在這兩種創意類型。在經濟學諾貝爾獎得主中，概念型人士比實驗型人士早二十年達到人生巔峰。雖然奧森．威爾斯（Orson

Welles）拍出經典電影《大國民》（*Citizen Kane*）時才二十五歲，希區考克（Alfred Hitchcock）是在五十九歲至六十一歲之間，接連推出一生中最受歡迎的三部電影：《驚魂記》（*Psycho*）、《迷魂記》（*Vertigo*）、《北西北》（*North by Northwest*）。美國詩人羅伯特·佛洛斯特（Robert Frost）最常重印的作品，九二%是在四十歲後寫下的。[6]女作家希薇亞·普拉斯（Sylvia Plath）二十多歲就驚豔文壇。畢卡索早期的作品賣得比晚年的作品好，塞尚（Cézanne）則是相反。

我們同時需要概念派與實驗派的創新人士，不過這個世界正朝著實驗派的方向前進。許多領域已經十分成熟，未來的突破將來自同時掌握數個領域，同時站在前輩打下的根基上。換句話說，未來的突破將倚賴唯有年齡能帶來的兩件事：時間與經驗。諾貝爾獎得主達到人生創意高峰的年紀愈來愈晚，今日的物理學桂冠得主找到重大發現時，一般在五十歲上下。

約翰·古迪納夫（John Goodenough）除了是大器晚成的典範，[7]也證明人在任何年齡都能有所成就。一九四六年，古迪納夫到芝加哥大學讀物理，教授告訴當時二十三歲的他，他年紀已經太大，不可能在物理界闖出什麼特殊成就。那句忠告當然是源自年齡歧視的無稽之談。三十多年後，古迪納夫在五十七歲協助發明了可充電的鋰離子電池，而且沒停下發明的腳步。二〇一七年，古迪納夫剛過完九十四歲生日，他領導的奧斯汀德州大學（University of Texas in Austin）團隊，便宣布研發出更安全、更持久、充電更快的新型電池。

同理，只有年輕人才能鑽研數學的說法，現在有愈來愈多人當成說笑。二〇一三年，張益唐解開數學界的大難題，證明不論數字多大，相鄰質數間的差值依舊會是有限的。那一年，張益唐五十歲。瑪麗娜·拉特納（Marina Ratner）也是在五十歲那年，因為連結數論（number theory，研究整數性質的純數學領域）以及物理學上的物體運動，登上新聞頭條。拉特納二〇一七年過世後，某位頂尖數學家表示，拉特納是「非常重要的例子，她打破迷思，證明數學並非年輕人的專利」。

類似的年齡迷思在藝術界也開始遭到質疑。紐約二〇〇九年開幕的卡特博登藝廊（Carter Burden Gallery），刻意只展售六十歲以上藝術家的作品。「人老了不會因為過了特定歲數，就突然變成不一樣的人。」藝廊主持人瑪蓮娜·瓦卡羅（Marlena Vaccaro）表示：「我們專業藝術家永遠不會停下腳步，很多時候還隨著年齡增長，愈來愈成熟。」英國著名的「透納獎」（Turner Prize），專門頒給端出原創作品的視覺藝術家。有多年時間，透納獎規定僅五十歲以下者有參賽資格，但於二〇一七年取消此一年齡限制。為什麼？套用評審團主席阿歷克斯・法克哈森（Alex Farquharson）的話來說：「藝術家的作品在任何年齡都能有所突破。」

任何年齡這四個字，給了人很大的鼓舞，不論各位如今事業才剛起步，或者擔心年紀大了，時間不夠用，你都有可能做出一番成績。事實上，創作永遠不嫌晚。猜猜二〇一七年的透納獎得主幾歲？六十三歲。隔年，八十九歲的詹姆士・艾佛利（James Ivory）成為奧斯卡史上年齡最大的得主，憑著《以你的名字呼喚我》（*Call Me by Your Name*），將最佳改編劇本獎的小金人帶回家。

❖

各位不論把創意用在哪裡，讓大腦保持靈活的訣竅是一樣的。吃健康食物、睡飽、避免承受過多壓力，都是很好的開始。不過大腦也適用於用進廢退說。大腦和身體一樣是一種肌肉，多動就會健康。社交可以讓神經元保持活躍，努力從事耗腦力的工作也有相同效果，例如強迫自己解決問題、處理複雜事務、學習新東西等等。可惜的是，數獨等廣受歡迎的「腦力激盪遊戲」太過簡單，效果不彰。要有效果的話，各位得強迫自己踏出舒適圈、感到想要放棄為止——然後再次挑戰極限。各位可以把它想成認知版本的健身動作「波比跳」（burpee，又稱「剝皮跳」，一種運動到全身的動作，可以測試靈活度、協調性、肌力）：一分耕耘，一分收穫。

以倫敦的黑色計程車司機為例，如果要取得在英國首都開計程車的執照，你得背下錯綜複雜的城市迷宮，將分布在三百多平方公里區域中的兩萬五千條道路一一熟記，還得知道地圖上的十萬個地標。你要有辦法乘客一上車，不使用GPS，就推估出城市任兩點間的最佳車程。如果要通過這個難如登天、被稱為「知識大全」（The Knowledge）的道路知識檢定考試，必須花上三、四年的時間，騎著輕型摩托車，逛遍倫敦的大街小巷，記住每一個角落——換句話說，你得做認知的波比跳，接著坐下來接受一連串心驚肉跳的考試，通過率只有五成。

有一項著名實驗是科學家利用fMRI掃描，追蹤「知識大全」考生的大腦，[8]最後得出明確的結論：大量的背誦使得大腦的記憶中樞海馬迴增厚，而且此一認知上的好處可以一直維持到老：許多倫敦計程車司機都已經七十多歲，其中一位傳奇人物九十二歲才退休。

即便是難度遠不如「知識大全」的學習，也會帶來類似的好處。達拉斯德州大學（University of Texas at Dallas）的「活力長壽中心」（Center for Vital Longevity）主任德妮絲・帕克（Denise Park），請一群完全沒基礎的六十歲以上人士，每週花十六・五個小時學習數位攝影。[9]過了三個月，七六%的人記憶測驗分數提升。大腦掃描也顯示，與注意力和專注力相關的神經網絡得到了強化——攝影課結束後，相關效果仍維持了一年以上。

大腦一直到老都具備可塑性，這對創意來講是好消息。許多概念型創新者江郎才盡，不是因為老了，而是不再做認知的波比跳，安於吃老本，不再實驗、不再冒險，囿於現況。視野變得狹隘並非老化必然帶來的副作用，因此可以採取預防步驟。要怎麼做？答案是採取實驗的心態，強迫自己尋求新鮮的挑戰，嘗試全新的事物，尤其是和波比跳一樣累人的活動。千萬別忘了，年紀增長是幫助我們多開闢幾條路的過程，而不是將路堵死。

作家喬治・桑德斯（George Saunders）是這方面的絕佳典範。他的寫作生涯長期專注於短篇小說及報導，近六十歲時出版生平第一本小說——那可不是什麼隨隨便便的小說。由一百六十二條鬼魂娓娓道來的《林肯在中陰》（*Lincoln in the Bardo*）極度原創，榮獲二〇一七年的布克獎（Booker Prize）。桑德斯要是繼續做他的認知波比跳，誰知道他七十歲後，將開創出什麼樣的新鮮文學園地？

求新求變也能讓我們在崇尚年輕的領域跟上時代。賈伯斯（Steve Jobs）曾經屬於概念派，二十一歲就和朋友共同創立蘋果，但是他永遠在構思新點子，腦子轉個不停。賈伯斯五十多歲時，早就到了祖克柏宣稱沒救的年齡，卻帶頭發起第二波創意革命，推出 iPhone 與 iPad。看看流行音樂界的例子，許多明星年輕時一下子竄紅，接著一輩子都採取相同的風格。沒錯，我想到的就是米克・傑格（Mick Jagger）。其他人則是不斷超越極限，直到生命盡頭，例如加拿大創作歌手李歐納・柯恩（Leonard Cohen）、美國藍調音樂家比・比・金（B. B. King）、美國鄉村歌手強尼・凱許（Johnny Cash）。不過呢，流行音樂家的晚年創作守護神，非英國搖滾音樂家大衛・鮑伊（David Bowie）莫屬。鮑伊不斷冒險嘗試新聲音與新風格，超越自我，挑戰自己的認知與才華，努力以嶄新的方式探索這個世界，也探索自己。鮑伊並非每一項嘗試都很成功，但一直到他在近七十歲死於癌症時，他的創意之光，依舊和他二十多歲時以基吉星團（Ziggy Stardust）與瘦白公爵（Thin White Duke）等舞台身分現身時一樣，吸引著世人的目光。他的第一齣音樂劇《拉撒路》（*Lazarus*）在二〇一六年首演，距離他過世僅一個月。他的最後一張專輯《黑星》（*Blackstar*）是他人生最後的經典代表作，以出乎意料的新方式融合了爵士、放克、電音、藝術搖滾，被評論家譽為「千變萬化的音樂生涯中的最新一擊」。我那比鮑伊過世時還年長十多歲的鄰居麥克，也展現相同的精神：「即便過了這麼多年，我還是一直在追求新的靈感、新的變化。」

❖

若想一路創作到老，就不能停下學習的腳步——在這方面，科學再度給了我們好消息。人腦的確在人一生的頭二十年最具可塑性，除了形成新的連結，既有的連結也更容易強化或弱化，孩童因此能像海綿一樣吸收知識。然而，這並不代表我們全會在二十歲時摔下學習斷崖——四十歲、六十歲、八十歲時也不會。恰恰相反。年齡漸長後，主要的學習障礙**不是**老化的大腦，而是年齡歧視帶來的刻板印象，使我們失去信心，讓我們一開始就遲遲不肯嘗試新事物。古諺有云：「老狗學不了新把戲。」這句話甚至放在狗兒身上都不對。字彙、常識、專業知識，直到老，都會一直增長。此外，如果是熟悉的領域，老了之後，我們甚至學得更快。巴克諮詢（Buck Consultants）所做的調查指出，三分之二的雇主表示，較年長的工作者學習新任務的上手速度快過年輕員工。[10]此外，即便學習不熟悉的領域得多花一點時間，年長的我們依舊辦得到——不論是紀律、反省、分析能力，都更勝年輕時的我們。各位可以一一細數年過三十仍然勝任新技能的人士：義大利男高音安德烈．波伽利（Andrea Bocelli）在三十四歲開始唱歌劇；美國廚神茱莉亞．柴爾德（Julia Child）年近四十開始學做菜；從小接受花式溜冰訓練的王薇薇，在四十多歲時搖身一變成為時裝設計師；科學家瑪麗．居禮（Marie Curie）五十多歲學會游泳；文學家托爾斯泰在六十歲學會騎單車。諾貝爾化學獎得主延斯．斯科（Jens Skou）七十多歲精通電腦程式。大提琴演奏家帕布羅．卡薩爾斯（Pablo Casals）九十一歲被門徒問道，為什麼還繼續練習。卡薩爾斯回答：「因為我在進步。」

活到老學到老的例子中，我最喜歡新加坡人何月英的故事。何月英在六十歲出頭時，決定完成這輩子一直想彈吉他的夢想。她不會看譜，苦練和弦與單音直到手指流血，最後木吉他與電吉他都學會了。何月英今日在故鄉新加坡，被稱為「搖滾奶奶」（Grandma Mary），平日在慈善活動中演出，還出過拉丁音樂專輯，YouTube 影片的觀看次數超過百萬。新加坡二〇一七年的國慶典禮上，何月英穿著大紅大綠的洋裝，用電吉他 HIGH 翻全場。當時她八十一歲。

當然，不是每個人老了，就一定能夠成為吉米·罕醉克斯（Jimi Hendrix，美國的著名流行吉他手），登台演出，也並非人人都有這樣的志向，但是何月英勇往直前的精神是我們所有人的典範。她提醒我們，學習不只是為了通過考試，也不只是為了年輕時能找到工作。我們若想拿出大膽的精神，好好老去，善用長壽革命帶來的時間，那麼不管是幾歲都要持續學習。新鮮感會讓我們健康，保持專注，獲得滿足感。此外，在今日千變萬化的職場，讓自己不被淘汰的最佳方法，就是掌握新知識與新技能。汽車大王亨利·福特（Henry Ford）說過：「不再學習的人就是老了，不論實際年齡是二十歲或八十歲都一樣。持續學習的人會永保年輕。」

幸好，這個世界開始推廣終身學習。新加坡政府在二〇一六年成為這方面的楷模，發給每一位二十五歲以上的公民新加坡幣五百元，用於受訓、請老師、念大學或參與線上課程。網路現在是龐大的教育自助餐，男女老少都能參加各式課程，從管理、行銷到遊戲設計、數據科學，無所不包。美國所有的在職大學生中，有三分之一年齡為三十歲至五十四歲。

前述種種是值得慶幸的進展，不過還需要更深層的改變。我們必須重寫職場規則，讓大家在一生的職業生涯中，能休假一年去充電。大學必須讓處於人生每一個階段的人，都能在象牙塔來去自如。此外，兒童教育老早該發起革命：我們需要促使更多學校讓冒險成為常態，歡迎失敗，把失敗當成深入理解的機會，教導孩子如何自動自發學習。此外，我們還需要多加推廣體適能。

❖

保持身體健康，心理也會跟著健康的概念，可以回溯至醫學的起源。「健全的心靈寓於健康的身體」（*mens sana in corpore sano*）的說法源自古羅馬。現今的科學家把健身譽為「仙丹」，不只對身體好，也對大腦好。哈佛醫學院有一篇部落格文章指出：「有氧運動是頭腦的關鍵，也是精神的關鍵。」

許多創意人士因此把多動加進平日的行事曆。賈伯斯喜愛散步，鮑伊靠拳擊維持身材。我鄰居麥克年輕時就勤於運動，每天都繞公園快走，定期打高爾夫，還天天在舞蹈課上揮灑汗水。

沒人確切知道，為什麼運動有益大腦。有一說是運動可以促進血液流動，增加大腦接收到的能量與氧氣。另一種說法則是運動可以促進身體的新陳代謝，連帶有益於神經的成長。可以確定的是，許多研究都發現，定期的有氧運動對維持認知功能來講好處多多，[11]例如健身可以刺激大腦額葉與顳葉中的白質與灰質成長，新生的腦細胞會讓海馬迴增厚——正如苦讀「知識大全」帶來的效果。紐約「巴特勒哥倫比亞老化中心」（Robert N. Butler Columbia Aging Center）的創始主任烏蘇拉·史陶丁格（Ursula Staudinger）表示：「我們的大腦功能受體能訓練影響的程度，令人感到相當不可思議。」

要做多少運動才能享有相關的認知好處？答案同樣是不必從事極限運動或跑馬拉松。專家推薦一週至少三次、一次大約四十五分鐘的中度運動——騎單車、游泳、慢跑，甚至是快走一下就夠了，和維持身體健康需要的運動量差不多。也就是說，各位可以一石二鳥。此外，雖然愈年輕開始運動愈好，不論多晚開始都有益處：就連六十歲、七十歲、八十歲才開始，三個月後，認知功能都會有所改善，六個月後就會產生持久的神經變化。

就連失智這個長壽革命最令人擔心的認知隱憂，運動都可能幫上忙。今日大約有五千萬人有失智的問題，預估到了二〇三〇年，人數將達七千五百萬。[12]失智目前是英格蘭、威爾斯、澳洲女性的頭號死因，可能影響全球看護之家七成的住戶。失智不僅沒有解藥，甚至成因不明。儘管如此，我們面對的並不是頭條新聞宣稱的世界末日。失智症在老年的發生率較高，但是我要再次強調，失智**不是**老化不可避免的結果。八十歲以上的人約有一七%罹患失智症，但反過來看，八三%的人不受影響。此外，最新數據顯示，失智症發生的平均年齡正在提高，每個年齡層受影響的人口百分比也正在下降。專家認為，原因是更多人遵從了可能是保護大腦的最佳建議，包括吃得更健康、少菸少酒、讓身體與大腦多動。我們目前已經投入大量財力與人力，進行失智症的長期研究，十年內有可能找出失智症的個人預防方法與治療方案。愛丁堡大學失智預防中心（Centre for Dementia Prevention）主任克雷格・李齊（Craig Ritchie），站在失智症研究的最前線。他認為相關研究已經上軌道，有一天可以透過藥物以及改變生活方式，想辦法預防失智症。李齊表示：「十到十五年之內，我們將有辦法指出：『你的風險是這個，降低風險的方法是做 A、B、C 這幾件事——甚至有可能完全消除風險。』我對未來相當樂觀。」

打敗失智症的努力，甚至有可能解開創意之謎。部分人士感到自己罹病後創意大增，原因究竟為何，無人知曉，不過有一派理論指出，腦部某些區域停工後，讓其他區域的連結更加通暢。當然，沒人會為了這種可能性而想得到失智症，但這種現象提醒我們，大腦這種器官極具可塑性與適應力，具備無窮的創意潛力。

多數人只要好好對待大腦這個器官，也能在長壽的歲月裡，保有創造、創新、學習的能力，因此順帶引燃職場的革命火花。

4 老骨頭不一定要退休：高情商、知識豐富、經驗老到

發揮你的才能，揚名立萬，直到這個世界會因為你退休而感到遺憾，才考慮淡出。

——英國文學家薩姆爾．約翰遜

威瑪．巴絲康（Velma Bascome）聽起來像電影裡的老奶奶，今年七十歲的她，天天勤快打毛線。不過，她符合刻板印象的地方，僅此而已。巴絲康是伍稜（WOOLN）公司的明星員工，這家紐約公司專門設計、製作並販售高級針織品，巴絲康的工作是編織喀什米爾、美麗諾羊、羊駝毛等材質的帽子、毛毯、圍脖，產品的線上販售單價達數百美元。

巴絲康在公司的曼哈頓總部任職，我到總部對街的咖啡店與她碰面，她正忙著織新的人字紋新毯子。巴絲康身上穿著牛仔褲、藍白條紋T恤，看起來就像 Instagram 上的時髦網紅。雖然當時是冷颼颼的一月天，巴絲康光著腳、穿著涼鞋，因為她從小就靠這個方法，巧妙反抗宗教學校嚴格的著襪規定，早已養成習慣。桌上擺著的 iPad，儲存她編織過的各種成品的設計檔案、圖樣和照片。

我坐下看巴絲康打毛線。她靈活的巧手，不斷在粉紅色毛線上飛舞，鋁合金的棒針像麻將牌一樣，發出噠噠聲。巴絲康正在織樣本，準備拿給老闆看。幾分鐘後她停下來，用法眼修正樣品，臉上滿是專注的神情，兩度算了算針數。巴絲康說：「我知道這個樣品有幾個地方織錯了，但找不出排數不正確的原因。我會想出來的。」

我從小家中有很多人打毛線，所以誰真的厲害，我一看就知道。我發現巴絲康的人生和編織密不可分。她最初在一九七〇年代進入紐約一間毛線公司工作，結果發現自己有非凡的天賦，只要看一眼衣物，就有辦法寫下編織說明。她表示：「我就像音樂家，聽到音樂就能寫下樂譜。」巴絲康後來取得理科的大學文憑，改在中學教生物和物理，但編織一直是她的休閒活動。今日她不在地方大學教編織時，便忙著織出自己的設計，地點可能是家中的床上，或是紐約的任何地方。「對我來說，打毛線永遠不是工作，因為我一拿起棒針，心情就能放鬆下來。」巴絲康表示：「我家床邊堆著一堆毛線和半成品，隨時想打就能打，睡一覺起來，就能想出如何解決問題。我隨時隨地都在打毛線，我很喜歡，因為可以發揮創意。」又是一個創意一路陪伴我們到老的明證。

我請教巴絲康，變老有哪些好處及壞處。她聳了聳肩，彷彿她不曾想過這個問題。「我從不擔心變老，也從不謊報年齡。」她表示：「如果你做的是讓自己開心的事，年齡其實沒差。」

巴絲康打好樣品之後，我們帶回對街給老闆檢查。伍稜公司總部是一個漆成白色的長型房間，堆放大量的毛線球、設計書、花樣、下腳料、等著寄出的衣服，是巴絲康的老闆佛絲汀．巴狄香妮（Faustine Badrichani）的住家兼工作室，牆邊倚著十幾幅巴狄香妮的畫作，替室內增添一股波西米亞風。兩個女人熱情問候彼此，接著開始談公事。

巴狄香妮檢視眼前的粉紅色樣品，輕輕拉一拉，舉高照著光，貼在臉頰上試觸感，然後以公事公辦的語氣說：「很好，非常好，愈來愈有樣子了。」巴絲康承諾會找出針數不齊的原因。巴狄香妮露出一抹微笑：「太好了，我對妳有信心，妳每次都能成功解決問題。」

巴絲康離開後，巴狄香妮告訴我，伍稜公司是在無意間挖到巴絲康這個寶。巴狄香妮和合夥人為了打造社會企業，最初打算在低收入的移民社區招募毛線工，但相關的文書作業多如牛毛，最後改為招募年長人士。伍稜的行銷賣點是目前聘請了九位六、七十歲的員工，稱她們為「霹靂奶奶」（kick-ass grandma），官網放上有趣的員工介紹，每一件織物都附上創作者的簽名標籤。伍稜的年輕文青顧客，十分欣賞自己購買的流行商品出自年長女性之手這一點，不過伍稜不是賣善心的企業。旗下工作者的年齡雖大，手藝與創意完全不輸年輕人，再加上經驗豐富，還能反過來教三十歲的設計師幾招。不久前，巴絲康想出更好的收邊方法，現在全公司都採用她的點子。

我一邊試戴一條奢華的羊駝毛圍脖，一邊請教巴狄香妮從伍稜的成功中學到什麼。她回答：「很簡單，只要你有完成特定工作的能力，年齡多大根本沒差。」

以前的年代，也是有能力就好，而且不只打毛線的人如此。的確，希臘羅馬時代的低階士兵到了六十歲，人們就會覺得該退休了，然而文獻很少記錄士兵到了某個歲數就會自動被除名。在前現代的世界，歲數不太會影響工作機會，重點是你做得好不好。製革工人、鐵匠、僕人、織工、農夫、醫生、屠夫、麵包師傅、燭台工人——每個為了維持生計而工作的人會一直堅守崗位，直到去世或身體狀況不允許為止。經驗是寶貴的資產。一三九三年，九十二歲的醫生紀優．阿爾西尼（Guillaume de Harcigny）被徵召，負責救醒因為癲狂而昏迷的法蘭西查理六世。一四〇〇至一六〇〇年間，威尼斯總督的平均壽命是七十二歲。

現代的情況很不一樣。職場上年輕才吃香的概念，在工業革命時期生根。由生產線與日新月異的科技構成的現代世界，獎勵且看重年輕人的速度與活力。一九一三年，美國評論家觀察到職場上盛行的年齡歧視：「不斷追求效率的結果……就是白髮被工業社會視為不勝任的證據。常識說經驗很寶貴，然而一輩子日積月累而來的優秀工作資歷，非但沒被珍惜，反而成為不予錄用的理由。」[1]到了一九六五年，六成的美國公司不雇用四十五歲以上的人士。[2]

今日雖然多數國家以法律明文禁止，年齡歧視依然是職場上司空見慣之事。許多雇主仍然優先選擇雇用年輕人——明的不行，就暗著來。一項美國研究以四萬份假履歷應徵低技術職缺，[3]除了年齡那一欄（研究人員分別填上近三十歲至近七十歲之間的數字），其他的資料幾乎一模一樣。猜猜誰接到最多雇主打來的電話？二十九歲至三十一歲的群組，接到的電話比四十九歲至五十一歲那組多一九％，比六十四歲至六十六歲那組多三五％。同一份研究還發現，應徵銷售工作的年長女性，接到的電話比年輕應徵者少三六％。如果是應徵行政工作，更是少四七％。其他研究也顯示，每增加一歲，男女得到面試機會的機率都會少四％至七％。[4]

線上求職網有時直接在軟體內建年齡歧視。美國伊利諾州的總檢察長辦公室調查人員近日發現，求職網站填答學歷就讀日期的下拉選單中，沒有年過七十、六十，或是年僅五十歲的人能選擇的年份。「公眾利益組織」（ProPublica）與《紐約時報》（*New York Times*）所做的調查顯示，許多大公司刻意將徵才廣告登在臉書或Google上，目的是希望只讓年輕應徵者看到。[5]

年長的應徵者即便得到面試機會，通常會被委婉地刷掉，理由是他們「學經歷過高」、「大材小用」、「資歷太豐富」、「就算來了，只是來過水」。其實這些話真正的意思是「我們希望找比你年輕的人」。

在工作上奉獻多年歲月，也會遭受令人心寒的待遇。企業用各種手段讓資深員工自己走人，例如不給予升遷機會，或是改叫他們做雜事。歐洲研究發現，年長員工更可能被孤立，[6]不被選入團隊專案，也比較不可能獲得受訓機會、接觸到技術或被派去解決新穎的問題。即便是績效永遠傑出的員工，也會感受到年齡歧視步步逼近。我鄰居麥克在《每日郵報》工作超過三十年，合約原本寫明若要離職或解雇，任一方都必須提前三年通知。麥克六十五歲那一年，報社卻將三年縮減為六星期。麥克挖苦道：「他們告訴我，這麼做是因為怕我老了，腦袋會壞掉。」或許，麥克還能拿到合約，已經算相當幸運。英國政府贊助的研究顯示，英國企業不會明講的常見作法是男性大約過了五十五歲，就不太有升遷機會，女性的大限更是再早個十年。[7]

這一切實在是可笑至極，依據人們的出生日期強制退休，一點道理也沒有——我這麼說，不只是因為當今是人類史上最健康長壽的年代，重點是，這個世界改變了。年齡歧視在工業革命時代還說得過去，原因是工廠工作的確對上了年紀的身體不太友善。然而在現代的職場，肌力愈來愈不重要，腦力才重要，而人腦一直到高齡都能持續運轉。

前文提過，隨著年齡增長，我們仍然能夠學習，保有創意，甚至狀況比年輕時還好。除非生病，不然其他認知功能也一樣。稱之為「智慧」或是「高階推理能力」，不論稱作什麼，年長者一般較能看到事情的全貌，有辦法妥協，同時衡量數個觀點，明白光有知識還不夠。解決熟悉領域的問題時，年長者的大腦能較快找出模式，解決問題的細部關鍵。公司察納雅言時，老員工提出的點子，質與量通常都優於年輕同仁[8]——最佳提議一般來自五十五歲以上者。哈佛大學的研究人員檢視過成堆的研究後，得出的結論是，有四種關鍵技能要到五十歲左右才會完全成熟：運算、字彙、一般性知識、對人情世故的掌握。[9]

更多的好消息還在後頭。研究顯示，情商通常會隨年齡增長。[10]我們變得更會看人，第一次見面就能讀到更多資訊，[11]包括背景、個性、欲望、隱匿動機。詞彙更豐富之後，我們變得更會講話，寫作與溝通能力變強，也更有能力合作，協商功力提升。此外，我們更能從他人的觀點出發，以折衷的方式解決衝突。[12]研究還顯示，如果請不同世代的群組假扮答覆讀者來函的專欄作家，[13]最佳建議通常來自年紀較長的受試者，尤其是六十歲以上的群組。其他研究也顯示，年齡增長會帶來更合宜的幽默感：[14]我們變得偏好和樂融融而不是尖酸刻薄的笑話。此外，我們的情緒也不再像坐雲霄飛車那般起伏，[15]更能處理憤怒、恐懼、嫉妒等負面情緒。換句話說，當身邊的人都已經抓狂時，我們仍然有辦法保持冷靜。

今日的曼谷客運公司明白，公司有一老，如有一寶，開始慰留過了傳統六十歲退休年齡的司機。泰國首都是一個人車橫衝直撞的地方，滿是萬頭攢動的機車，噗噗作響的破車，車窗貼著隔熱膜的運動休旅車，不曉得來自哪個古老年代的卡車與巴士、腳踏車、計程車，隨意穿越馬路的行人與嘟嘟車相互爭道。人人無視於速限等交通法規，也沒人去抓違規者。我抵達當地的第一天晚上，親眼目睹一台巴士撞上中國城一個小吃攤，鍋子、水餃、滾水一下子灑得滿街都是，但隔壁攤的老闆娘見怪不怪，聳聳肩表示：「這是職業災害。」

隔天早上，我跳上幾條街之外的公車。天氣酷熱悶濕，令人心浮氣躁。司機的大名是韋柴・卜堂（Wichai Boontum），今年五十六歲，黑髮中攙雜著白髮，雙眼緊盯著路況，態度親切。卜堂開同一條公車路線已經三十六年，守護著乘客的一生，看著他們長大，談戀愛、出社會、破產、有後代、死亡。其中一個總是在後座睡著的小男孩，如今已是優秀的學校老師。新年時，平日搭車的乘客會送卜堂日曆和甜點當作賀禮。

我們在紅燈前停下，卜堂駕駛的公車轟隆作響、不停震動，像是一條肚子痛的龍。

我請教卜堂，他的駕駛風格這些年來發生什麼變化。他回答：「噢，我現在年紀大了，比年輕時好太多。我的反射能力還是挺不錯的，能像往常一樣開車，不過我現在冷靜許多，也比較小心，這是在曼谷街頭生存的必備條件。」

卜堂的情況並非特例。我們許多人最終會活到一個視力、反射、力氣、判斷速度的能力都變差的歲數，開車很容易害人害己，帶來「馬路三寶」的刻板印象。曼谷有一個廣為流傳的笑話：「你永遠不該酒駕，也不該邊講手機邊開車。那麼做的危險程度，幾乎就跟六旬以上的清醒老人開車一樣。」不過，這樣的刻板印象也誤導了人們，這個笑話並未說出實情。如同其他許多生活技能，多數人過了六十歲，駕駛技術依舊優良，因為我們找到方法彌補上了年紀帶來的弱點。我們開車時變得更謹慎，這雖然會惹惱某些沒耐心的用路人，但慢慢來總是比較安全：英國警方紀錄顯示，二十五歲以下的駕駛撞死行人的機率，是七十歲以上者的兩倍。[16] 在曼谷街頭撞倒中國城攤販的那個巴士駕駛，恰巧就是二十多歲的小夥子。卜堂則是十多年沒遇到交通事故了。

公車剛起步沒多久，卜堂就在一個繁忙的交叉口停下。如果要繼續前進，就得穿越三個方向同時有車流的路口。若在曼谷碰上這種時刻，接下來通常是不絕於耳的喇叭聲與刺耳剎車聲，手比髒話，再來就是相撞吵架。川流不息的車陣開了一個口，但卜堂搖搖頭：「如果是年輕人開車，這時候大概就會冒險加速超車，但我不做那種事。」卜堂繼續等待，右腳耐心地懸空在油門上方。車陣裡又冒出一個缺口，我心底暗暗希望卜堂可以快點踩油門，抓住時機：「快點，可以啦！」然而卜堂按兵不動。最後，車陣終於開了好大一個口，卜堂才不疾不徐駛過三條街。又過了幾個街區，一輛計程車超他的車。卜堂笑了笑，向違反交通規則的司機擺擺手，說：「計程車最沒耐性。」讓卜堂免於擦撞事故的鎮定，也能用來處理不耐煩的乘客。有一次，一對情侶在吵架，眼看就要打起來，卜堂便充當和事老。「我上了年紀後，愈來愈懂得處理人的事。」卜堂表示：「現在氣氛緊張時，我更有辦法控制住情緒，因此更能夠負責維持秩序。」

我們在限速內駛過一條大道，其他公車紛紛超越我們。我轉頭評估乘客的心情。車開這麼慢，他們是否感到煩躁？還是不必在馬路上賭性命，反而鬆一口氣？乘客似乎不在意卜堂不疾不徐的開車手法，有的看手機，有的凝視窗外。卜堂知道我在想什麼，主動告訴我：「在這個城市，每個人都在趕時間，但馬路如虎口，沒人想因此喪命。」

卜堂能一直在曼谷當公車司機，給我們打了一劑強心針。上了年紀帶給卜堂的耐性、鎮定、同理心，對任何類型的工作來說都是資產。研究也顯示，如果是必須運用社交技能的工作，生產力會隨年齡增長。[17]研究人員比較戴斯飯店（Days Inn）客服中心的員工績效，[18]發現老員工和顧客通電話的時間比較長，他們會聊天氣，詢問電話那頭傳來的孩子哭鬧聲，專心聽客人的度假計畫，中間不插嘴。老員工聽起來像在浪費公司的時間？其實不然。他們成交的預約數較多，帶來的營收超過年輕同仁——研究人員指出，這點要歸功於年長員工的耐性與社交能力。

對亞利桑那州普雷斯科特（Prescott）的顧問芭芭拉．瓊斯（Barbara Jones）而言，這個研究結論再明顯不過。瓊斯在住家辦公室替紐約一家保險公司推銷壽險、健康保險、產物險。要利用電話或電郵成交，她得仔細聆聽，判斷言外之意。顧客講的話很無聊時，瓊斯得假裝感興趣，還得博感情，說話永遠得用正確的語調與方法。瓊斯今年六十九歲，這方面的功力已經爐火純青。瓊斯表示：「我從小就能直覺感應到人們的心思，但隨著年紀愈大，我這方面的能力確實變得更強。」

瓊斯將自己超強的社交能力歸功於兩點。第一：多年的經驗令人熟能生巧。第二：年紀大，人自然會慢下來，剛好可以彌補年輕時容易不耐煩的A型人格。瓊斯表示：

「我以前會驟下判斷，立刻判一個人出局，但現在我會多聊一聊，找出人們之所以會那麼做、那麼想，背後真正的動機究竟是什麼。我不會自以為知道客戶需要什麼、想要什麼，而是用心聽他們說話。客戶問了問題或是提出要求時，我會用我理解的方式，再問一遍他們是不是那個意思。你花時間一對一處理客戶的需求時，除了東西能夠賣出去，客戶也會繼續信任你，不會跑去找別人。」

瓊斯不久前替公司立下大功，為各行各業的年長工作者立下令人振奮的榜樣。故事開頭是公司把一個燙手山芋丟給瓊斯。瓊斯表示：「那位客人想得到資訊，但我在講話時，他永遠沒在聽，還隨時寄沒頭沒腦、只有一兩句話的電子郵件過來，要我做這個、做那個。他性子很急，叫我做某件事，我一句話都沒來得及講，他又叫我去做另一件事。」瓊斯和司機卜堂一樣，保持鎮定，把事情細細想過一遍後，寫了一封電子郵件，清楚明確地列出那位客戶提出的所有問題與疑慮。她的文字分成幾個段落，寫的都是完整句子，結語也寫得很小心，採用彬彬有禮的語氣。這個舉動奏效了：那位難搞的客戶在合約上簽名。公司把瓊斯那封信當成範例，提供給所有的客服人員參考。

這個世界相當需要具備社交能力的人才。分工合作、團隊合作、跨文化交流、協商、說服力、人脈，全是現代不可或缺的職場力。自一九八〇年以來，重視社交技巧的產業帶來更多工作機會，也帶來更高薪資。[19]這股潮流看來大概會延續下去，甚至加速，因為比較不需要人際互動的工作，正在被自動化與人工智慧取代。換句話說，年齡增長會帶來在社會上生存的智慧，而這個世界又正朝著人際互動能力吃香的方向改變。長壽革命是福不是禍。

另一個需要破除的年齡歧視迷思，則是敬業程度會隨著年齡縮水，年輕人「才有幹勁」。韜睿專業服務公司（Towers Perrin）調查美國中小企業三萬五千名員工，發現五十歲以上的員工，比年輕員工更具備「超越期待」的動力。[20]服飾零售商里昂比恩（L. L. Bean）出於兩個原因，相當仰仗年長員工。[21]一：年長員工的社交手腕讓公司持續享有客服方面的美譽。二：年長員工的強大職業道德感是年輕同仁的楷模。

年長者如果從事的是富有意義的工作，進取心會特別強。[22]我的鄰居麥克老當益壯，除了報社的漫畫專欄，手中一本童書也進入最後階段。此外，他正在構思未來幾個出版計畫。麥克表示：「我雖然今年八十一歲了，還是有很多想達成的目標。」麥克的願望不是在泳池旁啜飲鳳梨雞尾酒，緊追在後的年輕漫畫後輩，令他感到不能鬆懈。麥克露出一個大大的笑容：「我仍想和年輕小夥子競爭。每一天走進辦公室，我都努力拿出自己最好的實力。」在這個換工作如家常便飯的世界，年長員工代表聰明的長期投資，因為他們跳槽的機率比年輕人低。麥克從一九七一年就開始幫《每日郵報》畫漫畫。

❖

好了，現在來談談大家假裝不知道的事。上了年紀後，腦筋轉得比較慢，對職場來說有什麼影響？這是死亡之吻嗎？答案是「不是」。老化的腦袋的確需要花較長的時間，才有辦法想起某些事、吸收資訊、解決數學問題。不過，雖然這一點會讓人在實驗室做測驗時拿到較低的分數，在真實世界的影響卻小到幾乎可以忽略不計。這是因為，即便許多職場的氛圍強調我比你強、我動作比你快，多數工作其實不是靠速度決勝負：做對，通常比跑第一來得重要。同樣地，多數工作需要動用數種形式的認知功能，也就是說年長的大腦可以靠精確度更高及其他優勢，彌補速度變慢的問題。

在實驗室的情境下，年輕機師接到空管指令時，熟記的程度勝過年長機師。[23] 然而，在真實的駕駛艙中，老手執行命令的效率更高。他們是怎麼辦到的？答案是靠紙筆記下——接著再利用自己的飛行經驗輔助。「普朗克社會法與社會政策研究院」（Max Planck Institute for Social Law and Social Policy）的經濟學家，四年間研究賓士（Mercedes-Benz）生產線的三千八百名工作者，[24]發現老員工因為較不常出現重大失誤，有辦法跟上年輕同仁的節奏。類似的十九歲至七十二歲打字員研究也發現，[25]年長者打字速度較慢，但完成工作的時間仍和年輕打字員一樣快。如同體育場上的老將藉著判讀賽況，有辦法搶先速度快的年輕對手，經驗較豐富的打字員，視線會先讀到後文，因此打起字來更順暢，比較不常出錯。軍隊有一句老話：慢慢來比較快。紐約「巴特勒哥倫比亞老化中心」創始主持人史陶丁格表示：「人腦很奇妙，有辦法彌補老化帶來的變化。也就是說，我們一直到老都能維持認知表現。」

有的人甚至到了暮年，腦筋反而動得更快。茱迪絲・克爾（Judith Kerr）是我最喜歡的童書《來喝下午茶的老虎》（*The Tiger Who Came to Tea*）的作者暨插畫家。那本書我大概念了一千遍給小孩聽，孩子每次都聽得津津有味。克爾目前九十五歲左右，正在創作第三十四本著作。髖部僵硬讓她不良於行，但她的腦子跑得和年輕時一樣快。克爾表示：「人們說，老了之後就會變得慢吞吞，但我似乎正好相反，反而變快了，而且我認為自己現在熟能生巧。」[26]

我向巴絲康提起這件事，她點頭表示贊同：「我現在更會打毛線，因為我擁有大量的相關知識。我向來能在期限內完工，但我現在速度更快。」

就連拉斯維加斯的賭場也一樣。在賭場裡，腦筋轉得快不快，可能決定你將一夕致富或傾家蕩產，而年長者的頭腦帶來不少優勢。二〇一七年，六十四歲的英國露營車銷售員約翰・赫斯普（John Hesp），參加全球最負盛名的撲克錦標賽。按照慣例，那是年輕選手稱王的天下，但赫斯普打敗數千名好手，包括專業撲克選手，最後拿下第四名，抱走兩百六十萬美元的獎金。

此外，拉斯維加斯的賭場聚集著大量的銀髮荷官。五十一歲的邁克・巴洛（Michael Barlow）在花旗骰賭桌旁工作了十六年。我訪問巴洛時，他正在主持一場賭局。八名賭客圍在桌旁，抽著菸，手環抱著飲料，要場上一個年輕女生快點擲骰子。背景是震耳欲聾的經典搖滾樂。每次骰子停下時，巴洛就會計算桌上所有的賭金，收走輸家的籌碼，發給賭贏的人。此外，他還和賭客聊天打屁，確認沒人在骰子擲出後還偷動籌碼。巴洛表示：「賭花旗骰的時候，許多事在同一時間發生，得隨時提高警覺。」

有一個好消息要告訴巴洛，以及我們大家——那就是熟的確能生巧。只要不是和我們擅長的領域差太多的事，我們找到捷徑與學會新把戲的能力會逐漸增強。巴洛在花旗骰賭桌旁待了十多年後，有辦法瞬間處理大量下注，因為各種情形他都見過。此外，如果是不熟悉的賭局，經驗老到也讓他能夠輕鬆分析。還有，巴洛平日自行練習認知的波比跳，記錄他在花旗骰賭桌旁觀察到的所有賭法，等有空時再細細研究。巴洛因為挺著一個大大的啤酒肚，萬一賭場失火了，他看來會是最後一個逃到出口的人，但他的頭腦還是反應極快。巴洛表示：「我現在的計算速度，甚至比年輕時還快。只要身體健康，大概至少還能繼續做這份工作二十年。所謂人過了四、五十歲就會走下坡，完全是胡說八道。」

無數的研究都指出，大部分工作和荷官一樣，沒有中年走下坡的問題。賓州大學華頓商學院（Wharton School）管理學教授與人資專家彼得・卡貝里（Peter Cappelli）替《管理年長員工》（*Managing the Older Worker*）一書做研究時，四處尋找年齡增長不利於職場績效的證據——結果找不到。卡貝里表示：「我還以為結果會偏向好壞參半，但我預測錯誤。隨著年齡增長，我們的工作績效每一個面向都會變得更好。」

卡貝里的研究結果或許可以解釋，為什麼年長人士在新創公司的領域表現突出。我第一次聽到「高齡創業者」（seniorpreneur）這個詞彙時嗤之以鼻，因為流行文化告訴我們，創業就跟念書或發揮創意一樣，是年輕人在做的事。經驗沒有想像中重要，況且人年紀大了就不喜歡冒險。然而，這種說法其實是無稽之談。新創公司不曾被吞代餐的一、二十歲科技人士所壟斷。吉米・威爾斯（Jimmy Wales）成立維基百科（Wikipedia）、簡・庫姆（Jan Koum）成立 WhatsApp，都是在三十五歲左右。英特爾（Intel）、Zynga 遊戲公司、Craigslist 分類廣告網站、Zipcar 汽車共享服務，都是由四十多歲的人創立。可口可樂與麥當勞的老闆在五十多歲時創業，哈蘭德・桑德斯（Harland Sanders）成立肯德基時年約六十五。

年紀愈大愈不願意冒險的說法源遠流長。公元四世紀，早期的教會神學家金口聖若望（John Chrysostom）指出：「變老讓我們變膽小。」然而，真的是這樣嗎？近代研究眾說紛紜。部分神經科學家認為，老化的頭腦多巴胺濃度會下降，讓我們比較不可能為了追求重大獎勵而冒險。台灣的研究發現，年紀大的老闆更可能避免追求顛覆性的大膽變化。然而，法國的研究則發現，不論是在真實職場或實驗室測驗，上了年紀**不會**讓我們規避風險。[27]全球創業觀察（Global Entrepreneurship Monitor, GEM）調查一百零四個國家，[28]發現最願意冒險開創新事業的年齡群組為六十五歲至八十歲。其他研究則發現，風險容忍度因人而異，年輕時是怎樣，老了也是一樣。[29]

年齡增長顯然不會讓每一個人突然變成膽小鬼。哥倫布最後一次橫越大西洋時年紀五十多歲。日本福島二〇一一年發生核電廠事故後，數百名長者自願做危險的善後工作。住在英格蘭卓特咸（Cheltenham）安養院的貝蒂・布羅姆基（Betty Bromage）也展現大無畏的精神，近九十歲時在翱翔半空的機翼上行走。記者問她難道不怕危險？她回答：「這個嘛，我都八十八歲了，有差嗎？」

真要說的話，我們通常以為年輕人很敢衝，其實不然。全球創業觀察調查十八歲至二十九歲的人士，[30]五分之二的受訪者表示，事業機會就在眼前時，自己會因為害怕失敗而對創業裹足不前。我們無法確定背後的原因究竟是高額學貸、近日金融危機的後遺症、退休金儲蓄不足，或是父母過度保護。可以確定的是，年輕人不做，年長者就會跳下去做。教育與創業智庫「考夫曼基金會」（Kauffman Foundation）指出，四十歲至四十九歲是今日美國「創立事業的巔峰年齡」。在英國，五十歲以上人士開公司的速度，快過其他所有年齡群組。在韓國，現代汽車等企業正在推出輔導年長員工創業的計畫。此外，年長者創業可不是花拳繡腿，他們在各行各業善用年齡帶來的優勢，將專業能力、交際手腕、積蓄、情商、人脈、經驗、遠見、創意、解決問題的能力，化為欣欣向榮的新創事業。美國二〇〇七年至一四年間兩百七十萬家新事業的研究結果，[31]應該會讓越過「四十歲分水嶺」的人士士氣大振。研究報告的作者指出：「我們找不到證據證實，二十歲的人士創業特別容易成功，反而所有的證據都顯示，中年以後開公司的創業者特別成功。」在澳洲，年長創業者的獲利是年輕對手的兩倍以上。[32]

各位要是不信，可以看看珍妮·霍頓（Jenny Holten）的例子。二〇一七年，六十九歲的霍頓緩緩走進澳洲版的創業募資《創智贏家》（*Shark Tank*）節目，希望評審能投資一大筆錢在她的烘焙坊。評審看霍頓年紀大，笑容慈祥，舉止溫和，覺得這一定是個異想天開的老太太——直到得知霍頓販售的無麩質麵包，零售價是成本的七倍多。霍頓走出攝影棚時，成功以公司二五%的股份，交換到三十五萬澳幣（二〇一七年，一澳幣約為新台幣二十三元）的投資。

即便是在崇尚年輕的科技界，愈來愈多人不理會「四十歲就再也無望」的說法。以尤西・格里克（Yosi Glick）為例，格里克原本在以色列一間線上電視指南公司當軟體工程師，他受不了陽春的影片搜尋引擎。如果關鍵字打「外星人」，所有名稱中有「外星人」三個字的電影或電視節目都會跳出來——然後就沒了。格里克希望打造較為進階的搜尋引擎，幫忙篩選內容的風格、情境、氣氛、情節、結構。換句話說，你可以輸入「性感動作歷史」或「像《宅男行不行》（*Big Bang Theory*）的節目」等字串，搜尋引擎就會幫忙找出符合描述的節目。

格里克和許多無法放棄點子的創業家一樣，後來辭職，花一年的時間，進一步研究細節，召集能讓那種科技成真的團隊。那是一段痛苦的經歷，每個人得忍受長工時，資金又緊繃。格里克幾乎每週都要搭乘經濟艙，飛越半個地球去見潛在的投資人與合夥人，但最終辛苦有了代價。格里克在二〇一一年推出「精靈」（Jinni），那是全球第一個「以你的品味為依據的搜尋引擎」，今日被康卡斯特（Comcast）、Xbox、研科（Telus）、西班牙電信（Telefónica）等內容龍頭採用。

格里克獲得創業靈感時，長得完全不像刻板印象中的新創公司創辦人。他不是穿著夾腳拖的二十歲年輕人，那一年他四十九歲，有鮪魚肚，養一家五口，還愛穿深色西裝。此外，他的精靈團隊也不是由意氣風發的年輕人組成，每位成員都年過三十，科學長更是五十多歲了。格里克大笑：「我們是一家老肥宅公司。」今年五十九歲的他，忍不住想再次創業——壓根兒沒想到年齡的事。格里克告訴所有因為祖克柏的話而心灰意冷的人士：「年紀大不會成為你成功創業的絆腳石。」

我請教格里克，為什麼他能夠擊敗年輕的創業對手。他只回我兩個字：「經驗。」格里克在電視指南公司工作的那些年，讓他摸透自己的產業。他瞭解影片內容數據庫的原理，也知道那些數據庫有哪些優缺點，以及早期試圖改良數據庫的結果。格里克有人脈，更具有產業知識帶來的自信。他表示：「光是一天早上醒來，突然覺得『我想開一家公司』，那是不夠的。就像我沒辦法開漁船公司，因為我這輩子沒上過漁船。」

我問：你的意思是說，有年紀是一種優勢？

「絕對是。」格里克回答：「我認為有一些商業問題必須有深入的知識和領域專家的經驗，才有辦法解決——如果你年紀較大、較有智慧，就比較有可能擁有這些知識與經驗。」

薑是老的辣。碰上危機時，能否在千分之一秒內做出正確決定，甚至將定人生死。二〇〇九年，全美航空（US Airways）一架飛機自紐約市郊的拉瓜地亞機場（LaGuardia）起飛不久後，撞上一群加拿大雁，造成雙引擎失靈。由於附近沒有可以緊急降落的機場，機組人員只得停在哈德遜河（Hudson River）上，官方後來稱之為「航空史上最成功的迫降」。機長切斯利．伯內特．沙林博格三世（Chesley Burnett Sullenberger III）不是剛從飛行學校畢業的小夥子，當時他五十八歲。最終的調查報告指出，所謂的「哈德遜奇蹟」，「見證了經驗的重要性」。六年後，日本將駕駛民航機的法定最高年齡提高到六十七歲。

❖

對於希望繼續上班或需要賺錢的人來講，退休年齡延後顯然是好事，但其他人呢？對需要找工作的青壯族群來講，長壽革命是否為壞消息？幸好不是。認為老人偷走年輕人工作的傳統看法並不正確，聘雇不是一場零和遊戲，因為經濟體中的職缺數量並非固定的。只要有人在工作，不論幾歲，就會花掉薪資，也因此替其他人創造工作機會。例如前文提到我參加的肖迪奇投資簡報比賽，說明年長消費者人數的增長，正在推動科技、產品、服務的創新。經濟合作暨發展組織（OECD）的資料也顯示，年長者就業比例高的國家，年輕者就業的人數也比較多。[33]

我們一生的工作長度大都會超越父母、祖父母的年代，不過究竟會長多少沒人知道。為什麼？因為變數太多了，我們的健康情形、生產力、儲蓄文化一直在演變。不過目前最可靠的猜測沒有我們想的那麼糟。參與「國民移轉帳」（National Transfer Accounts）計畫的五十多國經濟學家，試圖預測老化人口對公共財政造成的影響。其中一項預測指出，如果每十年讓退休年齡延後二至二．五歲，直到二〇五〇年，已開發國家將有能力負擔長壽革命的成本。由於今日富裕國家六十五歲的一般民眾，預計可活到至少八十五歲左右，延長退休年齡幾年，並不大算得上是「必須辛苦到嚥下最後一口氣」的強制勞動。

如果要讓工作年數盡量無痛延長，職場必須歡迎年長者——目前確實出現了這樣的趨勢。具備遠見的企業正在消除聘雇流程中的年齡歧視，有的公司運用演算法消除不公，有的公司不採面議，利用電話面試。瑞士信貸（Credit Suisse）、摩根士丹利（Morgan Stanley）、摩根大通（JPMorgan Chase）、高盛（Goldman Sachs）及其他金融企業，替已經走過長期職業生涯的人士成立了再培訓計畫或實習計畫。巴克萊銀行（Barclays）開放五十歲以上人士的見習計畫，主張年長實習生的人生經驗與社會歷練，讓他們特別適合擔任放貸人員。此外，巴克萊亦加入合作社（Co-op）與博姿（Boots）等其他英國龍頭企業，回應政府的呼籲，公布員工年齡資料，在二〇二二年前要讓五十歲員工的比例增加一二%。

隨著潮流漸漸對年長工作者有利，各地的雇主正在想辦法讓工作配合銀髮族的需求。桑坦德（Santander）、傳統（Heritage）、西太平洋（Westpac）等銀行，如今允許員工請假照顧孫子輩或年長的親人。美國的CVS藥局推出「雪鳥方案」（snowbird program），在北方氣候寒冷的各州分店工作的年長員工，在冬季的月份可以請調至氣候溫暖的南方各州工作。萬豪（Marriott）連鎖飯店鼓勵年長員工輪值較不耗體能的工作，例如為了減少工作的吃力程度，工程師一週可以選擇一天到後勤辦公室工作。紐澤西莫里斯敦（Morristown）的大西洋醫療系統（Atlantic Health System）成立退休俱樂部，退休人員可以選擇再度貢獻長才，上限為一年一千小時。日本有愈來愈多企業，包括全國最大的建商大和房屋，也在提高、甚至廢止強制退休年齡。大和的人資總經理佐伯義雄表示：「大和認為，替員工思考『未來的人生計畫』是公司的企業責任。我們正努力增加員工的選項。」

符合年長者的優勢與期望的新型工作方式，也正在興起，例如零工經濟提供許多上了年紀的人所期待的生活形態：升職不是首要目標的彈性兼職工作，還有利用車子、房子等資產帶來收入。四分之一的 Uber 司機目前超過五十歲，Airbnb 房東成長最快速的年齡群組為六十歲以上者。自稱工作形態屬於「共享經濟」的美國人之中，有四分之一超過五十五歲。[34]雖然眾多零工工作者分到的大餅不多，如果我們能更合理地分配利益，零工經濟對所有年齡的人來講都是有利的。

另一個可喜的變化是「半退休」（pretiring）的興起。十年前，在美國開設保險仲介公司的雪倫．艾梅克（Sharon Emek）注意到人才流失的問題，愈來愈少年輕人進入保險這一行，改到華爾街或矽谷闖天下。於此同時，死板的工作制度又迫使不少員工不得不提早退休，帶走專長、經驗與熱情。艾梅克想出的辦法是讓五十歲以上的員工成為自由工作者，以遠距方式工作。

艾梅克因此在二〇一〇年成立「長青專家在家工作網」（Work At Home Vintage Experts, WAHVE）。保險公司今日可以挑選艾梅克旗下一千八百名擁有二十五年以上經驗的顧問，運用他們在保單費率、承保、理賠精算等方面的專長。這是一個雙贏局面。長青顧問再也不必通勤，可以跟辦公室政治說再見，想在哪裡工作就在哪裡工作——看是要選家裡、海灘，還是公園椅。他們可以一週工作五十小時，或是偶爾工作幾小時。雖然所有年齡層的人都喜歡工作有彈性，對於上了年紀後工作不再是生活重心的人士來講，別具吸引力。許多人採取混合的生活方式，一邊參加長青專家在家工作網，一邊照顧親人。他們搬到氣候溫暖的地方，或是花更多時間做自己想做的事。

企業喜歡雇用長青網提供的人選，原因是不太需要訓練，甚至完全不用訓練。自由工作者占的成本不高，生產力與效率卻不輸辦公室裡的年輕員工——有時甚至更勝一籌。此外，長青網專家擅長想出創意十足的問題解決方案。七十一歲的艾梅克指出：「他們在解決問題時更具創意，因為他們有太多知識與經驗可以倚賴。此外，他們人脈廣，毫不遲疑就能打電話要資訊，或是幫忙協調問題。」長青網近日還從保險業擴大營運範圍，旗下納入五十歲以上的會計產業顧問。

有的企業採取的方法，不是讓年長員工改成遠距上班，而是配合他們的需求，改造工作環境。BMW是這方面的模範生。[35] 二〇〇七年，這家德國車廠將自家位於丁戈爾芬（Dingolfing）的生產線，改裝成適合年長工作者的旗艦廠，工作站做出七十項調整。BMW引進人體工學椅，讓工廠員工得以用坐姿完成某些環節的工作；此外還依據每位工作者的身高，調整桌面高度，減少背部問題；木質地板與配合體重的鞋子可以保護關節；可調式放大鏡能夠協助視力不佳者處理小型零件。此外，公司還調整工作制度，讓工作者在不同的工作台輪流調動，防止倦怠，並讓員工固定運動，來維持通常隨著年齡消失的力氣與靈活度。

這場實驗最初引發工廠年輕員工的嘲笑，把丁戈爾芬生產線稱為「養老線」，但BMW做了克服職場年齡偏見必須做到的事：不斷努力。心存懷疑的年輕員工見到成效後，改變了態度。三個月內，年齡友善工作站便達到品質控管的目標，不良率為百萬分之十，接著更是降至零。健康因素的請假率低於工廠平均，生產力飆升。就連最初嘲弄的年輕工作者都想調到新的組裝線，BMW持續在德國、奧地利、美國廠房推動類似的改變。

❖

我們還需要做出大量的努力，才能讓工作的世界更適合老骨頭。勞動法、退休金規定、社會福利制度都需要修改——目前相關法規都是依據六十至七十歲間的完全退休年齡。多虧薪資與福利方案有了改變，雇用年長與年輕員工的成本差距正在縮小，不過光是這樣還不夠。我們可以取消與年齡有關的工作福利，例如依據年資調薪或升遷。人們得到獎勵的依據將是工作績效，而不是一份工作做多久。為了讓任何年齡的人都能輕鬆換工作，我們必須讓終生學習成為常態。員工要是經歷更年期、罹患中高齡發生率高的慢性病，雇主必須更具同情心。

此外，我們也需要掙脫每週工作五天的制式規定。墨西哥的電信億萬富翁卡洛斯．史林（Carlos Slim）與維珍（Virgin）創始人理查．布蘭森（Richard Branson），都主張讓高齡者一星期工作三天，好讓人們逐漸過渡到完全退休。聽起來有道理，但為什麼要把對象限制在高齡者？為什麼不學習冰島立下的榜樣，讓所有年齡層的人都更容易從事兼職工作？

有的專家預測，自動化會在二〇三〇年取代近三分之一的全體勞工。[36]時機已經成熟，我們必須徹底重新思考工作在人生中扮演的角色。不論是哪個年齡，工作除了讓我們有飯吃、有地方住，還可帶來溫飽以外的好處。研究顯示，帶來適量壓力與刺激的工作，可以同時促進身心健康。在五十八歲被裁員，預期壽命會減少三年。[37]佛洛伊德認為愛與工作都是心理健康的重要支柱。[38]許多人從工作中得到極大的樂趣與意義，我也一樣。一直表演至近一百歲的美國喜劇演員喬治・伯恩斯（George Burns）表示：「我二十一歲時，又老又沒工作。只要仍在工作，就會青春永駐。」

然而，事情有那麼簡單就好了。並非每份工作都萬般美好，許多工作帶來的成就感不如說笑或寫書。各位上一次聽見有人喜孜孜地讚美在亞馬遜物流中心工作很棒，是什麼時候？很多工作實在太操勞，不適合有了年紀的員工。這也是為什麼在挖水溝的世界，見不到多少伯恩斯這樣的人瑞。

此外，整體而言，今日的工作形態讓我們每個人都沒法過得太幸福，例如工作量分配不均就是一個很大的問題：有的人太多，有的人太少；同一個人可能今天過勞，明天又閒閒沒事做。有些人士即便熱愛自己的職業，也經常感到工作多到令人喘不過氣。現代工作文化帶來的長工時、壓力、不安感、科技產品引發的干擾、久坐不動，讓許多人生病並且悶悶不樂。

不過，現代工作最令人心生不滿的一點，在於我們再怎麼努力也只是窮忙族。不管再怎麼努力讓工作者擠出更多產出，已開發世界的生產力依舊成長力道微弱，許多國家的平均薪資依舊停滯不前。英國生活在貧窮線之下的孩童，近三分之二家中有人工作。工作再也不像從前那樣，能夠促進社會流動。各地的畢業生很難找到薪資與學歷相稱的工作，數百萬年輕人還在跟父母同住，或是遲遲不婚，因為他們唯一找得到的工作，薪水不足以讓他們成家。愛荷華大學（University of Iowa）的休閒研究教授班哲明．亨尼卡特（Benjamin Hunnicutt）指出，年輕美國人對工作完全失去信心：「他們不期望能在工作中獲得滿足感，也不認為能靠工作在社會上翻身。」

日本西南側的長壽藍色寶地沖繩島，沒有這樣的問題。當地人沒有「退休」這個詞彙，因為他們不會在晚年突然從生產轉換到不事生產、只取不給。他們靠著「生き甲斐」（ikigai），一生都很活躍。這個日文詞彙大致可以翻譯成「早上起床的理由」。活著的理由可以是任何事——為了工作，為了藝術，為了家庭。不同的人生階段，可能有不同的人生目標。

我們應該效法沖繩人的精神，鼓勵每個人找出自己活著的理由。該怎麼做？方法是允許自己在各種年紀，以最適當的方法，同時工作、當志工、進修、休息、生兒育女、享受樂趣、創造、指導他人、照顧他人。想像一下，那將會如何改變我們的生活。不必趁著第一條皺紋或第一根白髮長出來前，確定我們所選的職業生涯或伴侶，那會減輕多少壓力啊。而且，每個世代都能盡情發揮潛能。

最重要的是，我們將對銀髮歲月完全改觀。

5 挑戰老年印象：挖苦、自嘲、惡作劇，笑到最後一刻

凡是控制了媒體與影像的人，亦控制了文化。

——美國詩人艾倫·金斯堡（Allen Ginsberg）

一段用隱藏式攝影機拍下的惡作劇影片，近日在阿拉伯世界瘋傳。

一名風中殘燭的老婆婆，穿著一身花花綠綠的衣服，慢吞吞地走進黎巴嫩首都貝魯特一間藥局。她走向店內的後方櫃台，要求購買威而鋼。由劇組人員假扮的藥劑師，不敢置信地確認：「威而鋼嗎？」

「對，給我威而鋼。」老婆婆臉不紅，氣不喘，像在買牙膏一樣。

「是誰要吃的？」藥劑師問。

「我老頭要吃的。」老婆婆回答：「他年紀比我大。」

藥劑師看起來被逗樂了，但藥不能隨便賣，仔細詢問老公公是否有健康方面的問題，以及是否服用其他藥物。老婆婆回答：「都沒有，他壯如泰山。」

老婆婆要求購買劑量最強的威而鋼，還問能不能讓情人一次吞四片藍色小藥丸。藥劑師高聲說：「當然不行，妳想害死他嗎？」

老婆婆面無表情地回答：「當然不想，他在床上還有用處。」

就連不懂阿拉伯語的人，也能懂為什麼這段影片在黎巴嫩等地的社群媒體，點閱次數超過數百萬。藥房裡真實顧客臉上的表情，令人捧腹大笑。他們不安地傻笑、偷笑或大笑，彼此互看，臉上的表情盡是難以置信、不贊同、噁心反感。一名男顧客緊緊閉上眼睛，彷彿試圖把八十歲老人靠藥物助興的性愛畫面從腦海裡趕出去一樣。一名女性手畫十字，喃喃自語：「願主保佑我們所有人。」老婆婆問一名年輕人，威而鋼是否真如傳說中那般神奇，年輕人忍不住大笑：「我哪知啊，我才二十歲！」

這段影片來自黎巴嫩的電視節目《生生不息》（*Ich Ktir*）。節目的宗旨很簡單：讓七、八十歲的演員利用民眾的年齡刻板印象惡作劇，並偷偷錄下過程。三十集的節目在二〇一六年開播，內容包括年長者上街購買驗孕棒、高階筆電，或是假扮成醫護人員，用顫抖的手幫嚇壞的病患抽血。還有一集是一對老情侶在公園裡毛手毛腳。在這個整形是一種禮貌、青春臉孔占據電視螢幕的國家，《生生不息》可說是石破天驚的節目。

《生生不息》的製作人是黎巴嫩人梅．納索（May Nassour），四十三歲的她，喜歡戴反光鏡面的太陽眼鏡，穿高跟鞋。我們在貝魯特一家咖啡館碰面，喝加了薄荷的檸檬水。納索表示，自己製作這個節目有雙重目的：她要讓觀眾大笑，也要洗刷年齡歧視帶來的污名。「年紀大了，人們就會覺得這個社會沒有你的一席之地——你是米蟲，沒有你說話的餘地，你也沒有貢獻。老傢伙很無聊，悲慘又惹人厭。這種觀點太不公平了，因為那並非實情。」納索指出：「史上第一次，我們在黎巴嫩的電視讓觀眾看到，七、八十歲的人也可以幽默風趣，還能惡作劇。老前輩有勝過他人的地方——我們改變了民眾的印象。」

改變正是我們需要的東西。「老」帶給人嚴重的形象問題，不只是黎巴嫩的民眾有偏見。這個世界對年輕癡迷，變老等於是你這個人不再存在。從廣告、社群媒體一直到電影電視，光滑的臉龐、年輕的胴體獨占公眾的視野。雪上加霜的是，當老年人真的出現在銀幕上時，他們通常以無聊的刻板形象出現。好萊塢的電影很少會去描寫複雜的老人心理，女性長者尤其少見。英國目前六十歲出頭的女演員茱麗葉．史蒂芬森（Juliet Stevenson），演出經歷豐富，但她知道前方的演藝生涯道路正在變窄：[1]「人生走得愈遠，就愈來愈有趣而複雜，但我可以演出的角色卻愈來愈簡單、平板。」二〇一六年，圖庫龍頭蓋帝圖像公司（Getty Images）利用網路爬蟲技術，探索網路上的老人影像，發現老人的形象偏向孤獨、不快樂、坐著不動，不然就是從事刻板印象中的老年活動，例如打毛線、抱孫子、在床上喝茶。蓋帝的創意洞見總監瑞貝卡．史薇芙（Rebecca Swift）對此感到遺憾：「這點顯示我們呈現的老年人形象，不如年輕人來得豐富多元。除此之外，我們並未呈現老年人真實的一面，更強化了刻板印象。」

老年人只有刻板的公眾形象這一點，絕對不只影響到史薇芙這樣的影像策展人。我們如何看待自己、看待自己在世上扮演的角色，會受到我們在電影、廣告、電視、網路上看到的東西所影響。老年人愈是被忽略、被當成丑角，每個人就愈討厭變老。對於正在走過老年的人士，更是一大打擊。如果每天都看到自己的世代以狹隘、惹人厭的刻板印象出現，我們會喪失好好老去的勇氣。高空彈跳、展開新事業、談戀愛、到亞洲當背包客，或只是開心地活著——任何不符合「老人劇本」的情節，益發令人感到是不可能的選項。

年齡歧視帶來的刻板印象，甚至可能變成自我應驗的預言。大量文獻指出，光是接收到帶有種族歧視與性別歧視的成見，就可能讓少數族群與女性在考試時表現較差。年齡歧視也有類似作用。研究顯示，老年人接觸到負面的年齡刻板印象後，走路、說話、思考都會變慢。約克大學運動學與健康科學所的瑞秋．史東（Rachael Stone）做過實驗，她先請年長受試者爬一段樓梯，接著請他們讀一篇假的文章，內容是人上了年紀，比較沒辦法爬樓梯。讀完後，受試者再走一次相同的樓梯，結果這一次大家的走路速度、準確度、平衡感等各項指標，表現全部變差。

記憶也會發生類似的情形。來自四面八方的資訊告訴我們，上了年紀後，就會有「一時老糊塗」的問題，結果我們有點年紀後，便以為自己記憶力變差，[2]開始仰賴記事工具，例如煮愛吃的菜要看食譜，開車走熟悉的路也得打開GPS。這帶來雪上加霜的後果：首先，這類輔助工具會讓我們做事的速度不必要地慢下來，強化上了年紀認知功能就會下降的迷思。第二，我們長久不靠腦袋記東西之後，記憶力真的會衰退。

幸好，我們可以反過來利用這種「心理影響生理」的現象。科學顯示，光是相信自己睡得好，我們不但會感覺自己休息夠了，認知能力也會增強。專家稱之為「安慰劑睡眠」（placebo sleep）。[3]老化也可以利用類似的效果。研究顯示，對變老保持樂觀的人士，一般會多照顧自己一點，記憶力與運動控制測驗的分數也比較高。他們走路的速度較快，更可能從失能中恢復過來。此外，他們的平均壽命多出七．五年。[4]前文提過的運動學教授貝克表示：「如果能讓民眾以更正面的方式看待老年，不去想各種不可避免的退化將接踵而來，我們就會把生活過得超級精采的老年人當成常態，而非特例，覺得『現在老人都是那樣啊』。」

重點是，在某種程度上，我們可以「用想的」讓自己順利老去，甚至預防最駭人的疾病。耶魯大學研究一群帶有失智相關變異基因的人士，[5]發現相較於悲觀者，樂觀看待老年的組別，日後出現失智的機率少五成。該研究的第一作者、流行病學與心理學教授貝卡．李維（Becca Levy）依據此一研究結果，呼籲大家行動：「展開消除年齡歧視的公衛運動，就此有了依據。」

我們要如何重新改造人們對變老的看法？答案是不再讓年輕占據所有目光，而是平均展現各世代的真實面貌。以更細緻、豐富、多元的方式描繪老年生活。把鎂光燈聚集在全心把握長壽革命的人士身上，重新定義「變老」是怎麼一回事。好消息是世界各地都在發起這樣的運動。

❖

《生生不息》節目翻轉了老在黎巴嫩人心中的印象。播完收視率長紅的兩季之後，劇組人員變得太出名，很難在惡作劇時不被民眾認出來。製作人納索表示：「隨時都有人跑來要簽名或自拍。許多粉絲告訴劇組人員，這個節目改變了他們對於老年的想法。」各大品牌乘著這股潮流，到處在黎巴嫩尋找年長模特兒拍廣告。黎巴嫩的節目製作公司也四處物色理想人選，請年長人士主持從喜劇到烹飪等各式電視節目。

各大製作公司找人時心中的範本，就是前文威而鋼短劇中那位八十六歲的演員。她的全名是貞德・札拉吉（Jeanne d’Arc Zarazir），不過黎巴嫩每個人都暱稱她為「貞可」（Jaco）。貞可有惡作劇的天賦。當旁邊的人笑到不支倒地時，她依舊一臉正經。觀眾看到她扮演各種角色，有時是饒舌歌手，有時是揮舞著 AK-47 步槍的突擊隊員。她的特色是生活充滿樂趣，讓人覺得過老年生活是值得羨慕的事。貞可在二〇一七年過世時，新聞媒體紛紛致上敬意，重播她在《生生不息》的精華片段，封她為「全黎巴嫩最風趣的女性」。

我恰巧是貞可去世前最後一個訪問她的人。我抵達她在貝魯特的家，她看起來比《生生不息》節目中還要更弱不禁風，膚色接近透明，雙腿生瘡，得拄著拐杖走路。不過，貞可依舊用那讓她成為電視明星的笑容迎接我——裝無辜似的、調皮、機靈的微笑，中間缺了一顆牙。熱天讓人懶洋洋的，她的三隻貓在院子陰涼處打盹。我們坐在室外沙發上，我的第一個問題就引來她妙語如珠的回答。我試著確認她的真實年齡，她反問我：「你覺得我看起來幾歲？」我們聊到一半，醫生到家中看診，確認她腳上的疥瘡情形，大聲數了數——一個，兩個，三個。貞可輕笑一聲，問道：「醫生，你到底是在數我的疥癬，還是我的貓？」

貞可在經歷傳奇的一生後，在八十多歲成為電視明星。她在一九六〇年代初，當過一陣子黎巴嫩總統夫人的女官，後來靠出租房子頂樓維生。她沒結婚，無子，沒有事業，但《生生不息》的種子一直都在：貞可一生都拒絕被年齡綁住。她告訴我：「我從未想過自己是老還是年輕。我這輩子過得心滿意足，不管當下幾歲，一律努力活出自我。」貞可的精神不只感動小螢幕前的觀眾。在她短暫的電視職涯期間，來自阿拉伯世界各角落的粉絲信，如雪片般飛來。黎巴嫩北部城市的黎波里（Tripoli）的一位年輕女性寫道：「您讓我不再擔憂自己的年齡，現在我開始期待變老，謝謝您！」我問這位本名與聖女貞德同名的電視明星，她是否是人們的角色模範，她臉上露出揶揄的笑容：「就算我是，那也是機緣巧合。」不管貞可究竟是不是，她顯然清楚年齡歧視帶來的惡意——也瞭解《生生不息》這樣的節目帶來打破成見的力量。「當你只見過年輕人隨心所欲享受生活，你自然會覺得變老不是好事，接著就預言成真了。」她告訴我：「我們讓大家看到，可以用不同的方式老去，這是我們的貢獻。」

《生生不息》並非孤軍奮戰，其他人也努力以更大膽的方式描繪老年。蓋帝圖像公司在創意洞見總監史薇芙的帶領下，請攝影師多提供一點年長人士從事各種活動的影像，不要侷限於刻板印象，永遠只有睿智爺爺與打毛線的奶奶。史薇芙想看到年長者使用新科技、開公司、運動打球、翩翩起舞與調情，甚至只是滿臉笑容也好。史薇芙想見到更多中年女性扮演管家婆以外的角色。「身為企業的我們開始明白，我們說話有分量。我們應該利用這份力量，呈現美好的多元，以及銀髮期的可能性。」史薇芙表示：「我們想見到更多色彩、更多生氣、更多活力，挑戰舊有的刻板印象，讓人有勇氣以自己的方式老去。」

攝影師若是希望提供史薇芙想見到的照片，可以多多待在寶琳娜・卜蘭（Paulina Braun）身邊。卜蘭講話聲音輕柔，今年三十四歲的她，已經從事十年的社會與藝術活動，她站出來領導波蘭人對抗年齡歧視。卜蘭和黎巴嫩的納索很像，她的使命是協助男女老幼活出精采的長壽生活。卜蘭告訴我：「我想挑戰老是一種問題的想法，老不代表你會變得無用，可以被無視。一個好方法是讓人們看到銀髮族做一般不會跟老人聯想在一起的事。」

我為了瞭解卜蘭的意思，搭機前往波蘭華沙。卜蘭在維拉諾夫公園（Wilanów Park）的湖畔舉辦了一場派對。接近午夜時，四名波蘭饒舌歌手上台，來了一場社群媒體之後譽為「經典」的演出。四人將麥克風緊抓在嘴邊，以嘻哈搖擺穿梭於一小群人之間，連珠砲般吐出歌詞。粉絲在啤酒與伏特加的加持下，進入狂喜狀態，合而為一，雙手整齊畫一地在空中打拍子，大聲回應歌詞，跟著表演者一唱一和。天空降下傾盆大雨，每個人渾身濕透，但沒人在意。

如果各位腦中的畫面是一群年輕人，那你想錯了。不但轉唱盤的人八十多歲，現場狂歡作樂的人士多半一頭白髮。在最前排、近到會被嘻哈歌手的口水噴到的地方，站著三位老女士。她們和一、二十歲的人一起隨節奏搖擺，大笑，往空中揮拳，嘶吼著歌詞中的髒話。

眼前的景象太超現實，我嚇了一大跳，心中的第一個念頭是赤裸裸的老年歧視：這些老人怎麼搞的，都這把年紀了，還待在搖滾音樂會大汗淋漓的衝撞區？要是摔倒了，髖部骨折怎麼辦？我的下一個念頭把自己導正過來：那些長者就跟每個人一樣，不過是在享受樂趣，為什麼不能待在這？我完全可以想像貞可和瘋狂的群眾站在一起。我告訴卜蘭我的念頭轉折，她點頭表示贊許：「我就是想見到人們有那樣的回應。一開始，你心中浮現帶有年齡歧視的念頭，接著開始質疑那樣的想法。」

卜蘭隨時在構思新方法，好讓年長者進入公眾的視野。她在學校、安養院、夜店、廣場，四處舉辦像維拉諾夫公園那樣的跨世代舞會，還主辦老年人的快速約會活動，開辦老人DJ學院，成立波蘭第一間六十歲以上者的藝人事務所。她所做的一切，都是為了突破社群媒體與傳統媒體傳達的刻板印象。維拉諾夫派對結束後，衝撞區的一位八十歲參加者，在隔天早上登上全國電視，節目主題是老年人在夏天從事的驚奇活動。多虧卜蘭的藝人事務所，熟齡面孔現今更常出現在波蘭的MV、廣告、電影、YouTube影片——而且是正常角色，不是丑角。瑞德（Redd's）啤酒近日有一支廣告，大排長龍的海灘酒吧裡，一名八十多歲的女性不想排隊，假裝昏倒，每個人都衝上前救她。最後一幕是她得逞後，在戶外躺椅上悠閒喝著冰涼的啤酒。貞可會贊許這樣的機智。另一支廣告則拍得有如唯美的藝術電影，一對老夫婦向波蘭網路零售龍頭快易好（Allegro）買來刷子和油漆，智取死神。

卜蘭身旁的保鏢是享受美好生活、今年八十歲的艾瑞克·莫羅傑（Eryk Mroczek）。莫羅傑在卜蘭接受媒體訪問時待在她身旁，參加她所有的熱舞派對，臉上通常戴著演員傑克·尼克遜（Jack Nicholson）常戴的那種墨鏡。卜蘭的經紀公司最近幫他爭取到在波蘭電影高價演出的機會。莫羅傑顯然熱愛鎂光燈，但他自認是對抗老年歧視的步兵。莫羅傑表示：「看到我享受生活的畫面，可以改變人們心中對老化的印象，鼓勵大家不管幾歲都要活出美好的人生。」

在卜蘭的努力下，原本由年輕人獨占的工作，現在也開放給上了年紀的人。一位七旬人士從她開設的ＤＪ學院畢業後，固定出現在華沙的夜店圈。我自己年輕時，要是看到活動請來的ＤＪ已經有資格領養老金，絕對溜得比誰都快，但今日光顧夜店的客人看來思想更開通——而且不只波蘭如此。英國退休的商店老闆娘露絲．福勞爾（Ruth Flowers）在六十八歲學會轉唱盤，稱自己為「ＤＪ搖滾媽媽」（DJ Mamy Rock），接著在二〇一四年去世前，到歐洲最大的夜店及格拉斯頓伯里音樂節（Glastonbury festival）等活動擔任ＤＪ。別名「岩室搖滾ＤＪ」（DJ Sumirock）的岩室純子，每週在東京紅燈區一間時髦的夜店當女王。她的年紀八十二歲。

維拉諾夫公園的派對請來「ＤＪ羅馬」（DJ Roman）。這位八十多歲的退休電機工程師轉唱盤時，人山人海的舞池裡，各種年齡層的人士隨著〈Boys Boys Boys〉及其他一九八〇、九〇年代經典歌曲的旋律，扭動身體。眼前的景象令我想起魯貝的自行車賽車場，你很難猜測賽道上每位選手的年齡。在卜蘭舉辦的活動上，你在舞池裡首先會注意到現場人士的打扮及風格、他們是如何笑著盡情搖擺，而不是他們的年齡。參加派對的年輕人因而有好印象。二十二歲的學生碧塔（Beata）原本是為了看饒舌歌手表演來到維拉諾夫公園，卻愛上現場的爺爺奶奶。她表示：「我一直以為『老』和『無聊』是同義詞，但這裡的女士好有格調，每個人都瘋狂享樂。我感到『老』不該是用來嫌棄一個人的形容詞。」

就連表演者也有相同的感受。在最後的安可曲過後，老、中、少群眾離去，消失在華沙的夜裡。我抓住機會訪問其中一位饒舌歌手。他的藝名是「Ero」，今晚一身標準的嘻哈裝扮，毛帽加垮褲。他今年三十六歲。

我問他，在混著看起來像祖父母的觀眾面前表演粗言穢語的饒舌歌，會不會感覺很奇怪？會不會帶給粉絲錯誤的訊息？會不會掃興？

Ero 灌了一口啤酒，想了一下，搖頭表示：「一點也不會，因為年齡只是一個數字，現在的人愈來愈不在意了。不管你十八歲，還是八十歲，真正重要的是你帶給大家什麼。」

❖

今日年長者帶給大家的還有金錢。他們有積蓄，領取優渥的退休金，加上房價飆漲，許多人舒服度日。當然，不是每個老人都有錢，還是有許多人只夠溫飽，或是過著赤貧的生活，但以整體世代來看，五十歲以上人士屬於有錢一族。他們僅占英國三分之一的人口，卻握有國家八成的財富。[6]到了二〇二〇年，戶長為六十歲以上者的家戶，在全球的支出預計將達到十五兆美元。[7]雖然未來世代的財務前景不妙，今日是史上最適合重塑老年形象的時刻。為什麼？因為金錢帶來尊重，也帶來權力。金錢力量大。

這個世界的確聽到銀髮族的心聲。各地的流行文化都在開拓不把老年人丑角化的空間。新加坡的國慶大典提供六十歲以上表演者的「銀髮時段」。美國青少年偶像麥莉·希拉（Miley Cyrus）的〈正值青春〉（Younger Now）單曲MV，看起來像是卜蘭會舉辦的派對，各種年齡的男男女女在鏡頭前熱歌勁舞。荷蘭的電視頻道模仿深受眾人歡迎的歌唱選秀節目《美國好聲音》（*The Voice*），正準備推出史上第一個專門給六十歲以上人士參加的版本。

電影與電視也朝更豐富的老年角色努力，不再只有穿毛衣的刻板形象。從歐洲的「銀幕」（Silver Screen）到美國的「傳承」（Legacy），展示老年各種面向的影展欣欣向榮。二〇一八年，法國電影《我活著》（*I Got Life*）充滿突破性，描寫一名五十多歲的女性，以勇敢逗趣的方式對抗年齡歧視、性別歧視與更年期，在全球各地都獲得了掌聲。同一年，《閨密》（*Girlfriends*）首度在英國電視上播出，三位六十多歲的女演員，演出同行茱麗葉・史蒂芬森會想極力爭取的辛辣角色。此外，愈來愈多的演員在熟齡時，依然得以扮演動作片英雄。暴風女（Storm）、金剛狼（Wolverine）、黑閃電（Black Lightning）都由四十多歲的演員擔綱演出。湯姆・克魯斯（Tom Cruise）五十多歲還在接演「不可能的任務」系列電影，連恩・尼遜（Liam Neeson）六十多歲仍在施展拳腳。有的系列動作片也由熟齡演員擔任主角，海倫・米蘭（Helen Mirren）、布魯斯・威利（Bruce Willis）、席維斯・史特龍（Sylvester Stallone）、阿諾・史瓦辛格（Arnold Schwarzenegger）等明星，在各集《超危險特工》（*Red*）與《浴血任務》（*The Expendables*）負責與壞人搏鬥。

過去十年，奧斯卡各類別演員獎項的得主平均年齡正在上升。二〇一八年的最佳男女主角獎及最佳男女配角獎，全由四十九歲至六十歲演員奪得。法蘭西絲・麥多曼（Frances McDormand）飾演《意外》（*Three Billboards Outside Ebbing, Missouri*）中口出惡言、憂傷堅毅的母親，奪下最佳女主角獎。麥多曼聲稱，把自己沒打肉毒桿菌的六十歲臉孔擺在大銀幕上，是一種公眾服務。「我真的對扮演自己年齡的角色深感興趣。我喜歡我的年齡，我希望能在這方面發揮一點倡導作用。」在相同的奧斯卡季，蕾絲莉・蔓薇爾（Lesley Manville）以《霓裳魅影》（*The Phantom Thread*）入圍最佳女配角獎。雖然最後未獲獎，當時六十一歲的她，讚美大眾文化中的熟齡描寫出現了重大轉變。「六十歲的人也能有另一半，不必被塞到角落裡，穿著毛衣織毛衣。」蔓薇爾表示：「影視製作人發現，外頭有大量的女性觀眾。她們上電影院或打開電視時，希望看見不會把她們推開的內容。她們想看到講她們人生故事的東西，而不是二、三十歲的人如何過著光鮮亮麗的生活。」

品牌若想賺銀光財，就得賦予年長消費者新形象。這是個大挑戰。廣告與行銷被二、三十歲的面孔占據，許多董事會仍舊深信年輕族群是唯一值得追求的市場。此外，儘管研究已經證實並非如此，人們還是覺得年長消費者胸有定見，不受廣告的影響。波士頓顧問集團（Boston Consulting Group）的資料顯示，不到一五％的企業會擬定針對六十歲以上民眾的事業策略。[8] 近七成的公司在規畫銷售與行銷方案時，並未將正在興起的長壽趨勢納入考量。[9]

結果就是，許多廣告要不就忽略四十歲以上的人士，要不就抱持高高在上的態度。就連特別瞄準年長消費者的廣告宣傳，也請來大量的年輕模特兒與演員。五十歲以上人士購買的車輛比其他年齡層多上許多（別忘了前文提到利用老化裝設計出來的車款），但各位上一次看見由長者當主角的汽車廣告是什麼時候？這樣的年齡歧視會帶來反效果。每當我看見明顯想賣給我這個年紀的人的服飾，卻是由青少年當模特兒，我瞬間感到氣惱。佳潔士（Crest）瞄準五十歲以上人士的牙膏廣告失敗後，[10]公司發現年長消費者最討厭的就是被當成特殊族群。普利司通（Bridgestone）推出瞄準退休金族群的高爾夫球桿時，同樣灰頭土臉。[11]

幸好品牌開始學聰明，與時俱進。亞馬遜與網飛（Netflix）今日依據品味，而不是實際年齡來歸類客戶類型。國際皮膚保養公司契爾氏（Kiehl's）近日的廣告，反對被證件上的年齡定義，呼籲「任何年齡都能行動」（Act Any Age）。影片裡，各世代的人在秀出他們自認幾歲的紫色氣球前，開心跳著舞。

其他品牌也在實驗不拘年齡的廣告。維珍假期（Virgin Holidays）近日的廣告呈現在熱帶海灘上，所有年齡的人衝向大海。服飾零售商 TK Maxx 的「我。由我來」（Me.

By me）廣告中，各世代的購物者在陽光普照的開普敦試穿衣服。

故事集團（Saga）是英國針對五十歲以上人士、最著名的品牌，原本常常拿來開不厚道的老人玩笑。集團近日改頭換面，在二〇一七年重新推出旗艦雜誌，口號是：「我們不是『老扣扣』品牌，我們的品牌獻給五十歲以後繼續好好過生活的人士。」老人配方食物與樓梯升降椅的廣告，不再放在雜誌主頁，改置於摺頁。雜誌題材也變得較為開朗向上。內文筆調如今偏向陽光，探討運動、旅遊、職業生涯、購物、戀愛與性愛。麥特・亞金森（Matt Atkinson）是背後的推手。目前五十多歲的他身強力壯，平日參加鐵人競賽，每週慢跑六十英里（約九十六公里）。亞金森表示：「在過去，我們強化了老年的負面刻板印象。而今我們探討老年的方式是讓讀者察覺，路其實應該愈走愈寬廣，而不是愈走愈窄。」

就連往往和「青春」連結的美容與時尚品牌，也開始歡迎熟齡世代。許多品牌今日聘請年長女性推銷化妝品，讓消費者的視野裡充滿夏綠蒂・蘭普琳（Charlotte Rampling，英國女演員，一九四六年生）、海倫・米蘭（英國女演員，一九四五年生）、崔姬（Twiggy，英國名模，一九四九年生）、珍・方達（美國女演員，一九三七年生）、艾倫．狄珍妮（Ellen DeGeneres，美國主持人，一九五八年生）、黛安．基頓（Diane Keaton，美國女演員，一九四六年生）的熟女面孔。熟女模特兒也開始固定出現在時尚目錄與伸展台上。全球服飾龍頭 H&M 請來六十歲女性展示泳裝，西班牙連鎖店 Mango 的代言人也是六十五歲左右。二〇一七年的「倫敦時裝週」主秀是頂著銀髮鮑伯頭的七十二歲模特兒。長那位模特兒十歲的作家瓊．迪迪安（Joan Didion）也擔任 Céline 的模特兒。不僅是熟女成為鎂光燈焦點，我最喜歡的熟齡模特兒典範是中國演員暨行為藝術家王德順。二〇一五年，王德順以七十九歲的年齡在網路上造成轟動，他裸著上身大搖大擺走伸展台，被封為「全球最帥的大爺」。王德順在 YouTube 影片中，看起來自信又性感，處於一生的巔峰時刻——我希望自己七十九歲時，所有的一切都能和他一樣。

以上提到的熟齡模特兒，除了外貌保養得宜，還有一個共通點：他們不裝年輕，坦然接受自己的身心都有年紀，可以同時當同齡人及年輕人的榜樣。對未來歲月感到不安的人士，看著他們就能放心走向明天。

在改造公眾眼中的老年形象這一塊，社群媒體幫上非常大的忙。今日在網路上，有大量探討老年生活的文章與影像，而且是由實際在過老年生活的人士呈現老年的真實面貌，由他們主控民眾看到的高齡面貌。瑪麗（Mary）、喬西（Josie）、泰瑞莎（Teresa）三位黃金姐妹（Golden Sisters）拍攝影片，吃午飯時以逗趣的方式聊大眾文化，在 YouTube 上的觀看次數達到數百萬。八十五歲的海倫・露絲・凡溫寇（Helen Ruth Van Winkle），因為展示自己喜歡穿色彩鮮豔的繽紛服飾，成為網紅，在 Instagram 上擁有三百萬名追蹤者，替思美洛伏特加（Smirnoff vodka）拍攝廣告，還成為化妝品牌 Urban Decay 的繆斯女神。亞洲人也利用社群媒體顛覆傳統看法，晚年不代表就要和兒女同住，把所有時間都花在顧孫子。退休教師齊女士（Ms Q）當起背包客，在七十多歲走遍自己的家鄉中國。她表示：「為什麼中國老人就得做家務，照顧兒孫？我們應該有自己的生活。」齊女士的科技知識不輸任何千禧世代，她在網路上寫遊記，靠視訊和家人保持聯絡。她到中國東南城市泉州的短片，觀看次數達到一千一百多萬次，引發全國熱烈討論老年議題。許多中國人上社群媒體替齊女士加油，把她當成老年生活的榜樣。一位網友寫道：「她是一位獨立、迷人的女性……年齡不是問題。」還有人表示：「我希望自己老了之後，也能和她一樣。」

在中國的亞洲鄰居日本，六十歲世代的千木夫婦，以網路化名「Bon & Pon」，利用 Instagram 帶給熟齡生活全新的面貌。這對夫婦在每張照片都穿上款式簡單、顏色和風格一樣的情侶裝。各種年齡都有的七十多萬名追蹤者，熱烈響應兩人的照片。這對夫婦成為「#greyhair」（銀髮）與「#over60」（六十歲以上）的網紅之後，出書談熟齡生活的樂趣，還推出一系列的服飾與配件。商業氣息少一點的西本喜美子，也以造成瘋傳的搞笑自拍，顛覆日本人對於老年的看法。我最喜歡的一張照片是八十來歲的西本喜美子，把自己掛在曬衣竿上晾乾。其他照片還有她跌下單車、被綑在垃圾袋裡、看報時被車子飛速輾過，以及扮成大猩猩抓著籠子欄杆微笑等等。

長者被重新包裝成年輕人的娛樂，是否會有副作用？有時或許有。老年人第一次抽大麻或猜測性愛玩具使用方法的 YouTube 影片裡，鏡頭外大都會有年輕的採訪者提出引導性問題——給人高高在上的印象。不過其他許多人不會這麼做。西本喜美子、齊女士、黃金姐妹顯然不是任何人捉弄的對象。她們盡情狂歡，完全照著自己的意願行事。

在此同時，其他成千上萬的熟齡人士儘管不具知名度，同樣在社群媒體上，放上大量自己的照片，粉碎從前年齡歧視帶來的刻板印象：他們勇闖障礙訓練場的泥地，穿潮服，經營餐車，修摩托車，玩Xbox，在非洲當義工，替大考做準備，或是徹夜跳舞狂歡。每一張這樣的照片，或許只有幾名追蹤者看到，但數字並不重要。重要的是，即便是傳統的抱孫或打毛線的影像，每一張照片都能讓熟齡生活的景象豐富起來，以自己獨有的方式好好生活著，也因此享有尊嚴。這樣的景象告訴我們：「年輕不一定比較好，以自己想要的方式過熟齡生活，是一件相當美好的事。」

小兵立了大功。我請教蓋帝公司的創意洞見總監史薇芙，她的公司怎麼會想到要重新思考老年，史薇芙的答案只有一個字：Instagram。史薇芙指出：「年長人士今日以前所未有的方式，掌控自己的視覺語言。我們看見他們在視覺上想要如何被呈現，也看到他們如何看待自己。因此，我們得到很有用的提示，知道該如何製作我們的影像。」

我們翻轉人們對於老年的印象時，不妨將澳洲學者吉曼・基爾（Germaine Greer）的話謹記在心：「每個人老去的方式都和別人不同。」不是每個人都能是王德順或貞可。我們可能沒有那樣的外貌、才能、性格、人脈、健康，沒辦法學他們。我們必須呈現各種樣貌的老年，不能把老年描繪成一場贏家與輸家的遊戲。也就是說，我們要恭喜老當益壯的人士，但不能讓他們成為遙不可及的黃金標準。重新定義「老年」樣貌的人士看來瞭解這點，就連卜蘭也同樣小心。她已經在波蘭媒體開創出一番新局，嘴裡不時語出名言，像是「老比較好」、「老就是酷」，但是她沒忘記年齡會帶來的挑戰。卜蘭表示：「老除了會帶來好事，同樣也會帶來失去、疾病、死亡、艱辛的故事。熟齡生活不是只有成天跳舞狂歡。」

若要呈現誠實、全面的熟齡面貌，必須以令人安心且有尊嚴的方式，描繪面臨衰退、失能、受折磨的人們，而不是指責他們做得不夠好。此外，也必須多關注由平凡無奇的時刻所組成的人生每一個階段。畢竟老年生活不是極端的二分法，要不就光彩奪目、成為 Instagram 名人，要不就是失能失智，在安養院裡日益消瘦。英國雪菲爾大學（University of Sheffield）的社會學家與老化專家羅娜・華倫（Lorna Warren）表示：「多數人一輩子大半時間，都過著平凡的日子，那沒什麼不好。我有時只想當五十歲的平常人羅娜，穿著運動褲輕輕鬆鬆過日子。這不無聊，也不丟臉，我們大部分的人生就是那樣。年紀大了之後，應該給自己平淡度日的空間。」

老實講，我們才剛開始重新打造老年印象。在《生生不息》節目裡開的每一個玩笑，所有的牌都在貞可和她的朋友手上，她們才是笑到最後的人。這是可喜的進步。然而，她們利用人們心中的年齡歧視開玩笑時，仍得付出代價。換句話說，拿老年人的刻板印象開玩笑（老年人沒有性生活、不會用科技產品、雙手會抖），同一時間，其實也是再次喚醒民眾心中相同的刻板印象。在這個歧視老年的世界，「和貞可一起大笑」與「嘲笑貞可」之間的界限，仍相當模糊。

不過，我們已朝著正確的方向前進。值得一提的是，許多人因為抱持幽默感，對變老有了新一層的認識。笑是強大的武器，可以改變心態，粉碎刻板印象，推翻現況，這也是為什麼獨裁者痛恨被取笑。老，有時是很討厭的事，苦中作樂可以讓心情輕鬆一點。美國喜劇演員菲利絲．狄勒（Phyllis Diller）講過一句妙語：「在我這年紀，我的背為所欲為（go out 同時有背痛、出門玩、約會等多重意思）的次數比我多。」這句話讓我們會心一笑——對於變老這件事，或許也比較沒那麼擔憂了。

那就是為什麼長壽革命掀起了一股諷刺年齡歧視的幽默熱潮。在日本，帶領這股風潮的老前輩是六十六歲的假屋美尋。[12]這位活力充沛的漫談家，表演時穿著紅色燕尾服，綁起瀟灑的馬尾，用毒舌的方式談論死亡、疾病、下降的性欲等主題，無所不包，教絕大多數六、七十歲的粉絲拍案叫絕。

我最喜歡的熟齡黑色幽默代表是戴安．希爾（Diane Hill）。五十六歲的她，與英格蘭考文垂（Coventry）的一位藝術家合作，創作出一系列的玩笑表情符號（emoji），展現老年沒那麼美好的一面，例如因為背痛而齜牙咧嘴的女性、一瓶記憶力藥丸、一個「我正在揮霍孩子遺產」的闊氣人物。這個系列被稱為「emoldjis」，可能很快就會出現在各位身旁的智慧型手機螢幕上。

擁有幽默感甚至能協助我們順利老去。笑可以促進免疫系統、[13]減輕疼痛、對抗壓力。俄亥俄州艾克朗大學（University of Akron）的心理學家做過實驗，發現有幽默感的人比起暴躁易怒的手足，大約多活八年。[14]正如作家蕭伯納（George Bernard Shaw）所言：「你不會因為老而不再笑，而是不再笑之後才變老。」

貞可吸引到大量粉絲的原因是她永遠在笑。她活出精采的老年，開心接受年紀帶來的好處，但是也以自己的招牌機智，平靜接受年紀帶來的壞處。就連莎士比亞對老年的多愁善感，也無法減損貞可的快活機敏。在人類生命的最後階段，肉體的樣子不怎麼好看。貞可臨終前的外表帶來的震撼，超出我的預期。貞可雖然令人如沐春風，她的身體狀態卻令我不舒服，甚至感到幾分噁心。我們的訪談快結束時，貞可抓到我在偷看她小腿上的疥瘡，她凝視我，表情溫柔起來，原諒我的反應。她把手疊在我手上：「人老了就會這樣，人生就是這樣。你得接受，放下。不管幾歲，你要盡量享受活著帶來的一切好事。」接著下一秒，貞可著名的微笑又回來了。「萬一那樣還行不通，你可以到藥房買雙倍劑量的威而鋼。」

我希望自己離開人世時能像貞可一樣，瀟灑嘲弄人終有一死。看著電影、電視、社群媒體或廣告上，愈來愈多人活出精采晚年，帶來「有為者亦若是」的激勵效果。

我收拾東西，準備離開貞可貝魯特住處陽光普照的庭院，貞可則是要和貓咪一起睡個午覺。我問她最後一個問題：「現代世界有哪一件事，讓您的老年生活更好過？」貞可想了想，指著我手中的智慧型手機，告訴我：「答案就在你手上。要不是有這種新科技，我們不會坐在一起聊天。」

這個世界告訴我們，科技是年輕人的天下，但貞可這番話不禁讓人重新思考。

6 科技讓眾生平等：遊戲奶奶也可以當直播主

科技是我們圍著說故事的營火。

——美國藝術家蘿瑞・安德森（Laurie Anderson）

雪莉・柯芮（Shirley Curry）每天早上醒來後，行程很固定。下床，興高采烈直直走進客廳。她在維吉尼亞州洛磯山城（Rocky Mount）的小公寓，屋內一隅是專門用來玩線上遊戲的地方，裝備一應俱全：鍵盤、兩台螢幕、外接硬碟、路由器、耳機麥克風、攝影機、發條計時器、智慧型手機。各種設備之中，穿插著類比年代的小擺飾——木星儀、陶瓷小屋、用來擦拭螢幕的粉紅狗玩偶。寫著粉絲留言的紅色與白色便利貼，貼得到處都是，有如夏季園遊會飄揚的旗海。柯芮打開電源，開始盯著螢幕，最高紀錄達十八小時。

柯芮的第一站是YouTube。她培養情緒，先瀏覽其他玩家的影片，回顧自己前一天的戰績，接著開始玩。她選擇的遊戲是《上古卷軸V：無界天際》（*Skyrim*），在那個充滿幻想的天地裡，有尼恩星球（Nirn）上的武僧與祕籍。柯芮選擇的角色是年輕旅商卡塔梅（Katamet），她一登入遊戲就全神貫注。柯芮表示：「這就像一部電影，你想做什麼都可以，愛去哪就去哪，實在有夠棒，我一下子就愛上這個遊戲。」

柯芮剛迷上《上古卷軸V：無界天際》的蜜月期，曾經一口氣就玩十二小時，完全與外界隔絕。柯芮說：「我覺得自己好像殭屍。」她現在有紀律多了，因為外頭的世界永遠在等她從尼恩星球發送消息。她每次會玩個四十分鐘或一小時（所以需要計時器），並且記錄每一場廝殺或突擊、找到的每一袋寶藏、跋涉過的每一個灌木叢，再加上自己的即時評論。接下來，她會製作影片，上傳至YouTube，服務高達二十五萬的頻道訂閱人。雖然柯芮偶爾會站起來上個廁所，做點家事，她一天大部分的時間都黏在椅子上，吃飯也窩在鍵盤前。在我這種不玩遊戲的人眼中，柯芮每天的行程簡直是新版的十八層地獄，但是對柯芮這種等級的玩家來講，他們身處天堂。柯芮表示：「我愛死這款遊戲，完全沉迷其中。」

思想實驗的時間到了：柯芮在各位心中是什麼模樣？臉上穿環的青少年？逃避學生貸款的二十歲世代？離經叛道的三十歲程式設計師？真正的答案是以上皆非。柯芮臉上沒打洞，也沒有學貸，對寫程式一無所知。她今年八十一歲。

柯芮六十多歲起開始打電玩，一路遭受許多年齡歧視。她最初在網路上公開自己的老人身分時，網友立刻用很難聽的字眼回應。其他玩家指控她是騙子，真實身分其實是十幾歲的少女。一名音訊工程師言之鑿鑿，指控柯芮用了變聲器。最後真相大白，柯芮確實是銀髮族，結果酸民更是變本加厲地謾罵。柯芮回想那段時光，不禁抖了一下：「很多人用粗俗、難聽的字眼談論我的年齡。他們說：『快滾，妳不屬於這裡，我們不歡迎三寶！』」

不過，一段時間過後，酸民漸漸消失，柯芮的年齡反倒成了招牌。粉絲叫她「奶奶」，自稱是「孫子」。媒體排隊採訪「遊戲奶奶」（gaming granny）。柯芮有如深夜電台DJ，講話幽默風趣又溫暖，很願意和群眾一搭一唱。許多玩家都願意「砍下右手拇指」，來交換柯芮的線上追蹤人數。近日一則粉絲留言講出許多人的心聲：「奶奶，謝謝妳。妳的影片太棒了，讓我每天都像拿到禮物一樣。」

柯芮能夠成為YouTube直播主，進一步證明我們已經進入老年的黃金期。科技讓眾生平等。你只要身體還有力氣，能坐在螢幕前打鍵盤、握住遊戲手把，那就夠了。雖然在網路上自拍較盛行的園地裡，嫩模與小鮮肉還是較吃香，許多網路互動靠的是文字，因此一般會隨著年齡進步的特質也很重要，例如知識的豐富程度、社交敏銳度、文筆好。網路世界還提供重塑自我的機會，我們得以發揮自己的能力，好好利用人生下半場通常會帶來的全新開始。柯芮的網路化身「卡塔梅」，除了比她本人年輕五十歲，還是位男性。

伴隨老年而來的速度放慢，在網路上也是一種祕密武器，甚至在遊戲的世界也一樣。柯芮的年齡不只帶來新鮮感這項好處。她會在YouTube上爆紅，也是因為她玩遊戲採取不疾不徐的風格。她像個和善的導師，率領粉絲輕手輕腳穿越尼恩廢棄的碉堡，走過人聲鼎沸的市場。相較於年輕玩家習慣放上的閃電戰影片，柯芮的實況影片較長，有點慢速。柯芮表示：「我慢慢玩，注意到遊戲中每一件小事，評論這樣或那樣東西有多美。人們喜歡我的講評，因為我的話聽起來發自內心。我想對許多人來說，這種慢慢來的步調，帶來耳目一新的感受。」

像柯芮這樣的人士愈來愈多。科技日益主宰現代生活，網路空間也隨著人口老化。我的世代雖然成長於網路問世前的年代，今日我們上網的時間，幾乎和下一代一樣長。自二〇一〇年起，美國六十五歲以上人口使用社群媒體的比例，增至三倍以上，[1]而且使用目的不只是在 Pinterest 上看看家人的照片，還玩遊戲、教課與聽課、找男女朋友、參與群眾外包、帶領社會改革運動、遊說政府、成立新創公司、玩股票、寫部落格、販售或展示自己的藝術作品。我七十七歲的母親不管走到哪都隨身攜帶 iPad。

或許是真實年齡在網路上顯得更不重要，不論老少，與科技之間都有著相同的愛恨情仇。近日的英國網路調查顯示，十八歲至二十四歲之間的群組，有八九%的人表示自己的生活離不開網路。[2]這項調查結果不令人意外。然而，猜一猜六十五歲以上的群組有多少人不能沒有網路？答案是八四%。我母親到我家時，她盯著螢幕看的時間超過我青春期的女兒。同一份調查也顯示，新科技不斷快速出爐，不論是年輕人或年長者都感到追得有點辛苦。

柯芮和所有的千禧世代一樣，深刻感受到在網路上走紅的麻煩。這些日子以來，她花在與粉絲交流的時間，多過玩心愛的《上古卷軸V》。她追憶過往的美好日子：「我以前可以專心玩好幾個小時的遊戲不用停，現在再也沒有時間為了自己而玩，我很想念從前的時光。」此外，網路也占據了運動的時間，柯芮再也無法到對面的健身房使用跑步機，也不會在家附近蹓躂，有時甚至一整天足不出戶。「我和很多人一樣，掉進相同的陷阱。」她嘆了一口氣，「這種事不管幾歲都會發生。」

❖

職場上，年紀大的人碰上科技產品就沒轍的刻板印象，正在過時。Dropbox 針對四千多名資訊科技專家所做的調查，[3]發現情況剛好相反：五十五歲以上的人士在接觸科技時，壓力比年輕同仁小。北卡羅萊納州立大學（North Carolina State University）的研究人員證實，程式設計師的知識與技術會隨時間成長[4]——五十多歲的人擁有的軟體平台知識，通常不輸（或勝過）二十歲的小夥子。法國盧昂商學院（Rouen Business School）教授尚．普拉隆（Jean Pralong），找到四百位二十多歲至六十多歲教育背景相似的人士，分析他們的工作表現，竟然發現年長員工掌握新科技的速度和年輕人一樣快。[5]

以羅恩・艾爾（Ron Ayers）為例，他在設計轟炸機與飛彈多年之後，將空氣動力學的知識運用於打造飛速車。二〇〇六年，他的發明創下柴油機的路上速度紀錄，時速達到三百五十英里。現在他設計的車，地面時速達到了一千英里，預計二〇一九年可推出。到時艾爾將是八十七歲。人們問艾爾是如何持續追上所有的科學新知與機械知識，他的回答很簡單：「我和科技一起與時俱進。」

前文提過的保險員瓊斯也一樣。六十九歲的她，和數位原住民沒兩樣，在臉書上十分活躍，日常生活中一碰到問題就立刻查 Google。她的 iPhone 下載了大量 app，自動提醒她最喜歡的運動（大學美式足球）的賽事分數。瓊斯在 Craigslist 上買辦公桌，擺在她亞利桑那州的公寓裡，充當雙螢幕工作站。此外，她喜歡和打 game 的孫子聊科技。瓊斯表示：「我對遊戲一竅不通，但我懂的東西足以和孫子聊電腦，你知道，聊我們喜歡什麼、不喜歡什麼。」

顧問這一行競爭激烈，瓊斯為了找到工作，不得不跟上保險產業的最新科技。我詢問她的近況時，她正要去學一個叫「Epic」的新型複雜管理系統。瓊斯表示：「那真是很強的一套軟體，好先進，但我學起來不是問題。公司那位負責科技的先生會告訴你，我算是好學生，學習速度比有些年輕同事還快。」

瓊斯的優勢是長年和科技打交道。她二十多歲時，前夫在家裡擺放了大量的科技產品，包括第一代的蘋果麥金塔電腦。此外，她從事銷售與零售業多年，接觸過一波又一波的科技浪潮。前文提過，如果年齡大了之後必須學習相近領域的新技術，人腦一樣表現優秀。然而，萬一我們和瓊斯不同，一生和科技不是那麼有緣，那麼上了年紀時碰到新科技會發生什麼事？是不是註定無法上手？

當然沒那回事。

著名報人雅利安娜・哈芬登（Arianna Huffington）在五十歲出頭時，第一次希望藉由網路，傳播新聞與民意。當時哈芬登是作家，對科技所知有限，但她並未因此放棄。該學的，她就去學。自己不足的地方，就聘請科技人才幫忙。哈芬登最後在二〇〇五年，也就是五十五歲時，成立了《哈芬登郵報》（*Huffington Post*），如今是全球最成功的新聞評論部落格。

好吧，各位看到這裡可能會覺得，五十歲出頭學科技還不算晚，畢竟賈伯斯研發

iPhone時的年齡，和哈芬登成立全球級部落格的年齡一樣。如果再老一點呢？

我為了找出答案，造訪了紐約西城的「長青星球」（Senior Planet）。長青星球首創「獨一無二的社區中心，率先藉由科技的力量，改善熟齡生活」，提供線上資訊與諮詢服務，從健康、約會、旅遊到時尚，無所不包。此外，長青星球也提供電腦課程給完全沒基礎的初學者。一天晚上，我跑去參觀課程，映入眼簾的是蓋帝圖庫很少會收錄的景象：十幾名六十二歲至八十三歲的人士，正在用iMac架設網站。整間教室鬧烘烘的，不時有人發出噓聲，要大家小聲點，但一點用也沒有：班上同學的情緒過於高漲。學員A摩拳擦掌，準備架設不必去美術館也能欣賞畫作的網站；學員B想在網路上販售珠寶；學員C想成立報導非洲農業的新聞網站。我身旁那台iMac的使用者是一名八十歲的女性，她等不及要用網路拓展自己的教練事業。她告訴我：「我這個年紀的人，打算以最理想的方式，把才能貢獻給這個世界，所以我得學會外頭的科技。再說了，學新東西很好玩——感覺好像又回到學校！」

除了我以外，在場唯一六十歲以下的人是老師陳今（Kin Chan，譯音）。陳老師今年二十六歲，穿著紅T恤，上頭印著長青星球的口號「怎麼老，由我決定」（Ageing with Attitude）。老師把每一樣東西都講解得很清楚，沒有一絲年輕人的不耐煩，但這堂課一開始就不是很順利。有的學員連最基本的東西都弄不清楚。光是要找到「開始」鍵，就已經手忙腳亂。還有人在滑鼠只需要點一下的時候，硬是點了兩下。老師要大家登入線上平台的帳號時，有一個人發現自己的帳號被鎖住。陳老師不由得提高音量：「請把你們的密碼，寫在你們的本子上！」

但是過沒多久，每個人都進入情況了。我因此想到，或許今晚剛上課時的一團混亂，不是因為學員上了年紀，而是因為他們不熟悉電腦這種科技。前不久，我看到一個電視節目找來一群青少年，讓他們使用昔日的科技。那些年輕人一頭霧水。有的不曉得如何用唱盤播放音樂，他們拿起唱針，左看右看，好像那是什麼奇花異草的莖。請他們以手動方式調整收音機頻道時，有的人嚇到臉色發白。那個節目的氣氛輕鬆幽默，旁白說：「看到數位原住民被類比科技弄得手足無措，可真是有趣。」沒人因此擔憂整個青少年世代的認知能力出了問題。然而，如果有一個超過五十歲的人弄不懂某種科技產品，就會因為年齡被鄙視。我們會不耐煩地發出「嘖」的一聲，交換心知肚明的眼神，覺得年紀大的人真沒用。

年齡歧視是錯誤的推論。事實上，每個人碰上不熟悉的科技時，都會有一段學習曲線。你學習曲線攀升的快慢，態度與資質的影響力超過年齡。那一點除了是學習研究得出的結論，也是陳老師在長青星球教了兩年書觀察到的結論。他表示：「學習新科技時，年齡只是數字而已。你的人格特質與聰明程度、你對電腦有多少興趣，這些事影響學習成果的程度，遠超過你幾歲。」

還記得前文提過的日本搞笑自拍皇后西本喜美子嗎？她七十二歲時，才第一次拿起相機。另一位日本女性若宮正子從銀行退休後，六十多歲開始使用電腦，接著又靠著線上教學，自學寫軟體程式。若宮正子因為找不到給老年人玩的手機遊戲，便自己設計一個。她依據日本的女兒節傳統，設計出以慢速播放並介紹「雛壇」（Hinadan，擺放女兒節娃娃的台子）的遊戲，蘋果因此邀請八十二歲的她參加開發者年會。若宮正子今日四處推廣在熟齡學習科技的重要性，跑遍全球接受採訪與演講。她在個人網站上傳她遊走各地的 vlog，還教大家用 Excel 創作藝術。

這個世界的科技日新月異。我看到若宮正子這樣的人士，再加上親自跑去長青星球上課，我對自己的老年生活樂觀起來。陳老師也有相同的感受：「我學到很重要的一課：不管相較於這個世界，你在某方面有多『落後』，只要你去嘗試，**總有一天**會跟上。這個心得給了我很大的信心。」

如果要真心相信這個心得，還是需要一些時間。即便是在長青星球（那個每張海報、每封電郵、每本宣傳冊都強調擁抱老年的地方），當學員學東西的速度不如想像中快的時候，有時仍會怪罪自己上了年紀。陳老師為了破除大家把事情推給年齡的心態，他會舉一位學員的例子。那位學員九十二歲，患有帕金森氏症，但在他的電腦基礎班與進階班成績都很優異，陳老師表示：「我不敢相信她學到那麼多東西！」

❖

科技能在老年帶給我們翅膀，讓我們超越老化的身體，參與這個世界。貞可直到生命的最後階段，仍在使用臉書與 YouTube，在阿拉伯世界累積了一群追隨者。在倫敦的安養院「南丁格爾之家」（Nightingale House），九十三歲的約翰・李奇（John Rich）用 iPad 瀏覽新聞網站，跟上全球時事。此外，他在網路上旅遊至遙遠的他方，用 Google Earth 造訪柏林的史得可立茲（Steglitz）街區，也是他小時候長大的地方。李奇還造訪了英格蘭的索美塞特郡（Somerset），那是另一個他曾定居多年的地方。他最近最想參觀塞席爾（Seychelles）、加勒比海，以及美國各地的高爾夫球場。李奇表示：「Google Earth 太不可思議了。我坐在這、在自己的椅子上，就能旅行到世界各地。」

伊妲・懷特（Ida White）則是盡一己之力協助他人。懷特生於紐約，成年後大都定居於美屬維京群島（US Virgin Islands，位於加勒比海波多黎各東部），擔任老師、諮商輔導員、電台節目主持人、政治活動家。懷特如今八十多歲，住在佛羅里達的奧蘭多（Orlando），但仍舊透過社群媒體，和第二家鄉保持聯絡。她在臉書上提供建議給近七百位朋友，其中許多人是她教過的學生，大家叫她「老師」或「懷特老師」。二〇一七年，颶風重創維京群島，懷特運用自身的災害管理經驗，傳授災後重建的竅門。懷特表示：「年齡不是臉書上人們第一件會注意到的事，那是很大的解放。我不必擔心自己幾歲，可以做自己。」

線上世界畢竟稱不上「年齡不是距離」的烏托邦。網路上的年齡歧視，就跟性別歧視、恐同、種族歧視一樣，隨處可見。前文提到的波蘭藝術家卜蘭放在臉書和 YouTube 上的東西，有時會引來謾罵老人的評論。許多年長的遊戲玩家仍然會隱藏真實年齡，以免招來辱罵老人的酸民。柯芮當初會選擇透露真實身分，單純是因為她愈來愈常與粉絲聊天。柯芮表示：「我想讓人們認識我，因為我想認識他們。如果你根本不認識那些人，在網路上聊天其實沒什麼意義——純粹是浪費時間。」柯芮說得很有道理。在網路上實驗不同身分其實很有趣，可以帶來解放，但如果你永遠都得假裝年輕，那就不一樣了。網路空間若要超越所有的界限，人人都必須感到受歡迎才行。

我和柯芮聊完天之後，碰巧找到一個協助我們順利老去的科技：你可以在智慧型手機上模擬老年的自己，或是在虛擬實境裡，和栩栩如生的老年版自己交個朋友。這種事聽起來是沒什麼的小樂趣，但研究顯示，這麼做可以縮減「現在的自己」與「未來的自己」之間的「基本情緒疏離」（fundamental emotional disconnect）[6]——讓你有動力替晚年做更理想的規畫，多運動、少拖延，甚至可以增強做人處事的道德感。

我問柯芮是否有興趣和虛擬版的未來的自己，多相處一點時間，她大笑：「我都這把年紀了，我想我已經是未來的自己。」柯芮說：「我對自己現在的樣子感到開心，也感到滿足。我喜歡現在的我。」每當我聽到有人這樣說，我的精神總會振奮起來，不論對方是年輕人或長者都一樣。不過，聽見長我三十歲的柯芮說出這樣的話，再度讓我想起，自從蓋茨黑德的曲棍球錦標賽之後，我心中一直默默疑惑的一件事：柯芮能活得快樂，是否是熟齡帶來的好處？或者該反過來講，她擊敗了年齡？

7 變老不是通往悲傷星球的單程票：不怕探索，愈來愈開心

和我一起變老！
最美好的歲月還在前方……

——英國詩人白朗寧（Robert Browning）

初春一個明亮的週日早晨，在西班牙東海岸的沉睡港口薩貢托（Sagunto），十幾名女性悄悄走過街頭。若是在一個世代前，這群女性的母親在這個時間，應該正朝著教堂走去，和教士與聖母瑪利亞的畫像一起待上兩小時。然而，這群五十歲至七十歲的女性，正準備參加一場非常不一樣的儀式：接下來一整天，她們將在市中心的牆壁上用噴漆塗鴉。

這場探險感覺像是一場女性專屬的聚會，嘰嘰喳喳的說笑聲之中，攙雜著一絲淘氣。一名塗鴉犯假裝擔心：「萬一被認識的人看見怎麼辦？」一人回答：「我比較擔心警察。我這麼老了，身體撐不住在監獄過夜。」另一人說，家人開始叫她「塗鴉奶奶」，大家笑成一團。

這群女性參加的是銀髮街頭藝術工作坊舉辦的活動，我也加入了。昨天我們學到世界各地的塗鴉史，還欣賞了著名塗鴉藝術家的作品照片，例如英國的班克西（Banksy）、比利時的ROA、西班牙的Escif。我們設計自己的簽名（在塗鴉界的術語是「tag」，又譯「簽名塗鴉」或「標籤塗鴉」），還製作了花朵、貓咪、城堡、洋裝、實驗室燒杯的塗鴉模板。

大家穿著避免弄髒衣服的罩衫、工人褲、不成套的二手衣，抵達立在帕蘭西亞河乾枯河岸（River Palancia）上的一道牆。那道牆很大，又是米色的空白一片，是塗鴉人士的夢幻畫布。我們利用紙膠帶，在光滑的混凝土上貼出長方形畫框，接著戴上口罩，噴上五顏六色：粉紅、青綠、黃褐、深藍、綠、黃、橙、白、紅、黑。我們噴自己的手，也噴出簽名及模板，再加上標語「薩貢托萬歲！」。不到一會兒工夫，我們的牆壁作品就像波拉克（Jackson Pollock，美國抽象表現主義藝術家，以滴畫聞名）與巴斯奇亞（Jean-Michel Basquiat，紐約塗鴉藝術家）的混亂組合。一名女性讚嘆：「這遠比做彌撒有趣。」大家再度笑到肚子痛。

薩貢托和許多西班牙城鎮一樣，塗鴉隨處可見。大部分塗鴉是為了表達政治意見，有的表現手法相當粗野。薩貢托的地方民眾圍過來，瞠目結舌看著我們的無政府主義壁畫。兩名拿著特大號海鮮飯鍋子的年輕女性停下來拍照。一名穿著萊卡衣的中年單車騎士，同樣拍下照片。一名父親告訴小貝比：「我們應該叫奶奶也來畫，感覺比看連續劇有趣多了。」一位老女士穿著最好的衣服，剛做完禮拜天的彌撒，在人行道上走來走去，檢視我們的作品，問問題，摸摸噴了漆的牆面，撿起沒人看管的噴漆罐，掂一掂重量。「這實在是太美了，尤其是在春日的陽光下。」她說：「我一直以為塗鴉是年輕人在做的事，但看到這個，讓我也想來試試。」

這場塗鴉工作坊是萊拉・賽索・羅麗格（Lara Seixo Rodrigues）的心血。三十多歲的她是來自葡萄牙的建築師。有一次，她在母國的街頭藝術節發現長者看到入迷，於是決定教他們彩繪城市的牆壁。在那之後，羅麗格就替世界各地五十歲以上的人士舉辦塗鴉工作坊，地點遍及葡萄牙、西班牙、巴西、美國。許多參加者是身障人士，有的靠助行器抵達，還有罹患失智症的人士。目前年齡最大的學員是一百零二歲。

我們一邊在薩貢托的牆壁上恣意揮灑噴漆，羅麗格一邊告訴我，她的目標不是挖掘銀髮版的塗鴉大師班克西。她表示：「這個計畫不只是跟藝術有關。年長者通常感到外界不歡迎他們。我的目的則是讓長者進入公眾眼中，去除年齡歧視者的刻板印象。人要完整活出生命，不去管別人怎麼想。」

前文提過，年齡增長會增進我們的社交能力，更能自在與人相處。現在告訴各位另一個好消息：年齡也會讓我們更能獨處。年紀愈大，我們一般愈能自在當自己，接受自身的優缺點，坦然面對厄運帶來的磨難。[1]我們終於明白，自己這輩子不會在溫布頓網球錦標賽奪冠，不會搭乘太空梭，也不會拿到羅德（Rhodes）獎學金，但其實沒關係。許多人年輕時害怕說錯話、做錯事，自我設限，但這樣的恐懼會隨著年齡消失。別人怎麼想我們，不再那麼重要，我們寧願依照自己的想法過日子。安．蘭德斯（Ann Landers）是美國家喻戶曉的專欄作家，專門替讀者解決疑難雜症，她寫過一段話：「二十歲時，我們擔心別人怎麼想我們。四十歲時，我們不在乎別人怎麼想我們。六十歲時，我們發現別人根本沒把我們放在心上。」

不是每個人的心路歷程都像蘭德斯說的那樣，有循序漸進的三階段。有的人很早就掙脫枷鎖，不甩別人說什麼，例如約翰．里頓（John Lydon）早在二十歲出頭，就在性手槍樂團（Sex Pistols）當主唱，隨心所欲地觸怒每個人，不管對方是皇室、媒體，還是自家團員都一樣。有的人則是相反，不管到了幾歲，永遠在煩惱別人怎麼看自己。然而，要是我們順其自然，年齡其實可以讓我們掌握「從心所欲而不踰矩」的藝術。

不在乎他人目光的態度，有時會惹惱身邊的人。二十五年前，我很不喜歡奶奶隨意批評我的衣服、我的髮型，以及我早期的事業選擇。現在我當爸爸了，我的孩子也覺得老爸講的笑話和跳舞姿勢，實在令人不敢恭維。不過，相較於不在乎帶來的美好解放感，那些只是小小的代價。

思想家老早就知道隨心所欲的好處。二十世紀初，英國作家維吉尼亞．吳爾芙（Virginia Woolf）也講過類似的評語：「他人之眼是我們的監獄，他人之見是我們的牢籠。」就連童書作家蘇斯博士（Dr Seuss）也有相同的感想：「做你自己，心口合一，因為會在意的人不重要，重要的人不會在意。」心靈勵志產業也大都遵守這項原則。

不在乎他人觀感，還會帶來不為小事煩心的好處。愛因斯坦因此有勇氣愛穿什麼就穿什麼。他說過：「我的年紀已經大到別人叫我穿襪子，我也不必穿。」此外，不在乎也能讓我們放手做出重大決定，例如離開不幸福的婚姻、辭掉人人羨慕的工作，或是和損友絕交。智利小說家伊莎貝．阿言德（Isabel Allende）七十多歲上TED演講，侃侃而談再也不必害怕違背他人期待，實在是很舒服的一件事：「我再也不必證明任何事，不必擔心我是誰、我想變成什麼樣的人，不用管其他人期待我變成什麼樣子。我感到如釋重負。」

那樣的如釋重負，的確讓我鄰居麥克的專欄漫畫事業容易許多。麥克的作品有時會惹惱讀者，例如涉及報社的編輯部立場時，在社群媒體上有可能被痛罵。不過近年來，麥克一下子就忘掉那些嚴厲的批評：「我以前想要討好所有人，所以每當讀者寫信告訴我：『報社怎麼會刊登你這種垃圾作品，他們應該把以前那個漫畫家找回來，他的東西比較好啊……』我以前會很難過，覺得自己不夠好，非常心痛，但現在我不在意了，因為我知道不可能讓所有人都高興，沒關係的。」

當然，耳朵太硬，知錯不改也不好。有的人完全不在乎別人怎麼想，自私自利。

失智症或其他嚴重的認知功能下降問題，也會導致無法控制衝動，帶來糟糕的結果。不過，要是拿捏得剛剛好，不在乎可以帶來你想要的人生。美國著名主持人歐普拉（Oprah Winfrey）被問到上了年紀最大的好處，她回答：「……自在當你想當的人，做想做的事。」

這樣的自由，對身處重視面子、強調合群的文化的人們來說，有如上帝的救贖。朴大鉉（Park Dae-Hyun）絕對贊同這樣的說法。朴先生在南韓首都首爾，做了近三十年痛恨的會計工作。我們約在首爾一家餐廳吃午餐聊一聊。在精心打扮、西裝筆挺的一大群上班族中，朴先生很好認。他穿著灰色休閒褲、寬鬆上衣，看起來好幾天沒梳頭了。當熱騰騰、賣相好到可放上 Instagram 的石鍋拌飯端上桌時，朴先生告訴我，他為什麼痛恨自己的工作，卻一做那麼多年。

朴先生是家族裡第一個上大學的人，因此他覺得有義務放棄小時候開餐廳的夢想，從事薪水穩定的工作。他之所以年復一年、日復一日地坐在辦公室，都是因為害怕辜負他人的期待——許多亞洲文化都深藏這種擺脫不了的恐懼。在韓國，你要是跟別人不一樣，會立刻收到譴責的目光。其實該說「我的」和「我」的時候，人們常常會說「我們的」和「我們」。朴先生每次一想到，要是自己不拿計算機、改拿砧板，其他人會有什麼反應，就一陣頭暈目眩。「我害怕讓別人失望，所以不敢追求夢想，包括我的父母、太太、兒子、朋友、同事，甚至是鄰居——我太擔心他們所有人會怎麼想。」不過，朴先生正好和專欄作家蘭德斯說的一樣，來到四十多歲，不再那麼恐懼。他終於下定決心的那一刻，發生在他嚼著桌上擺的二流石鍋拌飯。朴先生告訴我：「那一瞬間我突然覺得：**你知道嗎？我真的再也不在乎其他每一個人怎麼想。我不想要我的餘生繼續做無聊的工作，吃難吃的東西。**」幾個月後，朴先生剛過完五十一歲生日，便辭掉會計工作，目前在上附近的餐飲學校，學做好吃的石鍋拌飯。

發展事業第二春通常不容易。朴先生為了讓收支平衡，目前仍舊以自由工作者的身分接會計案。儘管他和太太已經省吃儉用，他們還是得從首爾搬到較小的城市，才負擔得起開餐廳的費用。朴先生表示：「你得做出犧牲，但你會甘之如飴，因為你在追尋夢想。如果有人考慮轉行，我的建議是就去吧。你會找出辦法的。」

我問朴先生，年齡是否讓他變成不同的人。他放下金屬筷想了想，摸了摸左手大拇指上的新刀疤。「不是那樣的。現在的我，反而比任何時候都更像自己。年齡給了我為自己而活、不用為他人活的信心。」

不畏懼世人眼光的精神，有時還能為公眾謀福利。有的人因為達到一定年紀，勇敢站出來說不能說的話、做犯忌諱的事，改變了歷史的走向。黑人民權鬥士羅莎・帕克斯（Rosa Parks）因為拒絕在阿拉巴馬的蒙哥馬利市（Montgomery）讓座給白人被捕，引發民眾聲援，那年她四十二歲。今日的我們，更是比史上任何時刻都需要挑戰現況、向強權說出實話。為什麼？因為今日的世界由花言巧語與表面工夫當家，謊言戰勝真誠，隨時都在作秀，網路同溫層讓我們聽不到不同的意見，推特群眾管制了意見、笑話、可以說的話，權力的鑰匙交給最能言善道、懂得煽動民意的人士，而改善盲從文化的方法，就是讓身邊有說真話的人。說真話的人不擔心別人怎麼想他們——長壽革命剛好提供了這樣的人士。如同英國知名的心理學家與心理治療師奧利佛・詹姆斯（Oliver James）所言：「老人直言不諱，敢說真話，令人耳目一新。這種特質相當寶貴。」

❖

薩貢托是個保守的地方，開心塗鴉的景象，令居民揚起眉毛，心生不悅。塗鴉通常是小混混在做的事，必須和警察在夜間玩貓抓老鼠的遊戲。就在我參加塗鴉工作坊的幾週前，一名地方青少年因為在火車廂上噴字被罰款。雖然市議會已經批准工作坊的藝文活動，老年女性在光天化日之下塗鴉的畫面，依舊引發不滿。塗鴉工作坊的成員表示：「讓民眾看到我們在外頭享受樂趣，做一點小小不合法的事，是好事一件，能破除老人很無聊、可以無視的刻板印象。」一名成員因為同事認不出戴上口罩的她而洋洋得意。「那個人認識我二十六年了，他嚇了一大跳。」也有學員很高興能在家鄉引發爭議：「我想帶孫子來看奶奶在街上作畫，但孩子的媽覺得這樣會立下壞榜樣。」

我問她是否想過為了媳婦，不參加塗鴉工作坊？

婆婆學員搖頭：「老實講，我真的不在乎媳婦怎麼想。我玩得很開心，她可以守在家裡，煩惱鄰居會怎麼想。」

工作坊活動快要結束時，一名學員的先生現身，他不敢插進圍觀的群眾，在一旁探頭探腦。他告訴我：「我真的很不喜歡這樣。我太太做這件事，聽起來的確是好事，但也是一種挑釁，而且別人會有樣學樣。說是塗鴉藝術，其實是隨意破壞公物。」他指著附近一道牆，上頭被黑色噴漆寫上歪七扭八的「屌」字，接著又走向忙著固定塗鴉模板的太太，大聲宣布海鮮飯煮好了、該回家了，但老婆看都不看先生一眼，回了一句足以總結工作坊自在精神的話：「海鮮飯可以等！」

❖

西班牙同時以海鮮飯和節慶聞名於世，而塗鴉人士完全進入了派對狀態：拋開世人目光，顯然樂趣多多。我完全可以想像貞可抓住噴漆罐一起同歡的景象。不過，薩貢托的笑聲引來較嚴肅的問題：這些在陽光燦爛的週日早晨挑戰刻板印象的女士，永遠都這麼快樂嗎？還是她們平日都過著哀傷的日子，工作坊不過是個迷你假期？被問到這個問題的每一位塗鴉學員，都異口同聲講了柯芮的答案：我滿意自己的生活。有的年紀較長的成員甚至說，現在是她們一輩子最快樂的時候。

我聽到這種答案的第一個反應是：她們是不是吸進太多噴漆了？畢竟變老通常會帶來不開心的事：活力不再，失去生育能力，樣貌不再年輕；認知功能減緩；親友過世；生病；時間滴滴答答流逝。大眾文化無疑強化了「老」等於「憂傷」的概念。想想蓋帝圖庫裡那些陰沉的老人照片，或是阿爾奇・邦克（Archie Bunker，美國影集《一家子》

〔*All in the Family*〕中的人物）、《辛普森家庭》的爺爺（Grandpa Simpson）、賴瑞・大衛（Larry David，美國喜劇演員）等美國情境喜劇裡壞脾氣的老傢伙。從codger（怪老頭）、crone（老巫婆）、curmudgeon（老不死的）、hag（女巫）到fogey（老妖怪），英文有各式各樣形容暴躁老人的詞彙，卻沒有代表「快樂老人」的名詞。在醫學界，情緒低落的老人比較不容易獲得心理治療，因為憂鬱一般被視為正常的老年現象。美國退休人員協會（American Association of Retired Persons, AARP）做過調查，[2]在十八歲至三十九歲的受訪民眾中，有四七%表示「人老了，憂鬱很正常」。

真的嗎？

我們都認識某個悶悶不樂的老年人，可能還認識好幾個。但那是常態嗎？不快樂是否為老化不可免的副產品？幸好這兩個問題的答案都是「否」。變老不是通往悲傷星球的單程票，絕對沒這種事。美國退休人員協會的同一份調查中，六十歲以上者，僅一〇%表示熟齡是人生的沮喪期。

年紀大，身體會走下坡，不過心理健康通常會隨著年齡漸入佳境。焦慮、沮喪、壓力的感受都會減少，[3]更有能力活在當下，而活在當下，又與更強的幸福感有關。雖然年紀愈大，死亡機率增加，我們對於死亡的恐懼通常也會下降[4]——即便是臨終前也一樣。研究人員比較末期病患書寫的部落格文章[5]，以及健康人士被要求想像自己即將死亡所寫的文章，最後發現末期病患的文字較為樂觀。由於不再那麼在乎別人怎麼想自己，會變得更誠實，而言行合一也能減少認知失調。聖地牙哥加州大學「健康老化中心」（Center for Healthy Aging）的主任、知名精神醫學與神經科學教授迪利普・傑斯特（Dilip Jeste）指出：「多數人以為，老年代表一切陰鬱無望，但實情並非如此。」

研究可以幫忙作證。芝加哥大學的研究人員發現，我們「非常快樂」（very happy）的機率每十歲升高五%。[6]全國性的調查顯示，英國成年人之中表示自己最快樂、生活滿意度最高的為六十歲以上者。[7]就連搖滾歌手湯申德也坦承，自己六十多歲的快樂程度，勝過他寫下流行音樂史上最具年齡歧視的經典歌詞的時刻：「我希望在年老前死去。」在全球各地，長期性的研究顯示，幸福呈U字型，[8]中年是谷底，接著五十多歲後又開始回升。就連貧病交迫的人，一般也呈現類似模式。此外，科學家甚至找到證據，黑猩猩與人猿同樣呈現類似的U字型，也就是說生命後期的幸福感，可能存在於我們的靈長動物基因之中。英國華威大學（Warwick University）經濟學與行為科學教授安德魯．奧斯瓦爾德（Andrew Oswald）表示：「這似乎是相當深層的現象，也是社會科學的一大謎團。」

由於「老」等於「憂傷」的刻板印象過於普遍，U型現象令許多人不敢置信。詩人歌德早期是徹頭徹尾的年齡歧視者，日後卻發現，原來「人在年輕時想要的東西，會在晚年找到」。文學家托爾斯泰晚年也發現，上了年紀，跟他所恐懼、小說家羅斯講的大屠殺相當不同。托爾斯泰寫道：「老年帶來大量出乎意料的美麗事物，我因此相信，晚年與臨終的歲月，也同樣出乎意料地美麗。」美國小說家艾倫．格拉斯哥（Ellen Glasgow）訝異自己的精神在晚年振奮起來，寫道：「在過去幾年，我又驚又喜地發現……人要一直到六十歲以後，才會真正明白生命的奧妙，接著可以開始過生活，不必再那麼緊繃，整個人好好活著。」一路活到九十一歲的建築大師萊特曾說：「我年紀愈大，人生愈美好。」

林京淑（Lim Kyoung Sook）瞭解萊特的感受。現年約六十五歲的她，已經在南韓的觀光勝地全州韓屋村，當了十一年導遊。遊客蜂擁而至，欣賞有著飛簷及尖頂的古代建築。年輕韓國人最近流行穿著朝鮮王朝時代的華麗古裝，在那一帶參觀街區。即便是平日，狹窄巷弄裡依然擠滿遊客，有的吃著烤雞肉串，有的擺姿勢拍照。我在一座有五百年歷史的宮殿和林導遊見面。她剛輪完七小時的班，身上穿著優雅的紅褐色上衣，苗條、活潑，臉上帶著電力十足的笑容，有如最開朗的表情符號。

林導遊告訴我，年紀帶給她兩樣意想不到的禮物：一是性格穩重起來，她變得更適合當導遊；二是她變得很快樂，她從來不知道自己可以這樣：「我年輕時相信老人都不快樂的刻板印象，所以當我發現根本沒那回事時，真是很棒的驚喜。」林導遊露出招牌笑容，「現在是我一輩子最快樂的時光。」

即便知道自己離死亡愈來愈近，也不一定會意志消沉——如果我們接受事實。研究顯示，不論幾歲，面對死亡會促使我們好好利用剩下的時間。那也是為什麼「死亡冥想」（death meditation）在歷史上的許多文化，都占有一席之地，包括日本、中國、伊斯蘭、佛教、希伯來、埃及、印度、希臘、羅馬。不丹有一句諺語，幸福之道在於一天思考死亡五次。達賴喇嘛表示：「分析死亡不是為了讓自己恐懼，而是為了珍惜這輩子的寶貴生命。」有一種倒數計時死亡的數位手錶叫「Tikker」，也是基於這種概念設計的。那種錶可以預估你的預期壽命，接著在你的手腕上倒數你剩下的時間。手錶公司的口號是

「好好活每一刻」。

當然，如果善終的可能性很高，我們比較容易思考死亡——幸好我們善終的可能性正逐漸提高。全球目前出現的新浪潮是在生命的尾聲，避免靠醫院或醫療設備苟延殘喘，也不再由專家決定生死，重新把決定權還給經歷生命最後階段的人。意思是，盡量由我們自己來決定要在何時、何地、以何種方式走過人生最後的旅程，身邊有誰陪伴。有了自主權，通常比較能善終。研究一再顯示，癌末或心臟病患者，如果停止治療、移到安寧病房，不但可以在臨終前少受一點折磨，也能再活久一點。[9]

不過，早在死亡來臨前，隨著我們年齡愈大，生活範圍可能愈來愈小，可做的事寥寥可數，同伴也會變少。這聽起不是什麼開心的生活，但實情通常正好相反。在我們的年輕歲月裡，由於人性使然，什麼都想試試看，多認識一些人，多累積經驗與知識。然而研究顯示，五十歲之後，我們的心不再那麼大，[10]只會關注真正重要的事。也就是說，那些再也無法帶來幸福的人事物，我們會學習放手。這不算損失，而是去蕪存菁，重質不重量。人際關係或許減少了，但繼續維繫的關係會帶來更多滿足感。奧斯汀德州大學的人類發展與家庭科學教授凱倫・芬格曼（Karen Fingerman）表示：「相較於年輕成人，年長者通常婚姻更幸福、更有支持他們的朋友，與孩子、手足起的衝突較少，與社交網絡中成員的關係也較緊密。」

生活若是簡化過頭，有時會造成晚年的社交孤立。英國最寂寞的年齡群組是七十五歲以上者，其中五分之二告訴研究人員，電視是陪伴他們最主要的形式。[11]美國退休人員協會的調查指出，四十五歲以上的美國人，有三五％感到寂寞。不過，寂寞雖然造成痛苦，甚至可能有害健康，威力不亞於肥胖或抽菸，[12]但變老不一定會寂寞。許多晚年社交孤立的例子，禍首不是年齡本身，而是現代生活造成的結果：從家庭結構產生變化、消費主義、貧富差距，到工作文化、居住方式與科技，都造成了影響。這也是為什麼每一個世代都感到寂寞。英國第二寂寞的年齡群組落在二十一歲到三十五歲，有五分之一的年輕英國母親永遠感到寂寞。在美國，與七十歲以上感到寂寞的人數相較，四十五歲至四十九歲的寂寞比例幾乎是兩倍，[13]而全美最寂寞的年齡群組是十八歲到二十二歲。[14]英國政府近日指派部長解決社交孤立的問題，指導原則便是「寂寞可能找上任何年齡的人，不分老少」。

此外，獨處不一定就等同寂寞。年齡帶來的另一項好處，就是我們會學著享受自己的陪伴——因此更想要獨處。我自己就是這樣。即便我仍舊喜愛社交，光是和自己相處就能獲得不少樂趣。以前我覺得一個人到餐廳吃飯或是自己去散步，是可憐、無聊或奇怪的事，現在卻感到是一大樂事。心理學家詹姆斯表示：「對許多人而言，獨處帶來極大的快樂。獨處不能和孤立混為一談。」換句話說，「範圍縮小」的人生，反而可能是更豐富的人生。

我問林導遊，她的生活圈是否縮小了，她點點頭，但看起來一點也不難過。林導遊表示：「現在我有更多時間可以留給自己，我覺得那樣很好。我已經在獨處與社交之間找到正確的平衡。」

❖

剛才提到的現象是怎麼回事？史丹佛長壽中心的創始主持人卡斯滕森一生研究年齡如何改變我們。卡斯滕森及其他學者的研究都顯示，不分年齡、收入、社會階級或種族，到了人生下半場，人類心理會朝更陽光的方向發展。卡斯滕森稱之為年齡帶來的「正面效應」。

杏仁核是大腦中呈杏仁狀的兩個小區域，負責調節「戰或逃」的反應。隨著年齡增長，負面刺激帶來的杏仁核反應會減少。也就是說，我們感受到不開心的情緒次數會減少。其他研究也顯示，年齡會讓我們更看向人生的光明面。舉例來說，如果被問到最近看過的電影，年紀大的人更可能以讚美（「演技不錯」、「音效很棒」）代替批評（「情節漏洞百出」、「虎頭蛇尾」）。我們年齡愈大，愈不容易讓某個挫敗（和朋友吵架、工作上不愉快）影響一整天的心情。此外，記憶會逐漸美化：[15]過了四十歲，我們回想好事的可能性多過於壞事。

這一切不代表我們老了之後，就會把頭埋在沙子裡。在反烏托邦小說《美麗新世界》（*Brave New World*）裡，「索麻」（soma）這種快樂丸用來麻痺公民，但年齡並非肉體上的「索麻」，恰恰相反。不同年齡的人看同一系列的影像時，他們的注意力都以相同的方式分布，看不開心照片的時間少於開心的照片。此外，我們不會失去感到傷心、後悔、憂愁、羨慕、羞愧、憤怒、恐懼的能力。年紀大仍然會有愁雲慘霧的時刻，只不過我們更能排解相關情緒。塞翁失馬，焉知非福。換句話說，我們的適應力變強。二〇〇五年，卡崔娜颶風（Hurricane Katrina）重創美國墨西哥灣的沿岸地區，數百萬人流離失所，研究災後情形的人員發現，最年長的倖存者處理情緒的能力遠勝過年輕的倖存者。[16]

沒有人確切知道，為什麼會有這樣的正面效應。有可能是大自然以這樣的方式協助我們面對死亡，也或者在遠古時期，生性樂觀的爺爺奶奶，讓我們的祖先有更大的生存機率。還有一種理論是，這個世界危機四伏，年輕時若能熟悉世界的黑暗面，有助於生存。卡斯滕森表示：「我們年輕時受到負面事物的吸引，因為那樣的資訊比較寶貴。」一個地方一旦多去幾次，我們就會放鬆一點——把更多注意力用在留意好的一面。

有的理論則認為，一路辛苦撐到老年，讓人鬆一口氣，帶來一種成就感。那或許可以解釋，為什麼當我們被問到是否願意按下時光倒轉鍵，回到數十年前，重溫年輕歲月，多數人都會堅定拒絕。我們或許會想念花樣年華時的長相與好體力，但很少人會願意重演一遍多年來背後的辛酸故事、好事與厄運、笑容與眼淚。寫這本書讓我發現，我也一樣。我喜歡自己二、三十歲時的歲月，但不想重來一遍。那種感覺像是無止境的下坡。我還記得年輕時有多焦慮，試著找到自己在世上的位置。此外，我珍惜所有的經驗，不管好的、壞的、醜陋的都一樣。所有經驗加在一起，使我成為今天的我。美國作家安妮・拉莫特（Anne Lamott）說得好，變老最大的好處，就是「我們整合了所有走過的年齡」。

此外，伴隨年紀而來的速度變慢，也能讓生活柳暗花明又一村。十九世紀的丹麥哲學家齊克果（Søren Kierkegaard）指出：「多數人太急於追求樂趣，反而錯過許多。」今日的速食文化，讓每一分每一秒都像在跟時鐘賽跑，扼殺太多樂趣——這一點足以解釋，為什麼全球各地都出現反彈。我花了十年以上的時間，走遍全球各地，推廣慢活運動。做事的時候放慢速度，通常能做得很好，也更能樂在其中。採取「慢慢來」的生活方式，不代表與世界脫節，只不過是以更鮮明的方式體驗這個世界。如同美國編劇家與藝人梅・蕙絲（Mae West）所言：「任何值得做的事，都值得慢慢做。」

實踐慢活理念有時並不容易。除了快步調帶來的腎上腺刺激難以戒除，慢慢來在我們的文化裡是很大的禁忌，以至於即便我們渴望放慢速度，通常會有深深的罪惡感，感到不好意思或害怕。然而，在人生下半場擁抱降速生活的人士，最終過著更開心的日子。芝加哥的高中化學老師約翰・塔伯特（John Talbot）天生是運動員，曾以高速運轉的人生自豪，從事多種運動，到處參加派對。一輩子上樓梯永遠都是用跑的，而不是用走的。塔伯特到了四十多歲時，體力開始下降，他很不高興：「我討厭慢下來，恨死了，恨死了，簡直恨死了。我第一次發現自己居然沒跑上樓，而是用走的，立刻改成一次跨兩階樓梯，一路衝上去。」不過這些年來，塔伯特逐漸接受降速——享受慢慢來的好處。他現年五十八歲，開始停下來檢視自己：「我現在更能活在當下，也更快樂了。當你慢下來，你會開始留意從前匆匆忙忙時錯過的一切事物。」

這個世界，以及我們的內心，永遠有更多東西等著我們去挖掘。那也是為什麼最快樂的人年紀大了之後，通常培養出一種健康的「坐不住」。當然，他們還是會回顧從前，重溫人生的精采時刻，湧出強烈的懷舊感，但他們不會陷在過往，一成不變。他們遵守法國哲學家亨利・柏格森（Henri Bergson）的建議：「要活就要變，改變是一種成熟，而成熟就是不斷重塑自我。」

變老的基本原則，其實就是North Face推銷高級戶外服飾的口號「永不停止探索」（Never Stop Exploring）。我們每一個人都是進行中的作品，尋求新的體驗能讓那件「作品」更完整。具備正確的精神，變老會讓人生變成彩色，而不是失去自我。前文提過，音樂人大衛・鮑伊即便因為癌症，英年早逝，他不曾失去探索與實驗的衝勁——他之所以能做到，原因與他泰然接受年齡有關。鮑伊說過：「如果你渴望青春，我認為你會變成刻板印象中的老人，因為你只活在回憶裡，你活在一個不存在的地方。我認為變老是很好的過程，讓你成為自己始終應該成為的人。」[17]

我喜歡「成為自己始終應該成為的人」的概念。從鮑伊的角度出發後，變老瞬間成為好事，而不是沉重的負擔。變老的意思，不再是令人憂鬱地一路朝墳墓前進，而是一場冒險或追尋——就跟電玩遊戲一樣，永遠有驚喜在下一個角落等你，有另一個要破關的級數，有更多形形色色的事物可以挖掘，裝滿寶物的寶藏箱正在迷宮的中央等著你。你不會腐朽，而是成熟；你不會失去過往的你，反而會找到真正的自我。美國詩人梅．薩藤（May Sarton）七十歲時被問到：「為什麼變老是好事？」她回答：「我現在處於一生中最像自己的時刻。」

我們輕輕鬆鬆就能把「永不停止探索」這句座右銘，變成人生的小祕訣：凡事勇敢面對；踏出舒適圈；學習新事物；往前看，不要往後看；接觸與你不同的人；參加課程；廣泛閱讀；跟上新聞與文化潮流；多累積新經驗，而不是倚老賣老。

❖

探索有時是很嚇人的事。儘管讓人害怕，只要毅然決然去做，就會發生好事。羅麗格親眼目睹有些學員來參加塗鴉工作坊時，因為自己心中的年齡成見，便畫地自限，認為自己永遠不可能學會使用美工刀或塗鴉模板，但不過是一眨眼的工夫，他們描圖、裁切、使用模板的架式，已經不輸經驗豐富的專業人士。羅麗格表示：「學員在一、兩個小時內，就像變了一個人似的，放下拐杖，手腳俐落起來。」

薩貢托的工作坊即將落幕，我們創作的牆壁藝術差不多可以收工了，一名開著警車的年輕員警靠了過來。塗鴉現行犯開始歡呼起鬨，好像看到脫衣舞男一樣，賣弄起風騷：「警官大人，警官大人，您有沒有帶手銬過來？」另一位學員嬌羞地獻上手腕，就連警察也忍不住跟著大笑。

這就是學者卡斯滕森所說的正面效應，令人心中一暖。接下來發生的事，卻又使我心情低落起來。一名少女用 iPhone 拍下我們的照片，我和她聊了幾句，問她是不是會立刻上傳到 Instagram，少女搖搖頭。「我只是拍給我奶奶看，她或許會想玩玩看塗鴉。」

我問少女，為什麼不打算把塗鴉工作坊的照片上傳到Instagram，少女不說話，一副為難的樣子。我和善地換個方式再問一遍，但聽到答案後，實在後悔追問，因為我心中一陣刺痛。女孩回答：「我不能隨便什麼照片都放在Instagram上，我正在努力增加追蹤人數。我沒有惡意，但你也知道，沒人想看老人。」

這一天，我們在公眾場合嬉戲狂歡，粉碎刻板印象，擴大正面效應，練習不在乎世人的眼光。然而，少女的話依舊像一把利刃，插在我這個中年人的心上。為什我會心痛？因為我害怕少女說的是實情。

8 以皺紋與白髮瀟灑示人：網路時代的銀髮熟男和美魔女

人過四十便談不上年輕，但不論幾歲都能魅力無窮。

——時尚設計師可可．香奈兒（Coco Chanel）

唐娜．麥古霏（Donna McGuffie）從來不是那種會參加選美的女孩。雖然她在美國南部長大，選美比賽在地方文化的重要性不亞於聖經與烤肉，她一輩子不曾夢想成為「XX小姐」。首先，她個子不高，就算穿了高跟鞋也一樣，但這不是重點。麥古霏實在是沒興趣穿著舞會禮服和比基尼，在一堆評審面前搔首弄姿。麥古霏說：「我從來沒去現場看過選美比賽，更別說要參加比賽了。我覺得那很好笑。你也知道啊，為什麼要做那種事？你如果很漂亮，就是很漂亮，不需要在台上走來走去，由別人來品頭論足。」

以上是麥古霏在內華達州拉斯維加斯榮獲國際選美皇后之後，告訴我的話。精心梳過的頭髮上，頂著閃閃發亮的皇冠，冠軍肩帶垂掛在禮服上，獎杯像一隻乖狗狗貼在她腳邊。其他參賽者上前和麥古霏擁抱、拍照，她則像小女生一樣喜極而泣：「沒想到我這樣的人，也能有這一天。」她刻意誇大南方人的說話鼻音，製造喜劇效果：「我身高才一五二公分，還是阿拉巴馬人！」此外，麥古霏今年六十五歲。

我們在前幾章已經探討過，從網路到職場，長壽革命是如何改變一切。魅力的法則也在改變。二〇一七年的那一天，麥古霏在拉斯維加斯打敗六十一歲至九十四歲的對手，奪下史上第一屆長青環球小姐的殊榮。麥古霏表示：「在我的成長過程中，漂亮代表你是有著古銅色肌膚的金髮長腿妹妹，不過今日美麗的標準確實放寬許多。人們開始發現，任何年齡的人都可能是魅力十足的美女。」

話雖如此，拉斯維加斯顯然尚未跟上時代。我在見證麥古霏奪冠前，先到著名的賭城大道上晃了一圈。巨大的螢幕上，閃爍著脫衣舞與色情馬戲團的廣告。馬路上，貼著「女郎直送」的俗豔宣傳車緩緩行駛，脫衣舞與妓女的名片有如林地裡的落葉，四散在人行道上。每走幾步路，就會看到上空示人的猛男、只著丁字褲與流蘇胸貼的小妞，在路旁發傳單，擺出帶著色情暗示的姿勢與遊客合照。拉斯維加斯提供名副其實的肉體饗宴——而且全是鮮肉。沒有皺紋、老人斑、白頭髮、橘皮組織、靜脈曲張，也沒有難看的贅肉和鬆弛的皮膚。就連歌手席琳·狄翁（Céline Dion）等有年紀的表演者，演唱會海報上的照片也都修過，看起來青春永駐。我坐下來觀賞長青環球小姐選美比賽時，想起薩貢托那名少女說的話：**沒人想看老人**。

老人的魅力不如年輕人，這不是什麼新鮮事。巴西南比克瓦拉（Nambikwara）原住民的語言中，有一個字可以同時代表老人與醜人，另一個字則同時代表年輕人和帥哥美女。[1]古希臘的喜劇作家阿里斯托芬指出，女人過了一定年齡，就像「髒兮兮的舊皮囊」，只能帶給男人「醋渣、鬍子與口臭」。一千五百多年後，協助開創科學研究法的方濟會修士羅傑·培根（Roger Bacon）表示，男人「過了四十歲的巔峰」，長相就會開始令人敬謝不敏。喬叟的《坎特伯里故事集》中，巴斯太太表示年輕是魅力的必要條件：「年齡摧毀一切，帶走了我所有的美貌和所有的精華。」

裝年輕若是裝過頭，也會遭受最嚴厲的批評。十七世紀的法國劇作家拉辛（Racine），嘲諷一個一心追求年輕貌美的角色：[2]「她努力塗脂抹粉，妝點面容，修復年齡帶來、不可能挽回的無情痕跡。」法國一八〇〇年的一幅畫，[3]也傳達差不多的概念：兩名老女人在化妝，一個在塞假胸部，另一個在描眼線，而眼角布滿了魚尾紋。兩人的年輕女僕看著畫外的我們，臉上是偷笑的憐憫。

人間對年華老去的臉龐及肉體充滿惡意，也難怪最早的正統醫學文獻，就在承諾能留住青春。《艾德溫・史密斯紙草文稿》（Edwin Smith papyrus，可能是埃及第一位留名的醫師傳下來的醫學文獻）在近五千年前立下範本，提供「讓老年男性回春的方法」：將建議的藥材混合之後，製成藥膏，存放於半寶石盒中（半寶石是指硬度較寶石低、價格亦次之的美麗礦石）。《文稿》中滔滔不絕的說明文字從開頭便強調驚人的效果，直到對實際療效含糊其辭的最後一句話，讀來有如今日的化妝品廣告：「搽在人體身上，可以移除頭部的皺紋。使用後，可以美化皮膚，移除瑕疵，填補缺陷，去除所有老化徵兆，身體變得完美無瑕。先前大量的試用結果都證實有效。」在那之後的五千年間，人類為求留住青春，不只試過乳霜，還用水果與花朵製成藥水，其他五花八門的法子更是不勝枚舉。埃及豔后每天用驢子酸奶洗澡；伊麗莎白女王時代的英格蘭女性，在臉上敷生肉片；法國貴族一直到大革命前夕，都用紅酒洗滌皮膚。其他人也為了避免拉辛所說的「不可能挽回的」歲月痕跡，吃下或塗抹稀奇古怪的物品，堪比女巫熬煮的鍋中物，包括鶴鳥蛋、鱷魚糞便、猴腦、獅油、蜘蛛網、蚯蚓、珊瑚、蛙卵、蠍油、尿液、蜜蠟、沼澤泥巴。

有的人甚至為求青春容顏，不惜在祭壇上犧牲性命。十六世紀，法國亨利二世的情婦黛安・德・波迪耶（Diane de Poitiers）以晶瑩透亮的肌膚名滿天下，宮廷大臣讚美她，直到六十多歲，依舊如同三十歲般「明豔動人」，皮膚「白皙無瑕」。她駐顏有術的祕方是什麼？每天喝一杯氯化金與乙醚的混合物，最終慢性中毒而亡。「愛美不怕流鼻水」實在只是小意思。

幾百、幾千年過去了，但一切都沒變。今日男女皆然，為保青春活力，無視於罹患心臟病、第二型糖尿病、數種癌症的風險增加的警告，使用人類生長激素。[4]成千上萬的人更是求助於化學物質與外科手術，例如拉皮、肉毒桿菌、微晶磨皮、化學換膚、玻尿酸，全球抗老產業每年的產值，大概很快就會達三千億美元。人們愈來愈早開始害怕皺紋。幾年前，青少年專用的「抗老」化妝品，如雨後春筍般出現在沃爾瑪超市（Walmart）的貨架上。以肌膚白裡透紅出名的女演員史嘉蕾・喬韓森（Scarlett Johansson），二十歲就在用抗皺霜。她表示：「你很難沒有壓力，好萊塢的每個人都那麼美。」我幫她翻譯一下：美和青春密不可分，缺一不可。

也難怪當臉上出現第一條皺紋、頭上冒出第一根白髮時，我們便驚惶失措，覺得人生完蛋了。也難怪我們會用「Visage Lab」等修圖 app，把自己放在網路上的照片弄得年輕一點。也難怪別人把我們的年紀猜得較低時，我們會心中竊喜。這一點，我和所有人一樣，自欺欺人。不久前，我把自己一張大頭照上傳到能估算你幾歲的網站上，結果演算法得出的年齡，比我的實際年齡小八歲，我樂不可支，手舞足蹈。我把這件事告訴亞普懷特，也就是前文提到、致力打擊年齡歧視的作家。亞普懷特給了我一個同情的微笑。亞普懷特今年六十五歲，人們也常常讚美她看起來不像六十五。亞普懷特表示：「我們內化了年齡歧視，因此當別人低估我們的年齡時，我們很難不當成好話。想讓自己看起來很棒，沒什麼不對，但如果目標是看起來很年輕，那就是問題了。目標應該是讓自己健康，而不是年輕。」

要讓「看起來狀況很好」與「看起來很年輕」脫鉤，大概是長壽革命最困難的挑戰，畢竟人類的本能是喜愛青春，以及青春代表的生殖力。我們看見水嫩的肌膚、光滑的秀髮、飽滿的嘴唇、潔白的牙齒、靈活的體態時，自然感受到的悸動，正是人類這個物種能繁衍下去的原因。如同法國作家西蒙・波娃（Simone de Beauvoir）所言：「每個社會都傾向於使自己不斷存續下去，高度讚揚與年輕密切相關的力量與生殖力，害怕下降的生育能力與年齡帶來的衰老。」[5]

從大自然出發的觀點，可以解釋人類藝術為什麼總是歌頌年輕美女，也能解釋被譽為醫學之父的希波克拉底，除了忙著替現代醫學打下基礎，為什麼還要分神做起研發抗皺霜的副業。此外，也能解釋，當我們年過五十，為什麼幾乎三十歲以下的每個人，在我們眼中都有點漂亮或俊美。甚至還能解釋，為什麼我們有辦法從一個人的外表或身上的氣味，神奇地猜出對方的年齡。[6]

然而，欣賞年輕相當不同於把青春當成魅力的先決條件。我們製造出「年輕才美」的潮流時，每個人都深受其苦：老人對於自己不再青春感到羞恥，年輕人則是覺得每過一天，自己的市場價值又下降一點。

破解年輕迷思的第一步，就是讓年齡歧視成為禁忌——這個世界目前也的確朝著此一方向前進。二〇一六年，《花花公子》（*Playboy*）的年度玩伴女郎達妮・馬瑟斯（Dani

Mathers）到洛杉磯一家健身房，運動她被無數攝影機追逐的年輕身體。她在換衣服時，看到淋浴間旁有一個七十一歲脫下衣服的女性，覺得那幅畫面噁心又滑稽，於是用手機拍下，加上標題：「如果我沒辦法視而不見，你們也不行。」二十九歲的她做了對照圖，放上眼睛瞪大、佯裝驚恐；手摀住嘴偷笑的自拍照，上傳至Snapchat。

馬瑟斯按下圖片上傳鍵時，心裡在想什麼？她可能覺得沒什麼大不了，大家都這樣，嘲笑別人又老又醜是歷史悠久的傳統，可以一路回溯至伊拉斯謨（Erasmus，文藝復興時期的古典學者）、普勞圖斯、奧維德（Ovid，古羅馬詩人）、荷馬（Homer，古希臘吟遊詩人）、賀拉斯（Horace，羅馬帝國詩人）。或許馬瑟斯還以為，自己的對比圖會引發哄堂大笑及掌聲，就和兩千多年前希臘喜劇作家阿里斯托芬的作品一樣。如果馬瑟斯當初心中是那麼想的，顯然事情的發展證明她大錯特錯。馬瑟斯在Snapchat上公開自己偷拍他人的照片後，引發軒然大波，一名推特用戶大喊：「這是仇恨罪。」其他網友紛紛叫道：「丟臉的行徑。」許多人要求讓馬瑟斯從模特兒界消失、不准進入健身房，還要坐牢。

事情在社群媒體上愈演愈烈後，馬瑟斯努力止血，發表公開聲明致歉，接受輔導並參加反霸凌課程。不過，法律該辦的還是得辦。她最後透過協商，躲過侵犯隱私的牢獄之災，緩刑三年，做三十天清理塗鴉的洛杉磯社區服務。此外，她不得攜帶手機進入任何人們可能處於裸體狀態的場所。在網路上放上他人照片前，必須先取得當事人的明示許可。最後，她必須買一個新背包賠這次的淋浴間受害者，好替換大眾在照片中看過的那一個。

這則故事告訴我們什麼事？首先，民眾的心態正往好的方向轉變。古希臘的阿里斯托芬一定會覺得，馬瑟斯付出的代價莫名其妙，但嘲笑別人擁有「老扣扣」的身體，或是嘲笑別人身材不如馬瑟斯，在今日都是不被接受的事。

就連一度毫不掩飾年齡歧視的產業，也開始小心行事。在民航機的早期歲月，航空公司招募年輕的空服員時，會用性感空姐的照片四處廣告。還記得美國國航（National）充滿性挑逗的廣告詞嗎：「我是蘿拉，想去邁阿密的旅客，歡迎和我一起直上雲霄。」許多航空公司今日允許機組人員年過五十歲，依然可以繼續工作，但過往的偏見並未一下子消失，廣告上出現的模特兒仍是沒皺紋的年輕人。二〇一七年，卡達航空（Qatar Airways）的執行長阿克巴爾・艾爾・貝克爾（Akbar Al Baker）在一場愛爾蘭的晚宴上演講，取笑美國航空公司的空服員很少有妙齡女子，乘客「老是被大媽服務」，「不像我的機組人員平均年齡才二十六歲。」

貝克爾那次的失言同樣遭受撻伐，產業龍頭出聲譴責。貝克爾和偷拍的馬瑟斯一樣，被迫公開道歉。他有點言不由衷地表示，自己先前的發言「太不小心」，「我其實沒那個意思。」「不論是哪家航空公司，機組人員的專業素養、技能與服務熱忱才是最重要的特質。」貝克爾表示：「我不該暗示年齡等其他因素與當空服員有關。」

愈來愈多人認同年齡不重要，自然是好事。然而馬瑟斯和貝克爾被抵制，不代表年齡歧視已經死透——還早得很。涉及性別歧視、恐同、種族歧視的言論，今日早已成為大忌，但是還有很多人抱持那些歧視。人們發表的公開譴責，以及他們私底下想的事與做的事，中間通常有很大的鴻溝。馬瑟斯絕非世上唯一看到她那張 Snapchat 對比照之後笑出來的人，也不難想像其他人看到七十一歲的女人裸體，會跟馬瑟斯一樣暗自感到反胃。同樣地，貝克爾不是唯一抱怨空服員很老的航空公司主管或乘客。

然而，事情正在轉變。

另一個帶來希望的徵兆是「抗老」（anti-ageing）一詞，今日也遭受前所未有的批評。消費者與部落客已經不滿這個詞彙很長一段時間。britishbeautyblogger.com的創辦人珍・康寧韓（Jane Cunningham）表示：「把年齡當成需要『治療』的東西，不過是讓三十歲以上的人沮喪，毫無意義。美涉及眾多元素，不是只有年齡而已。」

那樣的思考在二〇一七年成為主流。美國時尚雜誌龍頭《誘惑》（*Allure*）昭告天下，《誘惑》以後再也不用「抗老」一詞。當月的封面模特兒是容光煥發、一身Carmen March無皺褶白洋裝、以皺紋瀟灑示人的海倫・米蘭。李米雪（Michelle Lee）在「總編輯的話」提到，變老涉及的事，遠遠超出重新思考我們在鏡子裡看到的東西。「我不會欺騙大家，宣稱與變老相關的每一件事都值得歡呼。八十歲和十八歲不一樣，但我們不該再把人生想成一座山丘，年過三十五就一路走下坡。」李米雪寫道：「跟我一起說：變老很美好，因為能變老，代表我們有機會每天都活出圓滿的幸福生活。」

李米雪接著談到容貌：「我希望有一天大家都能明白，美不是年輕人的專利。」李米雪主張，所有人都能藉由改變自己的講話方式，出一分力：「語言很重要。講到女人的時候，如果是四十歲的人，人們通常會加上限定語，例如『她看起來很不錯……以她的年紀來講』、『她很漂亮……那麼老了，保養得不錯』。下次各位發現自己冒出這樣的話，可以想一想，是否可以只說前面那句就好：『她看起來很不錯……』。」

李米雪並非孤軍奮戰。在她提出呼籲的四個月前，《時人》（*People*）雜誌票選當時四十九歲的演員茱莉亞·羅勃茲（Julia Roberts）為「全球最美麗的女性」。愈來愈多年長女性出現在模特兒伸展台上，還成為美容品牌的大使。卡門·戴爾·奧利菲斯（Carmen Dell'Orefice）八十多歲時，登上《Vogue》與《柯夢波丹》（*Cosmopolitan*）封面。倫敦、巴黎、紐約、米蘭的「二〇一八春季時裝秀」上，五十歲與六十歲的模特兒人數破紀錄。[7]就連原本多年來只刊登年輕裸女的著名倍耐力（Pirelli）月曆，現在也朝同一個方向發展。二〇一六年的月曆由美國知名肖像攝影師安妮·萊柏維茲（Annie Leibovitz）掌鏡，只有一個月份的畫面有裸露，其他月份都衣著完整；這些模特兒由藝術、商業、運動、新聞等各行各業的傑出女性擔任，每個人的身材、種族及年齡各異，傳達出一個明確訊息：只要你有風格及個性，有故事可講，不是只有年輕人能成為魅力星球的居民。萊柏維茲表示：「一個正在消失的刻板印象是年紀大的女性不可能美麗。」倍耐力在二〇一七年更上一層樓，刊出二十八歲至七十一歲的女性，不裸露、不修片，將對抗年齡歧視定為宣傳主軸。該年負責掌鏡的攝影師彼得·林白（Peter Lindbergh）表示：「我身為藝術家，我感到有義務協助女性掙脫必須永遠青春與完美的概念。」演員凱特・溫斯蕾（Kate Winslet）也是那一年的月曆模特兒，她堅持露出手背，因為她喜歡那個部位展現出她四十歲的老化樣貌：「人們永遠在想辦法讓我們看起來像年紀不明顯的四十歲，或是比較健康、年輕版的五十歲。」溫斯蕾問：「難道就不能展示真正的四十歲、五十歲、六十歲？」

愈來愈多時候，答案是「可以」——不論男女都能以真正的年齡示人。多元推廣運動讓非白人、跨性別、失能、大尺碼的模特兒，受到鎂光燈的矚目，年長模特兒的經紀公司如雨後春筍般出現。以 Oldushka 模特兒公司為例，Oldushka 是「old」+「babushka」的混合字，old 是「老」，babushka 則是俄文的「祖母」。這間位於莫斯科的模特兒公司，源自於攝影師伊格・賈伐（Igor Gavar）在西伯利亞的家鄉鄂木斯克市（Omsk）拍攝老年人街頭時尚的嗜好。Oldushka 今日旗下有十八位男女模特兒，年齡從六十歲到八十五歲不等，他們的臉龐登上俄國各大雜誌內頁與廣告宣傳。賈伐背負的使命是摧毀年齡歧視帶來的刻板印象，改變「魅力」這兩個字的基本意義。他表示：「我想讓世人看到，年長者也能在時尚產業工作，有皺紋與白髮的他們同樣也很美。」

許多年長人士證明了賈伐所言不虛，在社群媒體上化身為時尚與美容網紅。七十歲世代的琳達・羅丹（Linda Rodin）在Instagram放上自己穿流行服飾的照片與影片，以及她和貴賓狗寵物威克斯（Winks）在曼哈頓的生活，追蹤人數超過十萬。羅丹的對手包括五十歲世代的安娜・黛洛・羅素（Anna Dello Russo，一百四十萬追蹤者）、六十歲世代的莎拉・珍・亞當斯（Sarah Jane Adams，十五・七萬追蹤者）、八十歲世代的海倫・露絲・凡溫寇（兩百三十萬追蹤者）。Instagram上的當紅男子組代表有五十多歲的尼克遜・伍斯特（Nickelson Wooster，七十五萬追蹤者）與六十來歲的大衛・艾文斯（David Evans，兩萬四千追蹤者）。這群網紅對自己的老皮囊完全感到自在，拓展了魅力在世人心中的定義。羅丹一輩子不曾染髮，還向肉毒桿菌及其他填充物說不。伍斯特臉上有皺紋，頭髮灰白。《我們週刊》（*Us Weekly*）的美容總監葛溫・弗萊博（Gwen Flamberg）表示：「精神比年齡重要。」

以上會不會只是媒體小題大作？不是的，因為角色模範很重要。當我們看到和我們相似的人被公眾稱讚，我們就比較容易接受自己，高興自己是這樣的人。種族、性別、性向、膚色、身材——還有年齡，都是一樣的道理。每當我看到傑夫・高布倫（Jeff

Goldblum，美國演員，一九五二年生）或丹尼爾・戴路易斯（Daniel Day-Lewis，英國演員，一九五七年生）充滿熟男魅力的照片，我都會覺得變老其實不是什麼壞事。長青選美皇后麥古霏每次看到熟齡演員米蘭或網紅羅丹的照片，都會感到振奮：「她們讓我們這些平凡人對自己的年齡與外貌更感到自在。」此外，她們也讓年輕人不再覺得變老是非常恐怖的事。二十四歲的人看到高齡名人羅素或王德順，心裡會想：**等我到了那個年紀，也能像他們那樣。**

在伸展台及自我展演的社群媒體以外的真實世界，「魅力」的定義正在放寬。大眾除了追逐卡戴珊一家人（Kardashians，美國以大胸與豐臀聞名的母女名人）、妮姬・米娜（Nicki Minaj，美洲饒舌歌手）、伊琪・亞薩莉（Iggy Azalea，澳洲饒舌歌手）等名人前凸後翹的身材，現在也有許多女性開始練舉重，因為苗條已經不夠，還要健美。奧地利變裝皇后孔奇塔（Conchita）穿著金色女裝，贏得二〇一四年的歐洲歌唱大賽（Eurovision Song Contest）。一年後，網路出現喜歡「老爸身材」（dad bod，一般中年男性微微發福的身材）的熱潮。二〇一八年，跨性別模特兒首度登上德國《花花公子》封面。愛丁堡大學人類學教授亞歷山大・埃德蒙斯（Alexander Edmonds）表示：「文化深深影響著你是否覺得某種畫面性感誘人，相關標準會隨著時間變化。」

安德莉婭娜．柯特（Adriana Corte）同意埃德蒙斯的文化說。今年六十二歲的她，從小到大都住在巴西聖保羅，由於身材苗條、品味過人，又擁有迷死人的笑容，走在街上永遠被路人投以羨慕的眼光——但四十多歲後，一切的讚美戛然而止。誰知又過二十年後，柯特感覺世界有了變化。她表示：「人們又開始看我了，現在我走在街上，常有比我年輕的人攔下我，讚美我的打扮、髮型，或是整體的樣子，而且男女都有。」有一天，一名少女詢問柯特能不能和她合照，她想上傳到Instagram帳號。柯特表示：「少女告訴我，我是她那天見過最有魅力的女人。」

女性美的新聖杯是散發健康光澤，不是完美無瑕的年輕肌膚。萊雅薇姿實驗室（Vichy Laboratories at L'Oréal）科學長艾莉莎．賽門佩特莉（Elisa Simonpietri）表示：「對於老了之後的樣貌，女性的期待已經改變。我們不再執著於除皺。」瑞貝卡．凡勒泰（Rebecca Valentine）目睹廣告業也出現相同的轉變。她在二〇一二年成立「銀髮模特兒經紀公司」（Grey Model Agency），目前旗下有三百位年長的男女模特兒。凡勒泰表示：「我們都喜歡看美的事物，這一點永遠不會變，不過隨著我們擁抱多元文化與美好的多元社群，我們對於美的概念一直在變。年輕與無瑕肌膚不再是人們唯一渴望的事物，智慧、經驗、美好人生也是好東西。人們對皺紋的看法正在改變：現在客戶要的是容光煥發的感覺，有沒有皺紋倒是無所謂。」

容我們再大聲講一遍：**有沒有皺紋倒是無所謂**。雖然聽起來有點膚淺或瑣碎，這其實預告了海倫·米蘭在二〇一七年倍耐力月曆推出時所呼籲的「文化轉變」。畢竟學習與皺紋共存，把皺紋視為馬克·吐溫所說的「微笑曾經出現的地方」，將是認為皺紋有魅力的第一步。

白頭髮也一樣。人類從很久很久以前，就在想辦法阻止毛囊變白。亞述人在公元前一千五百年，記錄了去除白髮的療法。自古埃及時代開始，染色用的指甲花（henna）是中東常見的美容用品。到了二十世紀下半葉，去除頭上的白髮已經成為西方女性的禮節。第一屆長青環球小姐的參賽者中，包括最後的冠軍麥古霏，有一半都去找了染髮師。前文提過的老年學專家普萊斯認為，染髮助長了年齡歧視。普萊斯表示：「四十五歲的女性沒有任何人是白髮，即便她們頭髮全白。全球所有的女性都參與了這起龐大陰謀，不讓年輕人瞭解，發生在他們身上的事完全正常。青少年還以為只有祖母是白頭髮，也因此，當他們來到三十多歲開始冒出白頭髮時，都會大驚失色。」不過，有跡象顯示潮流正在改變。

金・卡戴珊（Kim Kardashian）、歌手蕾哈娜（Rihanna）、名模凱特・摩絲（Kate Moss）等名人，近日頂著白髮到處跑。英國版《Vogue》的三十多歲美容主編莎拉・哈利斯（Sarah Harris）以白髮示人，Instagram 上的年長網紅也一樣。全球各地二、三十歲以上的女性，正在取消染髮預約，在書籍、部落格、YouTube 影片上，用 #greyhair journey（白髮旅程）等主題標籤，記錄自身的轉變結果。法國記者蘇菲・馮妲奈兒（Sophie Fontanel）近日將自己頭髮變白的過程，寫成反映時代精神的《出現》（*Une Apparition*）。該書出版後沒多久，英國的美容專欄作家安潔拉・巴托夫（Angela Buttolph）宣布：「……白髮不再是『放棄努力』。白髮時髦、高雅、誘人，不論你幾歲都一樣。」

然而，如果海倫・米蘭說的沒錯，文化正在轉變，但也僅僅是起頭而已。被稱讚重新定義老年美的女性，大都依然符合相當狹隘的審美觀：高䠷、纖細、白皙、對稱、健康。此外，她們請得起最好的皮膚科專家、個人教練、營養師、大廚、化妝師、攝影師，有時還會修片，讓自己更上相。這種現象的風險是我們又創造出不可能做到的新型期待。就如同超級運動員可能讓一般人望塵莫及，乾脆放棄追趕，超級美魔女也可能讓人感到努力無用。並不是每個人老了，都能變成海倫．米蘭或丹尼爾．戴路易斯。紐約三十多歲的平面設計師兼饒舌歌手香東妮．埃克薩姆（Shanthony Exum）表示：「我很高興人們現在聘請更多年長的模特兒，但美的定義依舊相當狹隘，和多數人一樣變老的其他人士，因此感受到壓力。我們必須讓媒體呈現各式各樣的一般人，才有可能真正前進。」埃克薩姆因此展開「身體萬象計畫」（Every Body Project）。她在時尚部落格上，展示範圍更廣的體型、身高、種族、年齡。埃克薩姆拍下紐約帶來視覺趣味的人士，接著上傳，加上個人短評或計畫宣言。埃克薩姆部落格上展示的銀髮男女，時髦又吸睛，你會想見到他們本人，不過他們很少看起來像主流模特兒。

埃克薩姆的計畫提醒我們，外貌只不過是魅力的一環，我們還會受他人的勇氣、口才、智慧、成就、善心、學問、性格、想像力、創造力、活力、幽默感所吸引，而這些特點會隨著年齡日益增長。你在四十五歲、五十五歲、六十五歲時吸引人的地方，並不是二十五歲的那張臉或那個身體；重點是年復一年累積的豐富經驗，讓人們想要和你相處。換句話說，增加魅力分數的最佳辦法，就是成為自己始終應該成為的人。或是如同愛蓮娜．羅斯福（Eleanor Roosevelt）所言：「青春之美是上天的恩賜，老年之美方為藝術之作。」

❖

上了年紀的美，是我們帶給自己的。這一點正好是銀髮選美背後的精神。不過進一步討論前，我得先告訴各位實話：我向來不喜歡選美比賽。即便參賽者呼籲世界和平與環保等值得提倡的事，就算她們都受過高等教育，堅持自己不覺得被物化，我還是認為選美比賽讓社會退步。選美比賽把女性美變成批評的對象，使我們成為品頭論足的窺視狂。坐在拉斯維加斯可容納五千人的劇場內，看著二〇一七年環球小姐參賽者（年齡上限為二十八歲）穿著泳裝在台上秀才藝，讓我感到自己像是偷窺大會的代表。

銀髮選美努力走出不一樣的路，目標是讚揚女性的內涵，而不是身體曲線。拉斯維加斯長青環球小姐在開賽之初，評審手冊就提出嚴肅的叮嚀：「別忘了，女性環肥燕瘦，各有千秋。」十五位參賽者的確符合那個描述——而且沒有比基尼場。第一屆冠軍麥古霏大笑表示：「開什麼玩笑，泳裝會毀了一切。」

不到一百人的觀眾，大都是親友。比賽本身散發輕鬆自在的素人魅力，就像《英國達人秀》（*Britain's Got Talent*）的初選一樣。我們看著參賽者穿民族服飾繞場，再來是禮服秀。參賽者唱歌、跳舞、吟詩，每個人花三十五秒談論自己的人生哲學。其中一人表示：「我有遠大的夢想，瞄準遠大的目標，大膽行動。為了完成不可能的夢，我開始讓事情成真。」此外，大家也適度加入自嘲的幽默，一位參賽者唱起開玩笑的歌詞，講自己忘了鑰匙擺在哪裡。比賽到一半，一個人站到台上，模仿起美國喜劇女星瓊・瑞佛斯（Joan Rivers），大開陰道鬆弛與膀胱無力的笑話。

每位參賽者都擁有豐富的一生，活力十足，生活充滿樂趣。這些女性有故事要說，她們除了優雅的腳踝，還能帶給這個世界更多東西，是你會想要親近的對象。麥古霏戴上后冠時，氣氛炒到高點，主辦人之一在台上宣布，今天在場的人士締造了歷史，長青環球小姐比賽可望逐漸推廣開來，征服世界。現年六十一歲的中國小姐表示：「這個世界正在改變，人們準備好看見年長女性的魅力。」

聽到這句話時，我心裡冒出的第一個念頭是「希望妳說的沒錯」。接著又想到：那男性呢？

傳統上，男性必須看起來年輕的壓力沒有女性大。據說年紀會帶給我們男性同胞穩重內斂的氣質，看起來「高貴睿智」。好萊塢毫不留情地把突破三十歲大關的女演員拒於門外，喬治・克隆尼（George Clooney）與皮爾斯・布洛斯南（Pierce Brosnan）等男演員則可以一路扮演「性感熟男」到五十多歲。在全球各地的公領域，男性就算有點年紀也無妨，老女人則是輿論嘲弄的對象。

然而，那不代表男性沒感受到外表必須年輕的壓力。頭髮變白、變稀疏，皮膚鬆弛，腰線日廣，同樣也會使我們男性垂頭喪氣。我本人在網路上流傳的各張照片和影片，大都是十多年前拍攝的，不斷刺激我、提醒我，我正在一個重視年輕的世界與產業中變老。儘管我沒有動醫美手術的計畫，但是我有如 Tinder 交友軟體上面臨中年危機的羅密歐，身懷罪惡感，用著早已過期多年的宣傳照。

我為了探索自己害怕每多過一次生日、魅力值又下降一些的現象，請現年六十三歲的「銀狐」（Grey Fox）部落客艾文斯，在倫敦與我見面。我們約在皇家文藝學會（Royal Society of Arts）。那是特拉法加廣場（Trafalgar Square）不遠處一棟美輪美奐的喬治王時代建築，牆上掛著十八世紀的紳士肖像，畫中人物有著圓滾滾的身材，戴著塗粉的假髮。艾文斯高帥挺拔，走路的樣子有如《GQ》雜誌的模特兒，身上的衣服是時尚流行款——卡其夾克、藍白條紋襯衫、藍綠色亞麻褲、棕色鞋子。現在二十歲的帥哥也都是那麼穿。

艾文斯讓六十三歲充滿魅力的原因，在於他不在意自己的白髮與臉上的皺紋，坦然接受變老這件事。艾文斯表示：「說到『老』，我會想起古色古香的建築與古董。對我來說，『老』不是一個不好的字。如果整天想著要是能年輕十歲、二十歲、三十歲，你沒辦法好好活著——那樣太可悲了，因為你沒看到自己的年齡優勢。如果能以正面的態度看待年紀，不要一直緬懷從前如何如何，遺憾要是當初怎樣就好了，就會發現人生漸入佳境。」

我問：就連外表也一樣嗎？

艾文斯點頭。「我完全沒感受到必須裝年輕的壓力。我為自己的年齡、白髮、皺紋感到自豪——對我來說，它們象徵著成熟、榮耀、智慧。」艾文斯笑著補充：「即便事實並非如此，我們也應該抱持那樣的心態。」

和艾文斯這樣的人士相處，加上翻閱銀髮模特兒的照片、觀賞資深選美賽，對我產生一些作用。我不再不敢照鏡子，因為鏡子裡回望的臉，不再讓我陷入沮喪的泥淖。小說家喬治．歐威爾（George Orwell）說過，五十歲的時候，每個人都要為自己的臉負責。我今年五十歲，我很同意。我的臉現在看起來比二十年前老，而我坦然接受。當然，有時熬夜之後，看著鏡子裡的人長得有點太盧西安．佛洛伊德（Lucian Freud，心理學家佛洛伊德的孫子，英國藝術家，以大膽寫實的人物畫出名），讓我不是很開心。不過，我漸漸接受鏡子裡回望的臉。年紀使我們產生變化，每個階段都有優缺點。多年累積的微笑、愛與學習，一天天雕塑著我的臉，我感到自己今日看起來是更有趣的人，就好像我正在成為自己始終應該成為的人。

美國搖滾女歌手佩特．班納塔（Pat Benatar）比我大十多歲，不過我對她主張的「人要像自己的年紀」，愈聽愈有道理。「每一條笑紋、每一道疤痕，都象徵著我存在。那是我的個人年輪，我自豪地展示給每一個人看。」班納塔表示：「今日的我不想要『完美』的臉蛋或身體，只想展現自己活過的生命。」我和班納塔一樣，都享受自己五十歲的臉說出的故事，而不懷念自己二十五歲的容貌。十年後，我還能如此灑脫嗎？誰知道呢。我只確定，現在的我期許自己活出一片天，六十歲能像艾文斯，七十歲能像王德順，或許九十歲能像艾登堡爵士。我愈是接受變老這件事，就愈能接受變老的容貌，反之亦然。再說了，我這樣的想法並非特例：肉毒桿菌受四十歲以下人士歡迎的程度，高過六十歲以上者。

❖

我正走向人生的第六個十年，衣櫥議題比皮鬆肉垂更令我煩惱。我以後只能穿毛衣和燈芯絨褲了嗎？我註定得捲起褲管嗎？這一類的疑問，只有部分是出於虛榮心，因為證據顯示穿得「老」對健康有害。哈佛大學的研究人員證實，相較於跟年輕同仁穿著同樣制服的人，年長者如果穿著自認「符合年齡」的衣服工作，更容易受傷或罹患與年齡相關的疾病。[8]研究人員的結論是「衣服可能觸發與年齡歧視相關的刻板印象」。

這樣的研究結果是什麼意思？年過四十歲的人，應該直奔最近的服飾店青少年區嗎？絕對不是。有的衣服穿起來，就連狀態最好的五十歲人士，看起來也像在裝年輕。不過這個世界正在改變，提供更多人生下半場的服裝選項。我請教艾文斯，今日是否還有年長男性應該穿什麼衣服的鐵則。他搖頭道：「沒道理八十五歲的人，就不能穿牛仔褲、印花T恤、Converse帆布鞋。衣服的剪裁、穿搭方式才是重點。」女性也一樣。Instagram的銀髮女性名人都表示，選擇衣服或配件時，唯一要問的是：這適不適合現在的我？羅丹說：「你得瞭解自己不同階段的身體，知道怎麼穿才好看，怎麼穿才舒服。」目前九十多歲的時裝設計師兼模特兒艾瑞絲・愛普菲爾（Iris Apfel）贊同這樣的看法：「我不認為應該由年齡決定你能穿什麼，或是衣服該怎麼穿。我認為這種事因人而異，有的人三十五歲死氣沉沉，有的人九十四歲還很年輕。」

我們再次回到前文的主題：判斷一個人的時候，身分證上的年齡不準，態度比出生年月日重要。我們究竟能轉變多少風氣，尤其是大眾看待魅力的方式，仍有待時間證明，不過至少就目前來說，我們朝著正確的方向前進。

❖

鏡頭拉回拉斯維加斯的長青環球小姐賽。比賽結束後，眾人聚集在好萊塢星球賭場（Planet Hollywood）的酒吧慶功。參賽者坐在一起，身上是五顏六色的王冠與禮服。我發現，儘管路人盯著我們看，沒有人是不請自來。如果這裡是環球小姐的聚會，早就有一堆男性跑來搭訕，要求合照和要電話。被冷落的年長選美參賽者，沉浸在聚會的笑聲、閒聊和打趣之中，似乎完全不受影響。我不禁開始思考，在人生下半場擁有魅力的重點，是否與在求偶遊戲中更受歡迎無關？熟齡的戀愛是怎麼回事？年紀會對戀愛、情欲、性欲有什麼影響？

9 解除禁忌的熟齡戀愛：在床上活蹦亂跳，在臥房裡重獲勇氣

人們說錯了。我們不是因為變老，才不再談戀愛——我們不再談戀愛，就會變老。

——作家馬奎斯（Gabriel García Márquez）

聽到火辣辣的戀情，各位想到什麼？中年人在沙灘上嬉戲？六十歲的人在絲綢床單上重現古印度《欲經》（*Kama Sutra*）？八十五歲的人在電影院後排座位胡來？大概都不是。提到茶不思飯不想的浪漫愛情、天雷勾動地火的床笫之事，多數人想到的是年輕的俊男美女。電視、好萊塢電影、廣告永遠告訴我們，熱中於性愛是年輕人的專利。任何違反這條原則的人，將被如狼似虎與威而鋼的笑話嘲弄個沒完。

這不是什麼新現象。許多文化都認為，上了年紀的性愛不道德，充滿罪惡，雙眼被蒙蔽，被沖昏頭，還會早死。古希臘羅馬的戲劇與詩歌，毫不留情地嘲諷性致勃勃的老年人。古希臘喜劇作家阿里斯托芬警告世人，和停經的女人上床，「就像是與死亡共枕。」古羅馬詩人尤維納（Juvenal）嘲笑，七十歲的人硬不起來也軟不下去。一千四百年後的文藝復興時期，莊嚴的古典學者伊拉斯謨在沉思人類境況之餘，抽出時間嘲弄「還在賣弄風情」的老女人。中古文學、義大利即興喜劇、英格蘭王政復辟時代的喜劇，火力全開，嘲諷色心不減的老不羞。就連近代政治學之父馬基維利（Niccolò Machiavelli），若沒忙著思考如何掌控與運用政治權勢，也加入了嘲笑大隊。他在一五二五年寫下《克麗齊婭》（*Clizia*），劇中台詞明確指出，風流韻事應當留給年輕人：「老人當兵很可笑，老人當情人更可笑。」

人有了年紀後，除了不該再想著滾床單，就連談戀愛都變成不正常的事。薄伽丘在十四世紀寫下《十日談》，故事中的圭多伯爵（Count Guido）對於自己侍奉的老國王竟然陷入愛河，目瞪口呆：「您這把年紀了，居然還強烈愛上一個人，做臣子的我感到新奇又不可思議。這簡直是奇蹟。」三個世紀後，義大利諺語警告：「臨老入花叢的人都該銬住。」光是過了某個年紀還踏出城鎮，人們就會對你皺眉頭。在早期的歐洲，羅馬詩人賀拉斯的話被廣為引用：「在名城盧切拉（Lucera）附近剪羊毛才適合你，不是樂聲、跳舞、紅玫瑰，把酒桶喝得只剩渣。」[1]換句話說，花天酒地的事，留給年輕人去做就好。

人過了某種年紀就不會或不該談戀愛的想法，直到今日都還存在。我自己就是這樣。每當看到老年伴侶共度溫馨時刻，我心中會一陣暖洋洋，心想：**哇，這麼多年了，感情還這麼好，真美好的景象**。我不曾想過，兩個老年人在一起或是共度新戀情的蜜月期時，會忍不住要毛手毛腳，摸來摸去。我這種假設很常見：雖然人老了依舊會談戀愛與上床，這種事其實是文化的大禁忌。那正是為什麼貞可在黎巴嫩電視上的威而鋼惡作劇會爆紅，而米榭·韋勒貝克（Michel Houellebecq）的小說《一座島嶼的可能性》（*The Possibility of an Island*）中，四十多歲的主角稱自己想方設法上床為「拒絕死心的老傢伙的可憎抵抗」，[2]也是出於同樣的原因。

如同從前的詩人與劇作家，現代的流行文化也反映並強化同樣的壓力。人過了某個年紀，就不該再想著那些情情愛愛。除了老牛吃嫩草等典型的譬喻，各位有多常看到電影、戲劇、小說描寫老年人擁有轟轟烈烈的愛情，遑論高潮迭起的性愛？只要看《鑽石求千金》（*The Bachelor*）和《千金求鑽石》（*The Bachelorette*）等戀愛實境節目就知道，參賽者幾乎都不到三十五歲。《愛之島》（*Love Island*）最近一季的線上討論區，憤怒的粉絲批評某個二十多歲的女性參賽者看起來太老，大喊：「很多刺青的那一個，看起來大概四十了。」有網友試著想像拍攝四十歲以上人士版的《愛之島》是什麼樣子，竟有人尖叫：「不要！好可怕！光用想的就好噁！」

堅持只有年輕人才能享受性愛與戀情的看法，讓所有人深受其苦，被迫在人生早期就得達到性愛的涅槃，覓得真命天子／天女。由於老年被描繪成戀愛與性欲的荒原，我們更害怕變老，很難在人生各階段都享受愛的果實，性愛的定義也跟著窄化。

好消息是事情正在產生變化。隨著壽命增長，人們重新思考熟齡戀愛與性愛的禁忌。約會市場如今冒出大量熟齡人士。這是怎麼回事？當然，原因之一是許多人的壽命延長了，不過當我們看著自己還能活很久的數據，再看看伴侶，心想：「人生還剩下那麼多年，我真的要跟這個人過一輩子嗎？」即便許多國家的整體離婚率下降，熟齡夫婦分開的比例卻創下歷史數字。自一九九〇年起，六十歲以上者的離婚率，美國變成兩倍，[3]英國則是三倍。約會網站 Match.com 成長最快速的使用者年齡群組為五十三歲至七十二歲，[4]占四分之一以上的用戶。多數的寂寞人士正勇敢回到約會的世界——背後通常有親友的支持與祝福。

以伊內絲・習妲果（Inés Hidalgo）為例，習妲果原本在西班牙馬德里和先生經營一家小菸草店三十多年，五十五歲成為寡婦時，原本害怕餘生都要穿黑衣禁欲，畢竟她的母親與奶奶都是那樣，而且許多文化也期待寡婦那麼做，例如西班牙、俄國、希臘、義大利、墨西哥。不過，習妲果決定不穿黑色。她感覺自己還會再活三十年，她不想要餘生都像修女一樣隱居。習妲果表示：「這個世界正在改變，比較能夠接受人老了還是可以繼續享受生活。傳統觀念是，到了某個年紀就一定得向樂趣說再見，但那種看法在今日變得有點可笑。」習妲果在丈夫過世一年多後，在孩子的協助下，把自我介紹上傳至線上約會網站。沒多久，她的信箱就爆滿，男士搶著跟她聊天。

我和習妲果在一個悶熱的七月天晚上碰面。她正在梳妝打扮，晚一點準備和一位叫艾斯托（Ernesto）的工程師第一次約會。艾斯托提議兩人在雪莉酒吧碰面，接著到主廣場（Plaza Mayor）散散步。約會前一小時，習妲果在市區近郊的小公寓，陷入約會之夜的混亂，浴室布滿洗澡蒸氣，床上丟著一堆被否決的外出服，梳妝台上是來不及關好的瓶瓶罐罐化妝品。廚房收音機傳來高分貝的流行歌〈慢慢來〉（Despacito）。習姮果告訴我：「我和男人第一次碰面都好緊張，但也深深感到自己還活著。如果沒擦出火花，沒關係，外頭還有好多男人。」

習姮果準備好出發前往市中心時，看起來時髦、風趣、自信，穿著她最愛的圓點洋裝，塗著紅色口紅。我問習姮果，如果她的母親或祖母看到她在這個年紀還在約會打扮，會說什麼？

習姮果想了想回答：「她們一定會嚇一跳，因為對她們那個世代來講，過了某個年紀，許多門會自動關上。」她對著走廊鏡子確認髮型，「不過我想，她們也會羨慕世界不一樣了：畢竟人永遠不會失去愛的能力，為什麼不盡量享受愛情生活？」

我看著習姮果踩著高跟鞋，一路自信地走向地鐵站，試著想像在熟齡陷入愛河是什麼感覺。直覺告訴我，那會很甜蜜，但缺乏年輕戀情的煙火。幸好我的直覺毫無根據。

我在見到莉莉．克勞馥（Lily Crawford）與傑克．派頓（Jack Payton）這對情侶的那一刻，馬上知道自己對熟齡戀愛的想像大錯特錯。克勞馥與派頓兩人都離過婚，快六十歲時在線上約會網站認識。經過幾週的電郵往返、在電話上聊天，兩人同意見面，約好在兩人英格蘭住處的中間點吃午飯。接下來發生的事是標準的一見鍾情。派頓表示：「那是世上最令人難以置信的經驗。我們兩人下了車之後，衝向彼此，緊緊擁抱，似乎認識好多年了。」派頓停頓一下，想起當時發生的事，至今仍然不敢置信。「年紀大了之後，你會以為只有年輕人才會發生這種事，但我們兩人站在停車場裡，凝視彼此的眼睛，心想：**剛才發生了什麼事？**」

克勞馥與派頓接著談起驚天動地的浪漫戀愛，有如言情小說的情節，也可以拍成一集《鑽石求千金》：兩人吃燭光晚餐，共舞到天明，看電影，在海邊散步，到紐約旅遊，以及滾大量的床單。聽著這對情侶大談浪漫戀情，我不禁要想：**真的假的？**他們快六十歲才認識彼此，或許已經忘記自己年輕時談的戀愛有多轟轟烈烈。克勞馥懂我在說什麼，咯咯咯笑了起來，破除我的疑慮：「我完全曉得你現在的感覺，因為我先前也有相同的感受，但這幾乎像是上蒼給的啟示。我發現在熟齡遇到一個人，和在十幾歲或二十歲出頭碰到，其實沒什麼兩樣。」克勞馥表示：「所有的感覺——替約會做準備時，心中的七上八下、緊張發抖、興奮，都是一樣的，甚至更強烈。」

好吧，所以人到了六十多歲還是會有心動的感覺，但年紀更大的時候呢？七十歲以後的愛情也會那麼轟轟烈烈？仍然有可能。克勞馥離婚後之所以再次約會，部分原因是看到自己孀居的母親在九十二歲找到男友，過世前又過了好幾年的幸福戀愛生活。克勞馥表示：「母親那時就像少女一樣，他們在一起享受了好多樂趣。我心想：**如果在那個年紀都能那樣，那任何年紀都可以。**」

這個世界深受年輕的概念束縛，要說服人們戀愛無關年齡並不簡單。巴黎作家瑪麗娜．羅姍曼（Marina Rozenman）跳出來說話。在羅姍曼的少女時期，她七十一歲的祖母和八十一歲的鄰居談起轟轟烈烈的戀愛，羅姍曼的愛情觀就此改變。她表示：「我覺得不管幾歲談戀愛都很正常。我從那天起明白，肉體會變老，但心動的感覺一直到人生的尾聲都不會變。」

羅姍曼從自己的社交圈著手，打破年輕人才能談戀愛的迷信。她在安慰戀愛不順、擔心一輩子單身的朋友時，總會搬出祖母的戀愛故事，指出追求愛情永不嫌遲，就連找到終生的摯愛也一樣。羅姍曼表示：「我祖母的故事有一股魔力，大家都聽進去了。他們打起精神，再也不害怕，心想：**哇，如果到了人生的最後階段還能談戀愛，那我還有**

時間。」

羅姍曼三十歲出頭時，決定和更多人分享激勵人心的故事，於是寫書談熟齡戀愛。她用兩年時間跑遍法國，訪問七十、八十、九十歲的人士。這個寫書計畫雖然不如她白天替《ELLE》雜誌寫明星報導的工作光鮮亮麗，但卻令她更加堅信人永遠不會老到無法談戀愛。羅姍曼表示：「我訪問到的所有人，談論戀愛與性愛時眉飛色舞，我幾乎感到嫉妒。他們讓我明白，當你展開一段新戀情，即便是熟齡，戀愛就是戀愛，年齡真的不重要。」羅姍曼寫下《心沒有皺紋》(*Le cœur n'a pas de rides*)，二〇一二年出版時立刻哄傳。羅姍曼接受大量媒體訪談，祖母也常常陪同出席。祖孫兩人呼籲大眾要勇敢，活在當下，不論幾歲都一樣。羅姍曼表示：「就算你八十歲，如果有人讓你心動，那就去吧。就算只維持短短兩個月也值得。」

當然，不是每個人到了人生下半場，還會再次尋覓真愛，許多人和另一半一起變老。年齡會對長期的關係產生什麼影響？

答案因人而異。許多夫妻的感情顯然隨著時間轉淡，但如果一路相互扶持到老，年齡可以讓感情變成熟。伴侶爭吵的次數一般會隨著時間減少，因為他們已經找到方法解決兩人間的歧異。許多人在同一個屋簷下變老後，關係更緊密，感情愈來愈深，而不是漸行漸遠。

以德州達拉斯的蕭氏（Shaw）夫妻為例，黛西（Daisy）與麥可（Michael）即將與四個孩子、十個孫子、六個曾孫，一同慶祝結婚六十週年。兩人於一九六一年在汽車戲院認識，談了幾個月的戀愛便結婚。麥可後來在石油產業找到工作，黛西則到學校當老師。兩人和許多夫婦一樣，婚姻生活起起伏伏。

黛西表示：「在某些低潮時刻，情況真的很糟，幸好我們撐過去了。部分原因是那個年代的人不離婚，但也因為幸福值得努力爭取。」年輕時談戀愛帶來的腎上腺素，今日轉變成某種更豐富、更有質地的東西。黛西指出：「我們一同經歷過那麼多事，相知相惜，彼此尊重──你對另一個人瞭若指掌，他也對你瞭若指掌，那是一種相當美好的感受。有一天，我看見麥可站在外頭，對快遞人員解釋某件事，他看起來好溫柔。我突然感到一股愛意湧上來，像個十六歲的少女一樣，突然在廚房洗水槽旁心跳加速。」

德蕾莎修女（Mother Teresa）雖然單身，她顯然對愛有獨到的見解：「愛是四季都盛產的果實，任何人只要伸出手就能碰到。」光是得知感情會隨年齡加深，不管幾歲都能深深愛上另一個人，我便不再那麼擔心老去。不過，性呢？直覺再度告訴我前景不妙，人上了年紀後，性欲就會逐漸減退，但事實再度證明我的直覺不靈。

研究顯示，性欲有可能持續一生。[5]身體顯然會改變，勃起頻率減少，更不持久，女性則會陰道乾澀。此外，兩性都將需要更長的前戲才能達到高潮。在這個強調威猛持久、人人都能一夜七次高潮的世界，以上聽起來是世界末日，但其實不必灰心喪志，一點也不用。正如小說家艾瑞卡．鍾（Erica Jong）所言：「性生活不必消失，只是改變形式。」雖然翻雲覆雨的頻率與激情程度減少，仍然可以令人享受，甚至反而漸入佳境。法國政治家喬治．克里蒙梭（Georges Clemenceau）在八十歲生日那天，走在巴黎的香榭大道，恰巧一位年輕美女翩然而過。克里蒙梭發出欣賞的讚嘆，轉頭告訴朋友：「真好，我感覺又像七十歲了。」

雖然人們到了老年通常沒那麼熱中性事，英國的一項調查顯示，五十歲至九十歲之間性活躍的男性，[6]有八成滿意自己的性生活。女性的滿意程度更達九二％。然而相關數字公布時，許多民眾傻笑，不敢置信，或是反射性感到作噁，就如同想到自己的父母在做愛。研究報告作者大衛．李（David Lee）對調查結果與民眾的反應，則是完全不感訝異：「人們誤以為性行為是年輕人的活動。年輕人想到年長者也會做愛時，他們的反應包括好笑與反胃，完全無法相信五十歲以上的人在床上也能活蹦亂跳。」

幸好，那樣的誤解如今也受到了質疑——就連法院的思維也有所改變。一九九五年，當時五十歲的女性莫芮絲（Maria Ivone Carvalho Pinto de Sousa Morais）因為陰道不舒服，到葡萄牙里斯本的醫院動前庭大腺炎手術。醫生在手術中失誤，造成永久性的神經損傷。莫芮絲就此得忍受失禁、沮喪、慢性疼痛，身體無法呈坐姿，也無法走路或擁有性生活。經過近二十年的纏訟後，葡萄牙法官終於在二〇一三年宣判莫芮絲應該獲得賠償。然而一年後，高等法院將賠償金額刪去三分之一，理由是「傷害發生時，莫芮絲已處於性生活不如年輕時重要的年齡」。在過去，這樣的理由被視為常識，今日則引發大眾抗議。評論家與社群媒體用戶批評法院帶有年齡歧視，竟假設性愛是年輕人的專利。一名女性在推特上寫道：「我即將過五十歲生日，有沒有誰要送我一塊『禁止進入』的牌子，我要掛在我的陰道上？」其他人則指控法院帶有性別歧視，因為葡萄牙男性如果因為醫療疏失而喪失性能力，賠償金額比女性高出許多。一名評論家呼籲不可採取「塔利班的法學」。

民眾的抗議聲浪帶來新型判決先例，清楚顯示我們對熟齡生活的期待正在提高。二〇一七年，歐洲人權法院（European Court of Human Rights）推翻葡萄牙的判決，批評該判決支持「傳統看法」，認為女性一旦過了生育年齡，便不需要或不再擁有性欲。一名葡萄牙專家認為：「新判決打破了束縛人性的禁忌，清楚告訴世人：性在任何年齡都很重要。」

真相是銀髮族不僅擁有性生活，通常還更享受性愛。前幾章已經從運動到工作等面向，談過人體會以其他方式彌補年齡帶來的活力衰退。現在還可以把臥室加入清單。年輕時的性，受限於擔心在床上的表現不夠好、對身材自卑，以及自尊心、情緒等因素，但此類焦慮通常會隨著時間淡去。我們年紀愈大，就愈有自信，也更瞭解身體——信心與知識是美好性愛的必備條件。女性尤其受惠，因為她們四十歲時通常比二十歲更容易達到高潮。[7]隨著年齡增長，我們開始知道如何取悅性伴侶，社會歷練增加了我們的戀愛與挑逗功力。

此外，年紀愈大，懷孕風險愈小，最終不必擔心避孕問題，異性戀伴侶在滾床單時能更放鬆。珍·方達、南希·法蘭黛（Nancy Friday）、貝蒂·傅瑞丹（Betty Friedan）

等女性主義者的偶像，都讚美過停經讓女人獲得性自由。在此同時，威而鋼、犀利士（Cialis）等藥物能有效治療勃起功能障礙。任何年齡的男性都有可能陽痿，只是在四十歲後情況更為普遍。[8]

克勞馥和派頓談了九年戀愛。儘管派頓的兒子們一直不贊同兩人在一起，雙方卻都覺得自己擁有一生中最棒的性生活。不過一路走來，他們首先得克服自身的年齡歧視。現年六十七歲的派頓表示：「我們一開始就告訴自己：『我們兩個如果要走下去，就不能擔心自己的年紀，也不能去想自己幾歲。』如果我們抓著從前的觀念不放，像是『我們已經六十歲了，不該這麼做，不該那麼做』，兩個人不可能走下去。我們忘掉自己的年齡，最後一切很順利。我們有性生活，大量的性生活。所有年輕人自由自在做的事，我們都照做不誤，結果相當理想。」我問六十九歲的克勞馥，派頓今日是否仍讓她欲罷不能。克勞馥像個情竇初開的少女，咯咯咯笑個不停，回答：「不用替我們擔心，我們配合得天衣無縫！」

作家羅姍曼訪問的情侶年紀大上許多，但也大談雙方在床上有多麼一拍即合。某位女性表示：「我們處於非常幸福的時刻，有如美夢成真，彷彿奇蹟，不可思議。每當我碰觸他的肩膀，他都冒出狂喜的表情。我們的身體互相吸引，我們的嘴唇永遠取悅著彼此。」天啊，如果我們的未來真是如此，變老忽然間似乎也不是什麼壞事。

當然，不管幾歲，和新伴侶袒裎相見，總是令人緊張——尤其是如果你感覺自己已經過了人生的精華期。消除緊張的方法就是拿出解決年齡歧視的法寶：幽默。克勞馥與派頓在上床前都很緊張，兩人的解決之道是開開玩笑，事先討論一旦寬衣解帶，可能發生或不會發生哪些事。派頓表示：「事情真的發生之前，我們開了大量的玩笑。我們都這麼老了，什麼場面沒見過。只要幽默以對，事情就沒那麼嚴重，做愛時會更放鬆、更有情趣。」

人老了之後，動作會變慢，但塞翁失馬，焉知非福。女性經常抱怨年輕男性在床上動作太快：太猴急、太衝動，沒注意到性伴侶需要什麼、想要什麼，只想著快點創下一夜幾次的紀錄。上了年紀、動作慢下來之後，男性有辦法變得體貼一點。這就是為什麼部分性治療師認為，中年才是男性性生活的黃金期。他們不再想著要做出高難度動作，也不再有上場時會出現的焦慮，於是性變得更親密、更有趣、更溫柔——所有年齡的性伴侶都能因此享受到好處。年紀大了之後，雄風比較容易不振，但是許多情侶都找到替代方式，例如使用玩具或延長前戲，不需要短兵相接也能渾然忘我。

另一項調查發現，性活躍的英國人中，八十歲以上者的性愛與情感親密度，[9]勝過五十至六十九歲的群組，攜手走過一生的長期伴侶尤其如此。部分研究顯示，最佳的性愛發生在相處超過十五年的伴侶。[10]當然，要是日復一日天天一起醒來，一起共用浴室，為了誰該做家事吵架，彼此太過熟悉的話，將少了蜜月期的那種刺激感，但如果感情夠好，也會帶來美好性愛的三個關鍵因素：誠實、溝通、親密感。套用馬克・吐溫的話：「愛情來的時候好像龍捲風，但愛其實是世上增加最緩慢的東西。不論男女，一直要到結婚二十五年後，才會知道完美的愛是什麼。」

前文提到的銀髮帥哥艾文斯，目前和妻子結縭四十年，馬克・吐溫的話符合他的經驗：「熱情如火與一夜多次會逐漸消失，取而代之的是某種更深層、不那麼狂風暴雨、更有意義的東西。事情不再是快速來一發，而是更柔情，多了溫暖，多了交流——說實話，從許多方面來看，這樣更好。」

前文提過的蕭氏老夫妻中的先生麥可，也同意這樣的看法：「年輕時，你追求的是肉體的釋放，或是床柱上的刻痕，但那太瘋狂了：就好像面前是應有盡有的自助餐，卻只吃其中一道菜。」蕭氏夫婦目前八十多歲，做愛時採取較為輕鬆的步調，慢慢探索，慢慢享受，慢慢交流。兩人共度的長長一生，讓性生活別有一番滋味，太太黛西表示：「我們做愛時會想起這輩子共享一張床的各種記憶，整個體驗變得特別有韻味。」

蕭氏夫婦這樣的伴侶，慢慢累積或調整床笫之事，其他人則是有了年紀後，乾脆重寫戀愛守則。有的人在人生下半場，開始嘗試同性關係。這種現象今日在女性間十分常見，心理學家因此提出「晚熟的女同性戀」（late-blooming lesbian）一詞。研究人員開始思考，或許性向在中年過後，跟青春期一樣是流動的。猶他大學（University of Utah）的心理學與性別研究副教授麗莎・戴蒙德（Lisa Diamond）猜測，老化本身會拓展我們的性傾向。戴蒙德表示：「我們所知的成人發展顯示，人年紀大了之後，在數個面向會變得更具可塑性。我認為許多女性到了人生下半場，不必再擔心生兒育女的事。她們回顧自己的婚姻、自己滿意與否，有機會再次思考自己要什麼、有哪些感受。」

在多倫多從事律師助理工作的梅根・卡萊特（Megan Cartwright），完全符合研究人員提出的模式。她年輕時偶爾會被其他女性吸引，但從來不曾與女性上床。卡萊特表示：「我曾在派對上與幾個女孩彼此愛撫，但我認為那只是荷爾蒙過剩，還有啤酒喝多了。我認為自己是異性戀，沒有其他可能性。」卡萊特二十五歲結婚，生了三個孩子，過著忙碌的家庭生活，和丈夫在床上也很和諧，完全對其他女性不來電。卡萊特塵封大學時期與同性愛撫的記憶，取下在旅遊勝地提華納（Tijuana）穿的鼻環，收在標示「年少輕狂」的抽屜裡。然而，卡萊特後來婚姻失敗，在四十五歲生日到來的前一週，重回約會市場。

卡萊特和許多中年人一樣，想到又要開始約會，就覺得很可怕。她擔心孩子對媽媽找到新伴侶，不曉得會有什麼反應。她也焦慮自己的外表，例如皺紋、橘皮組織、剖腹產留下的疤痕。卡萊特為了增加自信，請專業攝影師拍沙龍照，就此改變了兩件事。第一：卡萊特再次感到自己性感。她回想拍攝情景：「一開始，我渾身不自在，甚至不敢看鏡頭。但接著我們坐下來，看了一些年長女性的美麗照片，例如演員海倫．米蘭。我心想：**如果她們都能展現性感的一面，為什麼我不行？**接下來的拍攝行程就變得很順利。」第二件事則是拍攝快完成時，卡萊特發現自己在偷瞄女攝影師，在回家的路上感到一陣混亂。卡萊特表示：「後來那天晚上，我第一次填寫線上約會的檔案資料。題目問我在尋找什麼對象，我想都沒想，就勾選了『女性』。我不曉得自己是否一直有想和女性在一起的欲望，或者這是新冒出來的東西。不管如何，四十五歲的我，有足夠的自信擁有同性關係。」

卡萊特在網路約會的頭幾個月，碰上各種稀奇古怪的奇人異事：有人每次提到前夫就開始嚎啕大哭；有人一直不停梳頭髮；還有人在飯後上甜點前藉口要上廁所，就再也沒回來。不過卡萊特最後挖到寶，認識一個叫娜茲（Naz）的學校老師。卡萊特表示：「我們一見鍾情，彷彿觸電一般。約會幾次後，我們就滾上床。」卡萊特回憶起第一次的同性經驗，臉上露出如夢似幻的神情：「那次的經驗火熱、甜蜜、舒服，高潮迭起——再完美不過。」

卡萊特後來並沒有和娜茲繼續走下去，但再也不擔心年華老去。她表示：「如今我發現，人年輕的時候通常沒經驗，沒意識到或是沒勇氣說：『這就是我，這就是我需要的，我想要擁有這個。』年紀大了，你知道自己要什麼，有辦法展開雙翅去做。」

卡萊特除了在臥房裡重獲勇氣，人生的其他面向也跟著改變。她最近開始攀岩，也學西班牙文——她從來沒想過自己邁向五十歲時會做這兩件事。卡萊特表示：「我以前一想到自己人老珠黃，心情就莫名地沮喪，但現在我用不同的方式看事情。如果你持續學著認識自己，找到可以享受的新事物，變老其實是好事。」

德國慕尼黑的水電工尤爾根・謝勒德（Jürgen Schroeder），和卡萊特有著同樣的心得。謝勒德娶了中學的青梅竹馬，接著當起忠實的丈夫，婚姻美滿，一起養大四個孩子，直到三年前妻子過世。謝勒德表示：「我們過得很幸福，所以我不曾出軌，不過也是因為我在女人面前沒自信，沒有非分之想。」我想不到謝勒德會這樣描述自己。今年六十四歲的他長得非常英俊，高大挺拔，茂密的銀髮像冰淇淋聖代一樣往後梳。而且他面帶微笑，擁有當情聖的天分：聽人說話時，永遠一臉入迷的樣子。他年輕時的照片，看起來就像德國版的好萊塢英俊小生卡萊・葛倫（Cary Grant）。然而，謝勒德從不覺得自己迷人。他在念書時是小胖弟，被同學取笑，即便後來嬰兒肥消失，仍不覺得自己好看，一直到五十多歲，才有自信待在女性旁邊。謝勒德六十一歲再度成為單身漢時，準備好彌補逝去的光陰。我在慕尼黑一家熱鬧的小餐館與他碰面。他開頭便提到：「變老最棒的地方是擁有自信。」他接著告訴我，他目前周旋於三名年齡介於四十七至六十八歲的女友之間，而且三個女人都知道彼此的存在。

我問：你和三個人都上床嗎？

「當然。」謝勒德帶著得意洋洋的笑容。「每個女人感覺起來都不同，但都是我一輩子最棒的性愛。」謝勒德和許多人一樣，邁入熟齡後，性生活的守備範圍變得更廣，而不是縮小。他和女友A探索輕度綑綁，和女友B嘗試變裝與角色扮演，女友C最近說服他參加人生第一場性派對。

讓謝勒德最感意外的，其實是談戀愛能帶來飛上雲端的喜悅。他承認自己年輕時，不曾送過巧克力、鮮花或寫詩，但他現在能開課教人追女友。他會在女友的皮包裡偷塞情書，利用WhatsApp寄送他唱情歌的音檔，煮義大利大餐，再附贈有口皆碑的足部按摩。謝勒德表示：「我發現兩人之間的性歡娛，最能帶來刺激的其實是大腦。大腦是最重要的性器官。」

我們在前面的章節已經提過，大腦就跟好酒一樣，從許多方面來講，愈陳愈香。

❖

流行文化開始替熟齡的激情開闢一片天。從諾拉·羅伯特（Nora Roberts）到愛瑪·米勒（Emma Miller），言情小說作者開始出版主角超過四十歲的小說，以滿足年長讀者不斷成長的需求。電視也朝著相同方向發展，愈來愈多節目的主題是銀髮族談戀愛與失戀。《同妻俱樂部》（*Grace and Frankie*）講兩對七十多歲的夫婦，由於兩位先生決定出櫃結為同性伴侶，搞得四人的生活天翻地覆。英國喜劇《媽》（*Mum*）得到熱烈好評，講一名中年女性偶然與同齡男性談起戀愛，中間有苦有樂的經歷。二〇一七年的電影《愛・欺》（*The Wife*），開頭便是葛倫・克蘿絲（Glenn Close）與強納森・布萊斯（Jonathan Pryce）大刺刺做愛的場景，當時兩人都是七十歲。銀幕外的熟女名人，如珍妮佛・羅培茲（Jennifer Lopez）、瑪丹娜（Madonna）、姍姆・泰勒・伍德（Sam Taylor-Johnson）、茱莉安・摩爾（Julianne Moore）、羅蘋・萊特（Robin Wright）、珍妮佛・安妮斯頓（Jennifer Aniston），都在打破約會守則，和比自己年輕許多的男性約會。法國現任的第一夫人碧姬・馬克宏（Brigitte Macron）比先生大了二十四歲。

這裡要提醒大家一下，千萬不要走極端，從反對「老年人談戀愛」，變成每個人在去世前都得拚命找人上床。好好把握長壽革命的意思是，你可以自由選擇愛、戀愛或性事在生活中扮演什麼角色，不需要有罪惡感或羞恥感。許多人把性愛擺在最重要的位子，有的人則喜歡偶爾碰觸一下就好。也有人覺得，完全沒有也沒什麼不好。

歷史上有很多例子是老了反而鬆了一口氣，再也不必為了情愛而煩惱。公元前五世紀，有人問年事已高的古希臘劇作家索福克勒斯，他是否仍會陷入愛河，索福克勒斯回答：「麻煩不要談這種事！我很高興終於逃脫，覺得自己逃離一個瘋狂野蠻的主人。」一世紀後，早期的基督教學者塞維亞的依西多祿（Isidore of Seville），讚揚年齡「使我們從最殘暴的主人那獲得自由……摧毀色欲的力量，增加智慧，提供更明智的忠告」。即便到了今日，文化仍帶給我們一定得和人上床或至少得找個伴的龐大壓力，但還是有人站出來維護自己這兩件事都不想要的權利。從吉曼．基爾、格洛麗亞．斯泰納姆（Gloria Steinem），到黛安娜．庫爾茲（Diana Kurz）、南希．米勒（Nancy Miller），有的女性主義思想家肯定停經讓女性從性事中逃脫出來。

年輕人則有另一套解釋。前文提過的歌手埃克薩姆，最近發表一首饒舌歌，歌頌人生下半場的單身喜悅。歌名是〈紙雕（單身又如何）〉（Paper Mache (Single AF)）。動感十足的音樂錄影帶，以一名六十歲的女性為主角。埃克薩姆表示：「我想改變人們對於年長者處於單身狀態的說法。我們需要更多實例，瞭解熟齡人士即使沒有另一半，依然能過著豐富、有趣的生活。」

只要你不覺得寂寞，熟齡單身顯然有不少好處。你有更多時間、精神可以花在自己身上，不必和任何人共享浴室、巧克力或遙控器。一切都聽你的。

此外，你還可以進一步奉獻自己。

10 發揮最大剩餘價值：圓滿人生的助人行動

當你不再給予，不再提供某種東西給世上其他角落的人，就代表熄燈的時間到了。

——美國老牌喜劇演員伯恩斯

垃圾是黎巴嫩的大問題，無處不在，在街道與海灘堆成小山，漂浮海上，水溝裡也有。風揚起的垃圾，在公園裡漫舞，在農田裡盤旋，有如風滾草。亂丟垃圾有時像是全國運動，民眾開心地從汽車、公車內，往外扔擲塑膠瓶、包裝紙及其他垃圾。天氣一熱，空氣裡滿是垃圾分解的酸臭味。

垃圾在二〇一五年從問題升級成危機。黎巴嫩關閉國內最大型的垃圾掩埋場，卻沒準備替代方案，結果就是家家戶戶與公司行號隨地棄置垃圾。二〇一七年，貝魯特機場附近的垃圾山引來太多海鷗，引發飛機起降時的飛安問題，但地方官員不願替違法廢棄物找新家，也或者真的無能為力，只能派獵人射殺空中的鳥兒。

多數黎巴嫩人把亂七八糟的垃圾問題怪到政治人物頭上。長期內戰在一九九〇年結束後，政府未能好好重建國家。今日的黎巴嫩因貪污腐敗、缺乏治理、教派鬥爭而跛腳，抗議人士受夠了垃圾危機，提出嘲弄政客的口號：「你們臭死了。」

也難怪小老百姓會挺身而出，成立處理垃圾問題的非營利計畫。由誰來帶頭反擊呢？黎巴嫩的年輕千禧世代在社群媒體上提出呼籲，不過全國最受尊敬的反垃圾戰士，生在還沒有人聽過快閃族或群眾外包的年代。她的名字是詹娜比．莫卡蕾（Zeinab Mokalled），現年八十一歲。

我在一個炎熱的仲夏之日，開車穿越黎巴嫩南部的山丘，去拜訪莫卡蕾。莫卡蕾住在阿拉伯薩里姆（Arabsalim），那是位於黎巴嫩與以色列邊境的小鎮。這趟從貝魯特出發的旅程，有如黎巴嫩環保問題的縮影。每條路上都是垃圾，有的裝袋，其他的則四處散落，在七月的熱氣下發出惡臭。橄欖樹林數世紀以來支撐著地方經濟，但就連樹上都勾著隨風飄揚的塑膠袋，有如玩具旗幟。整片的垃圾沙漠之中，阿拉伯薩里姆有如綠洲，如同瑞士切下的一片淨土。好吧，也沒那麼乾淨整齊，遊客開車經過時，依然把垃圾丟出窗外，但是照黎巴嫩的標準來看，阿拉伯薩里姆已是出淤泥而不染。

快駛進鎮上時，我看見一棟有著鐵皮屋頂的一層樓建築物，白色的牆上畫著樹木、旗幟、太陽，還有一個法文與阿拉伯文的「回收」標識。我走進去拜訪，裡頭堆滿裝著廢紙、玻璃、塑膠的箱子與袋子。一個叫穆罕默德．馬茲拉尼（Mohamed Mazraani）的男人正在操作機器，把廢棄塑膠壓成團狀。我告訴馬茲拉尼自己從倫敦遠道而來，他聳了聳肩，表示那又如何。他告訴我，地方上隨時有一堆外國人跑來。然而我問起莫卡蕾時，馬茲拉尼的臉亮了起來：「莫卡蕾讓世界看見阿拉伯薩里姆。」他揮舞著雙臂，「她讓這一切成真。」

我終於抵達莫卡蕾的家。以前當過學校教師的她，正在通風的客廳裡等我。桌上一個盤子堆滿各式各樣的果仁蜜餅（baklava），有如即將啟航的遊輪。莫卡蕾穿著樸素，包著粉橘色頭巾，說話聲音十分輕柔，我得靠過去才聽得見，但從她的言行舉止，看得出她是一個有鋼鐵意志的人，不會容忍愚蠢的行徑。莫卡蕾幫我倒了一杯加糖的茶，我請教她是如何成為黎巴嫩的生態名人。她聽到這個問題後，幾乎像個小女生一樣笑了起來，喝了口茶，回憶起一九八〇與九〇年代的以色列占領期。

莫卡蕾告訴我，黎巴嫩南部當時有過一段艱困的時期，到處都在打仗、遭受轟炸，阿拉伯薩里姆的許多公共服務都暫停，鎮上堆滿垃圾，蒼蠅、老鼠四處亂竄，孩子在外頭玩根本不安全。一九九五年，莫卡蕾覺得不能再這樣下去。當時她快六十歲，對黎巴嫩的女性而言，尤其是穆斯林社區的女性，這把年紀應該含飴弄孫、不再管事，莫卡蕾卻搖身一變成為環保尖兵。

莫卡蕾不只想讓街上垃圾絕跡，她還想讓阿拉伯薩里姆成為黎巴嫩第一個回收家庭垃圾的地方。由於阿拉伯薩里姆沒有市長，也沒有市政府，她先向地方首長提議，但都被當成笑話看待：「妳在想什麼？阿拉伯薩里姆又不是巴黎。」莫卡蕾回想：「從那時起，我知道得靠自己。」她就此掀起一場回收革命。

莫卡蕾從分類自己的垃圾做起，接著說服地方上十幾名女性一起執行。她們把阿拉伯薩里姆劃分成幾個區，挨家挨戶請大家回收垃圾。萬事起頭難。黎巴嫩沒有半間回收家庭垃圾的工廠，居民要這群女人回家煮飯，而不是拯救什麼地球。然而，莫卡蕾帶領的快活垃圾反抗軍堅持下去，用自家的車子回收分類垃圾，直到後來一名成員湊錢買下一輛破卡車。莫卡蕾貢獻自家後院當垃圾儲存場，還跑遍全國，尋找願意回收家庭垃圾的公司。阿拉伯薩里姆開始有愈來愈多家庭加入莫卡蕾的計畫，女人成立非政府組織「替地球請命」（Nidaa Al Ard），海內外的民眾紛紛慷慨解囊。

貪污一直是個大問題。還記得剛才提到的那台回收廠壓縮塑膠的機器嗎？最初，莫卡蕾他們從歐洲訂購了一台，但機器在運送途中不翼而飛，只有說明書抵達阿拉伯薩里姆。不過莫卡蕾並未放棄，她找到地方上的聰明技師，那位技師靠著說明書，從零打造出一台。莫卡蕾表示：「這是一場永無止境的冗長奮鬥，我們做了許多犧牲。」

女人們最後湊足了錢，蓋起回收廠，買下一台新卡車，雇用馬茲拉尼。阿拉伯薩里姆的鎮民如今每個月蒐集到的回收物，可達到兩噸塑膠、兩噸廢紙、一噸玻璃。黎巴嫩各地的民眾模仿他們的作法，紛紛成立各種環保計畫。阿拉伯薩里姆近日有許多家庭使用太陽能燒水，也正在籌備堆肥計畫。

一切的一切加在一起，打造出了不起的成就。莫卡蕾成為環保運動的精神領袖，榮獲各個國際獎項，經常接受媒體訪問，但看得出來，她對名氣絲毫不感興趣，只重視做對的事。莫卡蕾表示：「我想替家鄉、替環境、替人民做點事，我感受到一股很強烈的召喚。」

我請教莫卡蕾，年齡是否跟聽見那個召喚有關。她點頭表示：「人們年輕時，一般在忙工作、忙家庭。年紀大了之後，更能專心完成自己的計畫與目標。」

莫卡蕾的計畫是為大眾謀福利，會不會只是巧合？她也可以把力氣用在成立私募股權或線上賭博公司，不是嗎？還是人上了年紀，自然會更無私、利他？莫卡蕾思考了一下：「我深信不管幾歲都應該想辦法回饋社會，不過年紀愈大，要趕快做的急迫感就愈強。或許人老了，就會變得較為利他。」

莫卡蕾的答案令我質疑。真的嗎？我們上了年紀，真的就會更急著幫助他人、回饋社會嗎？年紀大真的會讓自私的基因消失嗎？我心中的懷疑，讓我立刻開始羅列這個理論的反證。伯納・馬多夫（Bernie Madoff）在七十歲搞出美國史上最龐大的龐氏騙局時，顯然並未想著公眾的福利。美國總統川普也並未上了年紀，就顯露善心大發的跡象。文學史上的厭世代表史古基（Ebenezer Scrooge，英國小說《小氣財神》〔*A Christmas Carol*〕的主角，待人苛刻，一毛不拔，在聖誕節見到斂財者死後的下場，才幡然悔悟），最終的確決定要助人——但那是因為他先被三個鬼嚇得半死。

再說了，年輕人也會感受到想要助人的強烈衝動。好多千禧世代成立社會企業，重義輕利。矽谷的年輕富豪成立慈善基金會，將財富用於執行崇高的理想。許多年輕人選擇工作時，首選是願意推廣良善理念的雇主。

世代之間的龐大財富差距，也令人懷疑莫卡蕾所謂「老年人更願意為他人著想」的理論。由於各種社會福利的緣故，今日眾多退休人士握有令人羨慕的大筆財富：一生接受免費教育，工作穩定，領著看得到也拿得到的退休金，手中大都有房產，四十歲以下的人則大半想都別想。年長的選民人數愈來愈多，他們是否要求全面改革，重新分配財富？沒有這回事。

儘管如此，莫卡蕾說的話顯然有幾分道理。雖然年長投票者對世代間的財富重分配政策沒什麼興趣，他們平日做的事確實帶有利他色彩。世界各地的人年過三十五後，一般會貢獻更多時間與金錢做好事。英國六十歲以上者，從事慈善活動的可能性是三十歲以下者的兩倍。美國五十五歲以上者，每年從事義工活動的時數共達三十三億小時。全球大大小小的慈善團體，要是少了不支薪的年長義工，將撐不下去。

以上的數據要如何解釋？有一派理論說，人老了比較容易回饋社會，原因是手頭更寬裕，也更有時間、技能、經驗可以貢獻。然而，這派理論無法解釋為什麼也有研究顯示，年長者儘管收入、教育程度、健康情形各異，都更有可能把大我擺在小我之前。[1]

也因此，有另一派理論認為，年紀大會帶來與生命有關的深層心理轉變。著名的精神分析學家艾瑞克．艾瑞克森（Erik Erikson）提出「傳承」（generativity）一詞，意思是「有能力昇華個人利益，從而照顧、關心年輕或年長世代」。艾瑞克森認為，這股利他的衝動大約發生在四十歲至六十四歲之間。社會學家拉爾斯．東斯坦（Lars Tornstam）同意艾瑞克森的說法，另行提出「超越老化」（gerotranscendence）一詞，描述上了年紀會使我們對物質較不感興趣、與他人產生更多連結的現象。其他人也主張，年紀大帶來的死亡逼近感，促使我們更加關心他人。冥想講師史蒂芬．拉維（Stephen Levine）在《今生：若只剩一年可活，你要做些什麼？》（*A Year to Live*）一書中指出：「人們知道死亡將臨的時候，那最後的一年，通常是最慈愛、最有自覺、最關懷他人的時刻——即便處於藥物帶來副作用、無法集中注意力等情境，也是一樣。」

基本上來講，隨著年齡增長，我們會變得不在乎小事，更關心他人。

海倫．丹妮斯（Helen Dennis）天天都在目睹那樣的轉變。她是加州「成功老化」

（Successful Ageing）專欄的作者，也是幫人打造事業第二春的專家，她輔導過一萬五千多人，其中有會計師、資深主管、工程師、工廠員工等。丹妮斯認為莫卡蕾講得很對：「這似乎是生命軌跡很自然的發展。你發現自己時間有限之後，相關問題自然會浮現：我是否替這個世界、我的家人、我的社區帶來改變？我將留下什麼足跡？帶給後世什麼遺澤？」

多項研究都證實，人老了會開始想自己將留下什麼。一項近日的調查發現，美國五十歲以上的退休者中，有八五％認為成功的定義是「慷慨」而不是「有錢」。[2]也就是說，升官或存退休金的重要性，不如助人或是以有意義的方式改變世界的計畫。法國作家西蒙・波娃認為，在人生下半場朝更崇高的目的努力，除了是公民責任，也是人活著一定得做的事。波娃在一九七〇年的著作《老之將至》（*The Coming of Age*）中寫道：「如果要使晚年不至於淪為早年生活的拙劣模仿，只有一個辦法。那就是去做一些能為存在帶來意義的事——把自己奉獻給個人、團體、理念，或是從事社會、政治、腦力、創意的工作。」

研究顯示，助人可以增強免疫系統、[3]降血壓、提升整體幸福感——全是老化過程中的好事。此外，助人還能促進前文提過的正面效應。有一個說法是：「假如你想快樂一小時，那就睡個午覺。若想快樂一整天，那就去釣魚。想快樂一年，那就繼承遺產。如果想快樂一輩子，那就助人。」十三世紀亞西西的聖方濟（Saint Francis of Assisi）回想起自己的一生，同意「施即是受」。邱吉爾（Winston Churchill）也講過社群媒體上經常分享的類似格言：「我們靠得到維持生計，靠給予活出有意義的人生。」就連科學研究也證實這樣的看法。近日的功能性磁振造影（fMRI）掃描實驗顯示，給予會刺激大腦，讓開心區域亮起來，跟吃東西或做愛帶來的刺激一樣。[4] 我的個人經驗也符合助人為快樂之本的說法。我最開心的回憶是年輕時當過義工，協助醫院的癱瘓病患進食，以及在巴西協助流浪兒。最棒的是，我可以預期未來自己甚至會更享受類似的體驗。為什麼？因為研究顯示，施予的善行會在晚年帶來更大的幸福感。[5]

目前許多證據都指出，年紀大與利他有關，部分人士因而主張，心理學家馬斯洛（Maslow）的需求層次理論應該多加一層。那一層要取什麼名字，眾說紛紜，但不論是要叫「博愛」（philanthropy）、「遺澤」（legacy）或「超越」（transcendence），都是指同樣的事：人類渴望達成超越小我的理念，留給子孫更美好的世界。

從許多方面來看，這都是一則好消息。我們年齡愈來愈大後，可望找到更多人生的意義與目的，破除老人是負擔的說法。此外，這代表長壽革命可以讓世界變得更美好、更不自私。在未來二十年，美國退休人士預計將以金錢或義工的形式，捐出八兆美元給慈善團體。[6]沒錯，八兆。有的未來學家認為，隨著人口老化，服務他人將在全球經濟中成為新的地位象徵，比起好聽的職銜或個人身價，更能贏得讚美。

❖

現在有愈來愈多人跟隨莫卡蕾的腳步，支持莫卡蕾的理論。以賈姬・齊納（Jacki Zehner）為例，五十三歲的她是高盛史上最年輕的女性合夥人。儘管銀行的工作可以帶來大筆財富，她後來還是離開高盛，擔任「女性推動百萬人基金會」（Women Moving Millions）的執行長，致力改善大量婦女與女童的命運。此一非營利組織的成員捐贈大筆款項，資助蓋學校與拍攝紀錄片等各式計畫。年長加拿大人（Older Canadians）募集數百萬美元，協助非洲的祖父母照顧因愛滋病成為孤兒的孫子。七十多歲的攝影記者寶拉・賈特科（Paola Gianturco）成立的行動主義者運動「祖母力量」（Grandmother Power），鼓勵全球女性努力促進下一代的教育、健康與人權。卡蘿．福克斯（Carol Fox）晚年進一步重寫慈善原則，離開原本的藝術與博物館職業生涯，教導中國的新富人將財富投入慈善工作。目前七十五歲左右的她，在全球飛來飛去，協助將基金投入幾年前還不受重視的環保、社會與文化事業。

熟齡的利他主義在今日十分普遍，甚至還成立了獎項。美國退休人員協會（AARP）每年頒發「最有意義人生獎」（Purpose Prize）給五位六十歲以上從事社會公益活動的傑出美國人。近日得主的事跡包括輔導監獄犯人、協助寄養家庭、供應肯亞孤兒院女性衛生用品、鼓勵女孩喜愛科學等等，每一則背後的故事都證明了年齡帶來同情心、機智與歷練。羅伯特．錢伯斯（Robert Chambers）的獲獎原因，是他創辦「不只是輪子」（More Than Wheels）公司，提供低利的汽車貸款給農村貧民。錢伯斯是汽車銷售員，親眼目睹過窮人向車商辦貸款有多困難。他接受白宮表揚時表示：「我的年紀現在大到可以明白社會上不公義的事——經驗也多到足以採取行動，改變不對的事。」

許多人尚處於職場的高峰期，就加入助人的行列。威爾斯演員麥可．辛（Michael Sheen）今年四十九歲，他減少拍戲的時間，發起提供低收入民眾合理貸款的運動。萊拉・札希德（Laila Zahed）也在差不多的年紀，一邊在貝魯特最有名的醫院擔任臨床遺傳學家，一邊將更多時間投入社會計畫。她為了讓黎巴嫩的中產階級孩童理解家中外傭的家鄉文化，書寫並出版關於斯里蘭卡、衣索比亞、菲律賓的書籍。二〇一六年，五十六歲的札希德恰巧想出辦法，一石二鳥解決國內兩大難題：垃圾與難民。

自二〇一一年起，超過百萬的敘利亞人在內戰中逃離家鄉，湧進臨近的黎巴嫩。許多人在黎巴嫩滯留多年，住在臨時的難民營與擁擠的狹小公寓裡，只能靠施捨或黑市提供的零工過日子，嚴守宵禁，而且不曉得這輩子能否重返家園。札希德的點子是教敘利亞難民用塑膠袋製作手工藝品。

目前有七名女性加入札希德在貝卡谷地（Bekaa Valley）的計畫。該地離飽受戰爭摧殘的敘利亞邊境不遠。她們收集塑膠袋，摺起來後剪成條狀，製成粗線，然後編成各式各樣的用品，如手提包、袋子、水壺袋、衛生紙盒、餐墊。札希德在距離貝魯特七十公里的家中，利用 WhatsApp 與小組討論產品設計與銷售策略。札希德表示：「我得好好把關，確認大家製作出來的成品夠時髦、賣相夠好。要不然，她們常會做出太花俏、太傳統的東西。」這些五彩繽紛的手工藝品，今日在市場與臉書上販售，不過札希德本人並未牟利，所有的利潤直接用於計畫或交給編織工作者。生意好的時候，每個人一個月可以淨賺一百美元，在當地是相當高的工資。

我造訪貝卡谷地時，五名敘利亞女性在一個感覺快解體的簡陋地下室等著我，裡頭通風不良，聞起來滿是磚頭的味道。矮桌上擺著紅茶與餅乾。大家熱情歡迎我之後，氣氛卻黯淡下來，因為女士們一一講出全球各地難民都會碰上的難題：她們想回家。她們沒辦法做人生想做的事，身體不舒服，暴力環伺，生活苦悶，替孩子的未來感到憂心。無窮無盡的文書申請作業，自尊不斷被打擊。地方上的人受夠家園跑來太多不速之客，不願接納難民。只有講到一件事的時候，氣氛好了起來：她們的塑膠袋計畫。

艾美娜．海菲茲．艾爾佐霍里（Amina Hafez Al Zouhouri）在二〇一一年，和丈夫帶著七個孩子逃到黎巴嫩，五十九歲的她在家鄉是裁縫師，因此想都沒想就加入札希德的計畫。艾美娜的先生在黎巴嫩沒有工作，所以他負責把塑膠袋變成粗線，再由太太編織。艾美娜表示：「這份工作的收入救了我們，而我也感到我的自尊與尊嚴回來了，因為有了工作，我可以發揮創意。」地下室的其他女性聽到這番話，臉上露出認同的微笑，紛紛點頭，手捂住胸口。

我在貝魯特和札希德見面時，同樣深受感動。身材纖細的札希德留著棕色短髮，她露齒而笑，全身充滿活力，是那種想做很多很多事的人。有她作伴，令人感到活力一振；她有一股要讓世界更美好的衝動，也深信年齡會打開更多扇門，而不是讓機會消失。「我很高興目前能推動這個編織計畫，親眼目睹這個計畫幫助到女性。不過誰知道呢？」札希德露出一個大大的笑容，「我知道未來還有更多事情可做，等不及要找出是哪些事！」

見到莫卡蕾和札希德，讓我開始檢視自己的助人程度。我因為要工作，又碰上孩子們接連出生，二十多歲之後就沒當過義工。儘管我平日寫作與演講的動力，為的是讓世界更美好，我愈來愈感到自己應該多做一點。我該從哪裡著手？我請教札希德該怎麼做。她告訴我：「不用想太多。你不太可能坐在書桌前，就想出完美的計畫。你就動手去做，試試看，看哪件事感覺對了。保持開放的心胸，一步一步來。我這輩子根本沒想過自己會成立與敘利亞難民有關的塑膠袋計畫，但是只要你開始在世上做好事，一切自然會水到渠成。」

其他銀髮人士以比較直接的方式服務社會：免費提供自己過去這些年來累積的技

能，例如「醫療志工」（Volunteers in Medicine）在全美各地經營近一百間醫療診所。目前有六百多位年長的醫生、護理師、牙醫、社工，每年看診三萬人次——分文不取。創始人傑克．麥康納（Jack McConnell）醫師稱熟齡義工為「未來的趨勢」。

拉斯維加斯的魯芬家庭診所（Ruffin Family Clinic）確實令人感受到這股趨勢。這間位於市中心邊緣的診所光線明亮、設備新穎，對沒有保險的窮人來講是荒漠甘霖，成群湧至魯芬接受免費的醫療照顧。一個平日的下午，我前往造訪，七十一歲的護理師珍奈特．馬朗（Janet Maran）正在照顧病患。她一頭白色短髮，脖子掛著聽診器。精力旺盛又和藹的她，六十多歲就開始當義工，目前每週在魯芬診所待四小時。我請教馬朗，年齡是否讓她成為更優秀的護理師，她點頭表示：「我現在從事醫護工作時，多了一些人味，也更能察覺病患的復元狀況。我不會把自己知道的東西，用一模一樣的方式套用在每一位病患身上，而是視病人情況個別處理。」馬朗證明熟齡帶來的耐心與同理心，的確能夠促進工作表現。

馬朗照顧家庭的責任減輕後，便愛上義工活動，先是擔任醫療志工，接著又以其他方式助人。她在社區的遊民與難民收容所教英文，幫忙餐廳工作，還教癌症患者做中國傳統的氣功。馬朗的座右銘十分接近「永不停止探索」，最近還對參加社會行動主義躍躍欲試：「也許我接下來會讓自己拓展到那個領域。」無論如何，馬朗不打算停止當義工，她和許多熟齡人士一樣，想要在剩餘的時間繼續奉獻：「我就是受不了遊山玩水的退休概念。什麼玩賓果、遠足、打高爾夫球、上跳舞課，不如讓我死了算了。」當然，退休的選擇永遠不必那麼極端：各位依舊可以退休後一邊奉獻社會，一邊跑去上莎莎舞，或是在果嶺待上幾小時。

❖

再度提醒大家：雖然熟齡會帶來回饋社會的欲望，卻不能把老年當成唯一該為大眾服務的歲月。不管幾歲，都可以、也應當培養利他的精神，而長壽革命可以發揮關鍵的作用。怎麼說呢？因為助人的衝動具備傳染力。研究顯示，老少一起解決生活問題時，老人的利他精神會影響年輕人。[7] 貝卡谷地的敘利亞編織者就出現這樣的現象。我問團體中最年輕的成員、二十二歲的愛拉・亞斯蘭・艾爾佐霍里（Alaa Aslan Al Zouhouri），和札希德這樣活力十足的中年人一起工作，教了她什麼事。她回答：「那讓我想要幫助他人。」

如果要讓這種健康的傳染力散布開來，不同世代首先必須齊聚一堂——唯一的辦法，就是從現在起，讓所有年齡的人產生更多、更密集的交流。

11 青銀交流，減少世代隔閡：當老人實習生，不再把老人當成「他者」

多和會使你向上的人來往。

——古羅馬哲人塞內卡（Seneca）

派崔克．史托佛（Patrick Stoffer）正在打造未來農場。他的迷你伊甸園位於一個貨櫃箱內，裡頭沒有土壤，也沒有陽光，看起來像是科幻電影裡的場景。不鏽鋼牆壁上，感應器偵測濕度、溫度、二氧化碳。各種藍光與紅光混在一起，照射有如隧道的空間，發出奇異的紫光。貝比萵苣（bibb）與奶油萵苣（butterhead lettuce）等四百株植物，用橡膠繩懸掛在屋頂上。高度聰明的軟體，不時將存放於成排塑膠桶中的營養液，噴灑至植物外露的根上。

我抵達時，史托佛正在巡視作物。史托佛理了一個大光頭，搭配整齊的鬍子，再加上貨櫃箱內震耳欲聾的嘻哈樂聲，他整個人看起來像是農藝版的歌手摩比（Moby）。史托佛只要利用 iPad，隨時隨地都能耕作他的高科技花園，不過他每週仍會花二十小時到現場巡視。他的使命是讓世界看到，如何幾乎不製造任何浪費，就能種出新鮮的農作物。他最近到地方上的 TEDx 大會演講，解釋他經營的水耕花園，如何提供健康食物、重建社群、拯救地球。

各位可能會以為，像史托佛這樣的二十八歲先鋒，八成是在大城市展開農業革命，地點設在科技新創公司的共同工作空間。錯了。他的貨櫃箱放置在有一百五十張床的養老院「仁愛之家」（Humanitas）的土地上，地點是荷蘭中部的小鎮代芬特爾（Deventer）。

幾年前，仁愛之家的院長為了替院內注入活力，免費提供住宿給數名大學生，交換年輕人每個月與院內老人互動三十小時。今天，仁愛之家成為減少世代隔閡的明燈，世界各地的學者與養老院院長到此拜訪，法國、西班牙、美國也展開類似計畫。由於仁愛之家促進了老少之間的交流，媒體爭相報導，吸引年長人士與學生排隊等著搬進去。

我們的祖先一定會感到困惑，為什麼讓老少齊聚一堂，還需要特地成立計畫。在史上大多數的年代、各地的文化，不論個人喜不喜歡，在家裡、農場、園林、市集、社交聚會、舉辦宗教儀式的地點，都可以見到各個年齡層的人。現代生活則大幅摧毀了那種生活形態。學校、養老院、退休社區，都依據年齡把人分隔開來。都市化、個人主義、下跌的出生率，都讓多代同堂的家庭變得較不常見，就連傳統上高度重視孝道的社會，如中國、日本、印度，也是一樣。「陌生人很危險」的恐懼心態和房地產市場的兩極化，也增加了老少之間的距離。我留意到我在倫敦住的那一區，已經出現同齡者的群聚現象。人們通常會在二十八歲至三十三歲左右搬來這一區，在四十多歲時搬走。這一帶住的都是年輕家庭，也因此別名「尿片谷」（Nappy Valley）。

不同世代的人齊聚一堂，對每個人都有好處。前文提過，年輕人會變得更具利他精神。另一方面，研究也顯示，與年輕人相處可以增進年長者的健康、幸福感與自尊，[1]方便銀髮族分享經驗、滿足晚年想回饋社會的欲望。這一點也是前文提過的七十歲中國背包客齊女士，為什麼刻意選擇寄宿在青年旅舍，和年輕人結伴而行。齊女士表示：「我和年輕人聊天，他們會提到許多新鮮事。」

住在仁愛之家的學生，舉辦五花八門的工作坊，從街頭藝術、輪椅霹靂舞，到平板電腦的使用法，無所不包。有學生在飯廳舉辦 Xbox 足球錦標賽，另一名學生舉行住戶電動代步車競賽，接著將影片上傳至 YouTube。史托佛很會做菜，偷偷把荷蘭人不熟悉的食物放進菜單，結果有的成為常備菜，像是鷹嘴豆泥醬這道中東料理。老住戶甚至學會幾招飲酒遊戲，一位八旬長者變成厲害的「投杯球」（beer-pong，在桌上排好數個水杯，兩隊輪流將球投進杯中，先投滿對手所有的水杯者獲勝）玩家，每個人都搶著要他當隊友。

仁愛之家的每個角落都看得見忘年之交的友情正在萌芽。週日在大堂舉辦的晚餐充滿歡樂氣氛，老少相互碰拳打招呼。兩名手風琴師演奏〈當我們同在一起〉（The More We Get Together）等傳統金曲，史托佛穿梭於桌間，發放自製的起司條，四處聊天調情。他第一次在仁愛之家舉辦生日會時，就連平日喜歡躲在房間裡的人都出席了。史托佛最近在院內最要好的朋友是九十歲的哈利．泰巴拉（Harry Ter Braak）。泰巴拉以前是理髮師，有著整齊白髮與淘氣笑容。兩個人常常一起在共用的廚房做菜，邊喝啤酒邊聊天。泰巴拉幽默風趣，隨時準備開玩笑或是假裝要把人撂倒。史托佛表示：「我們聊女孩，聊人生，談天說地。我和泰巴拉一起打發時間，就像跟同齡的人相處一樣。」

瑪蒂・魏琳克（Marty Weulink）懂那種感覺。她的公寓擺滿古董嬰兒車，那是她的蒐集興趣。魏琳克穿著自己最愛的紅色，屋內從燈罩到 iPad 保護套、玫瑰花瓶，各種物品都是紅色。她平日生活的亮點是傳播系學生索瑞斯・杜曼（Sores Duman）會過來陪她聊天。二十七歲的杜曼戴著高頂帽和骨頭項鍊，一頭黑色鬈髮，看起來像是找地方過夜的街頭藝人。九十一歲的魏琳克大笑：「我領養了杜曼，因為他看起來像肚子餓扁的失意小狗。」從兩人結為朋友開始，魏琳克就會騎著摩托車，到地方上的外賣店買杜曼最愛吃的雞肉飯。魏琳克最近利用網路瞭解杜曼的庫德族背景。我造訪魏琳克的公寓時，兩個人正在聊茶的事，為了只有兩人懂的笑話而大笑，頑皮地互推。杜曼表示：「我們就是很合得來。」魏琳克的臉亮了起來，對著杜曼眨眼，指出：「我和杜曼在一起時，根本沒注意到年齡差距。我們只是坐著一起吃東西，享受好時光——就像跟你喜歡一起聊天的人講講話。」

由於讓學生住進來的效果非常好，仁愛之家一直在想新辦法吸引更多新世代上門。地方上的中年撞球俱樂部，現在借用仁愛之家的桌子辦活動，還加入院內的活動與慶祝會。附近一間幼兒園的孩子也會過來玩，和住戶一起畫畫、唱歌。烹飪學校的受訓廚師來到這裡，和失智病房的院民一起煮傳統荷蘭菜。一項最新計畫是讓貧窮家庭出身的青少年，和仁愛之家的「奶奶」組隊。良性循環就此啟動：不同世代和樂相處讓院民開心，和樂的氣氛吸引更多年輕人願意造訪，帶來更多更多的歡樂。

和不同年紀的人相處，同樣也使學生獲益。仁愛之家的慢活步調，讓學生重新思考自己的人生速度。史托佛表示：「在外面的世界，什麼事都是愈快愈好，但在這裡，你一走進前門，每一件事都慢下來——就連電梯也一樣。在這裡，如果有人問你今天過得如何，他們是真心想要知道，我喜歡那樣。我學會停下人生的匆忙步調，留意小事。」另一名學生莎曼．瑟努（Sharmain Thenu）則是收到大量女性住戶的戀愛建議，大家要她別急著結婚。瑟努說：「待在年長女性身旁，我學會要以自己為重。」

當然，仁愛之家不是永遠都和樂融融。學生有時會抱怨，重聽的鄰居把電視音量調得很大聲。然而，沒有人想讓仁愛之家變回不同年齡的人相互隔離的世界。老年居民喜歡年輕人帶來的活力。他們起床吃早餐時，經常是學生剛從鎮上夜歸的時候。如果被看到帶新的男女朋友回來，午餐時間全仁愛之家都會知道。史托佛表示：「他們熱愛聊八卦。我們把外面的世界帶進家裡，給他們能和彼此、和家人分享的故事。」泰巴拉告訴我，這類花邊新聞讓老人院的氣氛變好，不必整天只聊吃藥、身體這裡痛那裡痛、要去看醫生這些事。泰巴拉表示：「讓年輕人住進這裡，是史上最聰明的決定。」

我不得不同意泰巴拉的說法。幾乎我拜訪過的養老院，每一間都令我心情低落——濃到化不開的安靜、寂寞、氣味、裝出來的開心、心知肚明的死亡倒數計時。仁愛之家不是度假村，也不是所有院民都能夠或願意與學生互動。還是有受苦、孤單和死亡，但整體氣氛輕鬆樂觀。良好的室內設計規畫幫上了忙，公共空間有木頭地板、大吊燈、時髦椅子，也有好用的咖啡機與一盤盤餅乾。有一間房間裝潢成傳統荷蘭酒吧，另一間則是海灘風情。住戶可以在屋頂露台打發時間，也可以在健身房的虛擬實境飛輪上，假裝自己在逛阿姆斯特丹或巴黎。浴室乾淨整潔，走廊沒有養老院一般會飄散的那股味道。不過，氣氛能夠那麼好，是因為各個世代齊聚一堂。我完全能夠想像自己希望住進去——不論是二十歲或八十歲。

❖

不同年齡的人共處一堂，或許是化解年齡歧視最有效的解藥。世代融合迫使老人家重新思考自己不加思索就認定「年輕人都不知道惜福」的假設，年輕人則會瞭解「不是所有的老人都一樣」。每個人都發現，年紀大可以帶來大量好處，而且人的一生要的很多東西其實是一樣的：良好的人際關係、身體健康、學習新事物、樂趣、有意義的工作、獨立自主、自尊、助人。研究顯示，如果是認識的人，我們比較不會抱有年齡歧視。[2]澳洲的大型研究發現，年輕人愈常接觸老年人，對老化和老人就會抱持愈正面的態度。[3]呼籲對抗年齡歧視的亞普懷特指出：「隔離帶來了刻板印象與歧視。所有年齡的人聚集在一起時，事情會自然發生：如同各種族住在一起的地方，比較不會有種族歧視，各種年齡的人同住在一起，也不容易有年齡歧視。」

仁愛之家提供了明證。每位學生都告訴我相同的故事。他們來到這裡之前，充滿年齡成見，但開始學著接受人會老，以及年齡比自己大的人。杜曼表示：「我以前認為老年充滿限制，見到老人只會覺得憐憫，但我現在看到了可能性，因為我知道他們能做許多事，也不需要人們的同情。現在我覺得，我到人生終點都有可能好好活著。」

就連最頑固的年齡歧視者，也會因為和不同世代相處而改變想法。五十歲的湯姆・坎博（Tom Kamber）就是一例。壯碩、光頭、熱愛與人相處的坎博，十幾二十歲都在替遊民請命，在社會住宅工作。然而，儘管履歷表充滿社會情操，他和我一樣，對年齡充滿各種既定的看法。坎博表示：「我自認喜歡助人，但碰到老人時，我不是什麼好人。老人如果在人行道走路慢吞吞，或是在那邊亂發脾氣、使性子，我就會煩躁起來。我真的不想跟老人相處。」

坎博自述從小在「有點大男人主義的家庭」長大，身強力壯是他的自尊來源。他熱愛騎車、航海、跳舞，擔心上了年紀便無法再從事各種活動。坎博說：「我認為變老不是件好事；有一天，我對這個世界來說，將不再重要。沒人在乎我，我的身體不再強壯，不再有吸引力，沒人會想待在我身旁。」

坎博教八十五歲的珍珠（Pearl）使用電腦後，第一次不再那麼害怕變老。一開始，珍珠什麼都不懂，坎博覺得上了年紀，果然如自己所想，恐怖至極。「我要她用滑鼠點東西，結果她拿起滑鼠，指著螢幕。」坎博大笑。不過，珍珠學得很快。珍珠告訴坎博，自己人生最美好的歲月從七十歲才開始；當時三十五歲的坎博聽到後，受到很大的衝擊。坎博讚美珍珠勇敢，渴望嘗試新體驗：「她帶給我很大的震撼。我原本一直以為老年的生活就是搬到佛羅里達，玩玩賓果，打打高爾夫球。」

坎博被珍珠啟發後，成立了「長青星球」，也就是前文提過的非營利科技組織。因為長青星球的緣故，坎博每天都致力讓老少齊聚一堂，不過他本人依然抱有年齡成見。坎博表示：「我得承認，頭幾年我仍覺得老人是『別人』，是我能協助的一群人，但我不會想向他們看齊。我並非認為自己高人一等，但我和老人沒有太多交集，他們就像我的顧客。」

不過漸漸地，各世代共處一堂還是發生了效用。聽見上一輩講著自己的故事，看到他們寵辱不驚，最終讓坎博改觀。現在跟他走得比較近的朋友，有的年齡比他的父母還大，還會和他一起上曼哈頓的拉丁夜店。

坎博和仁愛之家的學生一樣，走了一條其他人也會願意踏上的路：從恐懼、害怕變老出發，走向勇於面對人生甘苦，理解世事，樂觀向上。他現在想像自己成為老人時，不會心中一沉。他預計自己會繼續騎車、航海、跳舞數十年——他知道即便身體開始走下坡，還是會有其他好事。坎博表示：「我現在非但較不擔心變老，還很期待。雖然程度還不到：『快一點，我對五十歲厭煩了！』但我期待活在當下、自在做自己，以美好的方式慢活，心中感到寧靜祥和，覺得活到老就是一種成就，不再擔心人生還有什麼事情沒做到，或是別人會怎麼想你。」

❖

各位不必和不同世代住在同一個屋簷下，一起工作、一起上課，也能得到與不同世代的人相處的好處。即便只是社交一下也有作用。前文提過，在華沙維拉諾夫公園舉辦的派對中，各種年齡的人擠在舞池裡，一邊享用草莓雞尾酒與薯條，一邊聊天。我望見八十歲的莫羅傑戴著演員傑克・尼克遜的招牌墨鏡，帶領一群人歡呼乾杯，於是加入他們的行列。

二十五歲的班傑明・戴蒙廷（Benjamin Diamoutene）是留著山羊鬍的溫和街舞舞者。他告訴我，自從兩年前在寶琳娜・卜蘭舉辦的另一場跨世代舞會認識莫羅傑之後，他們就成為莫逆之交。兩人有如老酒友，回憶先前的飲酒作樂時光，毫不留情地相互調侃。一天晚上，他們上夜店慶祝莫羅傑的八十歲生日。戴蒙廷表示：「莫羅傑真的很愛跑趴。我清晨三點離開夜店時，他還在跟女人跳舞調情。」戴蒙廷點頭微笑，露出假裝惋惜的表情：「真抱歉，我知道你很難接受，但我的舞真的跳得比你好。」兩人大笑。

更多雞尾酒端上來，莫羅傑掏出手機接電話，一個五十多歲的朋友也要過來參加派對，人還在路上。莫羅傑告訴他怎麼走，掛掉電話後，他露出得意的笑容：「我朋友很快就到——還會帶兩個妞過來！」

戴蒙廷笑笑，拿莫羅傑沒轍。戴蒙廷告訴我，在卜蘭的跨世代世界，生活並非永無止境的派對，也有流淚的時刻。幾個月前，他和六十七歲的朋友巴希亞（Basia）去華沙跳舞，幾天後她就過世了。戴蒙廷說：「很多我這個年紀的人，從沒真正思考過死亡，但忘年之交會改變這一點。每次見面或是一起跳舞，都可能是人生最後一次。」

前文提過，死亡會促使我們珍惜剩下的時間。這是變老帶來的正向副作用，而且不一定要等老了，才會感受到時間不等人，畢竟棺材裝的是死人，而不是老人。生老病死是大自然的規律，任何人在任何年齡都可能碰上。

令戴蒙廷感到訝異的是，見到年長的朋友走到人生盡頭，反而讓他對於變老不再那麼焦慮。他表示：「有人過世，自然令人傷感，但也會提醒你活著有多幸運。想到自己有一天會死，沒讓我擔心變老，反而讓我想要把握時間好好活著。」

那是老化人口帶來的另一個出乎意料的好現象：死亡逐漸占據文化雷達中更顯目的

位置。今天的日本書店有單獨的「死亡準備區」（shukatsu，終活），方便讀者思考死亡，替臨終做準備。日本棺材店提供「先試再買」的服務，引發民眾討論死亡。《死亡：嚴肅的伴侶》（*Death: A Graveside Companion*）、《女孩與死亡》（*The Chick and the Dead*）、《送行者的告白》（*Confessions of a Funeral Director*）、《從現在到永生：在全世界尋找善終》（*From Here to Eternity: Travelling the World to Find the Good Death*）等著作，成為英文讀者的熱門讀物。世界各地的人上 YouTube 觀看《禮儀師給你問》（*Ask a Mortician*）節目，加入「善終的方法」（Order of the Good Death）等線上社群，參加「死亡咖啡廳活動」（Death Cafés），配著咖啡和蛋糕聊死亡。你甚至可以雇用「臨終陪伴員」（doula），協助你打理後事。

我為了試試看自己能否和戴蒙廷一樣，意識到人隨時會死而有所體悟，下載了 WeCroak。這個 app 會以隨機的間隔，寄送簡訊提醒：「別忘了，你會死。」接著，我往左滑進入頁面，讀到老子、聶魯達（Pablo Neruda，智利諾貝爾文學獎得主）、梭羅（Henry David Thoreau，十九世紀美國哲學家）、瑪格麗特・愛特伍（Margaret Atwood，現代加拿大作家）等哲人談死亡的名言。我看到的第一則是德國哲學家馬丁・

海德格（Martin Heidegger）的話：「如果我能把死亡帶進生活，意識到人終有一死，直視死亡，就能不再焦慮死亡與人生中瑣碎的小事——唯有如此，我才能自由做自己。」早餐時讀這種東西，可真不好消化。

我原本不認為自己會喜歡這個 app，但其實還不錯，它用趣味而非憂鬱的方式，提醒你人終有一死。有時候，我們收到的簡訊實在煩人，像是 Adobe Reader 又要更新軟體，不過要我停下來思考人生大方向的提醒，倒是會振奮我的士氣。有一次，我又在努力閱讀餐廳菜單上的字，心中氣自己老眼昏花，這時手機恰巧跳出 WeCroak 的提示。我往左一滑，看到不要為小事煩心的格言，那真的有效。突然間，視力變差成了小事一件，我不該為了這種事，毀掉一整個晚上的好心情。我請年輕的服務人員幫我介紹一遍菜單，接著好好享用大餐。

不過十年或二十年後，我是否還會用 WeCroak，那就難講了。我們年紀愈大，就愈不需要有人提醒死亡不遠。在年輕的歲月裡，我們比較需要「毋忘人終有一死」的提醒，也比較願意看到「死」這個字，因此 WeCroak 的使用者大都未滿三十五歲。不管怎麼說，我的手機目前還留著那個 app。

有一個方法可以不使用智慧型手機，也獲得 WeCroak 的提醒功效：假想自己是「老人實習生」（old person in training），正在接受日後成為老人的訓練。這個詞彙由老年學家喬安娜．林恩（Joanne Lynn）提出，乍聽之下有點奇怪，甚至有些詼諧，不過各位會發現，這個詞彙貼切形容一種觀念轉換，提醒我們生命是一段漫長的旅程，分成許多階段——幸運的話，這場旅程最後會在高齡結束。每個人都會變老，每個人終有一死，沒有誰能夠逃脫。把自己想成「老人實習生」，可以讓「現在的我們」與「未來的我們」之間不再隔著一道牆，我們將更能接受每個年紀的自己。法國作家西蒙．波娃寫道：「我們如果不知道自己會變成誰，就無法知道自己現在是誰。我們應該意識到，自己將是這個老男人或那個老女人……如果我們要全心接受人類狀態的整體性，一定得有這樣的自覺。」行動主義者亞普懷特也認同這樣的看法：「當老人實習生，可以擺脫丟臉與自我厭惡的感受，自由地成為最完整的自己。我們應該讓年齡成為資產，而不是想辦法凍齡——不論處於人生的哪個時刻，都該朝這個方向努力。」

我覺得她們說的有理，因為把自己想成老人實習生，已經足以讓我多想想自己的過去、現在與未來。我是如何走到今天？目前對我來說，什麼事才重要？我接下來要去哪裡？思考這些問題之後，未來實際**當個**老人時，感覺就不再那麼嚇人。

想像自己是老人實習生，還能打擊一般的年齡歧視。亞普懷特表示：「我們不再把老人當成『他者』，不再輕易把偏見加諸別人身上。我們將擁有同理心，謹慎思考年齡在社會上代表的意義，反對帶有歧視意味的社會架構，拒絕接受那些試圖替我們定義老年的錯誤看法。」

❖

找時間和年齡比自己大的人相處，比較容易當個老人實習生——各世代齊聚一堂的趨勢，也使得人們與年長者共處的機率變大。背後的原因，部分與經濟不景氣有關。現在有更多青壯年人口為了省房租，搬回家與父母同住。回家的確可能是噩夢一場，卻也有不少人順利多代同堂。同一家族的不同世代一起度假的可能性，近日達到史上新高。許多單身的職業女性如今和子姪一起旅遊，業界稱她們為「潘克族」，也就是「有職業的無子阿姨」（PANK, professional aunts with no kids）。

此外，世代間如今擁有更多共通點，這也能幫上忙。我年輕時，父親似乎住在遙遠的銀河系：他和我穿不同的衣服、聽不同的音樂、看不同的電視節目。我和兒子同樣也差三十歲，但我們有比較共通的文化，一起運動，用Spotify聽一樣的樂團，都喜歡看影集《絕命毒師》（*Breaking Bad*）。父子說相同的俚語、同樣沒有iPhone就活不下去。就連我們的穿衣品味，也相像到可以換穿彼此的衣服和鞋子。難怪相較於過去的年代，今日的孩子比較願意和父母相處：現在的上下兩代比較不像異世界的不同人種。

各地世代間的文化高牆正在倒下。近代的樂團老少都能有共鳴，如U2、Kiss、滾石（Rolling Stones）、球風火（Earth, Wind and Fire）。一九七〇年代，格拉斯頓伯里音樂節的壓軸表演者，平均年齡是二十五歲，今日則是四十一歲。美國音樂人伯特・巴哈拉赫（Burt Bacharach）更是在八十七歲那年，登上音樂節著名的金字塔舞台。電影與電視也一樣。《星際大戰》（*Star Wars*）與《怪奇物語》（*Stranger Things*）的觀眾橫跨各世代，一九六〇年代高呼的「別信任何超過三十歲的人」（Don't trust anyone over 30!），如今看來是過時了。近年來，儘管有老人不受選民歡迎的講法，西方年輕人依舊支持不認同傳統政治理念的候選人，即便那些候選人遠超過六十歲也沒關係，例如美國的伯尼・桑德斯（Bernie Sanders）、英國的傑瑞米・柯賓（Jeremy Corbyn）、法國的梅朗雄（Jean-Luc Mélenchon）、義大利的畢普・格里羅（Beppe Grillo）。

就連「酷」的定義，也不再那麼帶有年齡偏見。在過去，「老」帶有守舊的意涵，「酷」和「年輕」是一體的兩面，今日則未必如此。網路上五、六十歲以上成功的生活風格網紅，受到所有年齡層的敬重。Instagram 上的「銀髮熟男」，尤其受到二十五歲到三十四歲這個年齡層追捧。二〇一七年，「最時髦人士」（Trending Top Most）全球最酷的十人榜單上，年紀最輕的三十五歲，最大的七十七歲。

相關的例子，還有向英國生物學家與 BBC 主持人艾登堡爵士致敬的「叢林不羈舞會」（Jungle Boogie）。這種舞會在英國大學校園掀起了熱潮。DJ 後方的螢幕，播放這位九旬爵士開創性的大自然紀錄片《藍色星球》（*Blue Planet*），他的說話聲被混進樂聲之中。參加舞會的人，和這位廣電傳奇真人大小的人形紙板自拍，戴著印了他的臉的面具，跟著 House 音樂、靈魂樂、放克、迪斯可音樂起舞。二十五歲的主辦人路易・賈瓦特（Louis Jadwat）表示：「艾登堡爵士算是某種學生偶像，非常受歡迎。」不只是學生喜歡這位爵士，連三、四十歲的人也來了。

不同世代有更多的共通點之後，與仁愛之家的學生住宿相仿的計畫開始增加。柏林今日推出全球第一個跨世代 LGBT（女同、男同、雙性、跨性別）國宅計畫，昔日被納粹迫害的退休同志人士，和千禧世代的資訊科技工作者混居。美國的聖地牙哥郡（San Diego County）每年舉辦「跨世代比賽」（Intergenerational Games），兒童與老人一同比賽飛盤和草地曲棍球等各式項目。各地的學校還請長者以導師與玩伴的身分拜訪教室。英國的老人院還推行「我的時髦助行器」（Pimp My Zimmer）計畫，由孩童協助院內老人以亮箔、絲線、織套、足球圍巾、花朵等素材，裝飾自己的助行器。

全球各地的城市，正在打造適合所有年齡的運動場，老中青可以一起玩、一起運動。我造訪過巴塞隆納一處這樣的地方，正好遇到三代同樂的費勒（Ferrer）家族。兩個孩子在遊戲器材爬上爬下，假裝自己是《復仇者聯盟》（*The Avengers*）裡的電影人物。他們的母親在騎飛輪，祖父奧瑞歐（Oriol）則在使用橢圓軌道機做運動。祖父奧瑞歐表示：「過去我會坐在長凳上看孫子玩，但現在我們全家人一起玩。」

網路世界也有各種年齡齊聚一堂的現象。老中青坐在螢幕前，準備在橋牌、拼字遊戲、西洋棋、電玩《最後一戰》（*Halo*）、撲克、《決勝時刻》（*Call of Duty*）等遊戲中大顯身手。前文提過的電玩奶奶柯芮，還是會跟弄不清通訊軟體 Skype 與電玩《上古卷軸

V》（*Skyrim*）有何不同的拼布老友一同出遊，不過她待在網路上的大量時間，也讓她成為眾多年輕粉絲吐露心聲的對象，還和其中一些人成為朋友。柯芮與一名大學生當筆友，定期交換手寫信，還跟一個幫她增進角色扮演遊戲功力的年輕人視訊。柯芮正打算到美西見新的遊戲好友。我問那位女性朋友的年齡，柯芮卻答不出來。她告訴我：「老實講，我真的不曉得，可能在三十五歲到四十歲之間吧。我們都是用 Skype 聊天，我急著想見到她，我們應該會一拍即合。有不同年齡的人當朋友，可以拓展你的生活。我從他們身上學到東西，他們或許也從我身上學到一、兩件事。」

促進不同世代之間理解最好的方法，就是讓孩子從小有機會和長輩相處。前文提過的倫敦安養院「南丁格爾之家」，就是一個好例子。三、四歲的小朋友永遠會碰到年長的院民，一起喝茶，共度說故事的互動時間。這些學齡前兒童的家人，許多把這樣的交流當成填補祖父母的空缺。我造訪時，十幾個孩子與院民正在喝葡萄汁，唱歌慶祝猶太安息日的結束儀式（Havdalah）。三歲的瑪莎（Martha）每次都直接衝向九十多歲的安娜（Anna），今天兩個人聊到要去剪頭髮的事。瑪莎說：「我的頭髮長了。」安娜摸了摸孩子亂翹的金髮，讚美：「妳的頭髮很漂亮。」安娜喃喃自語：「妳不會想到，我們兩個差了九十歲。」

安娜接著問瑪莎，為什麼她的牛仔褲上有綠色顏料。瑪莎回答：「我們今天早上在畫畫，可是這不是綠色，這是藍色。」安娜大笑：「我的視力又出錯了。」甜甜的瑪莎諒解地看著安娜，轉過頭向我解釋：「人老了有時會看不清。」瑪莎把手疊在安娜手上。

南丁格爾之家跨世代相處時間的負責人是朱蒂絲・艾許－霍洛華茲（Judith Ish-Horowicz）。她很訝異，就連年齡最小的孩子，也一下就發現院內長者有障礙的地方。小朋友記得哪位爺爺、奶奶的手或腳會痛，誰重聽或站不起來，誰會遊戲玩到一半打瞌睡。孩子們不但不會嘲笑或躲開這樣的長輩，還會接納並提供協助——這是完美的兩步驟年齡歧視解藥。艾許－霍洛華茲表示：「孩子學到自己不是世界的中心，人在每個年齡都有不同的情況。孩子因為來到這裡，知道未來是什麼樣子。他們知道在生命旅程中，變老是很自然的一件事，他們以大量的同理心與直覺回應。」

不過還是要提醒，研究顯示，如果世代間是一對一的交流，年齡歧視會比較快消失。如果是團體，時間則比較長。也就是說，不能只是把不同年齡的人湊在一起，就期待大家會和樂融融：必須有人出來指揮、引導，訂定基本原則，否則就算是再好的計畫也會失敗。

巴黎東郊的蒙特勒芭芭雅嘉之家（Babayagas House），就是一個可惜的案例。芭芭雅嘉之家原先是設計給六十歲以上女性的良心建築，具備崇高的理想，承諾要重新定義社群生活與銀髮期。芭芭雅嘉之家和仁愛之家一樣，挪出幾個單位給年輕人住，但二十年後並未見到成效。我在地方市長續約時前往造訪，現場氣氛很不好，有幾分憤世嫉俗。現身參加中午慶祝餐會的住戶並不多，每個人都在抱怨那裡缺乏社區精神。最常聽到的牢騷是年輕住戶住在一樓獨立的一側，完全不和他人交流。一名老年女性表示：「我們可以說是住在不同的星球上。」仁愛之家能避開這種結果，原因是做了芭芭雅嘉之家沒做的兩件事：一，讓學生散居在建築物各處；二，規定學生有挪出時間與銀髮住戶互動的義務。如同負責人琦亞．希匹克（Gea Sijpkes）所言：「我們打散兩個團體，促進個人交流。」

❖

在職場上打破年齡區隔，是否也適用同樣的原則？沒錯。

無數的研究都顯示，打破年齡藩籬能幫助企業增加利潤。英國蘭卡斯特大學管理學院（Lancaster University Management School）的研究人員發現，員工同時有老有少的麥當勞分店，客戶滿意度比其他分店高兩成。[4] 其他研究顯示，成員年齡各異的團隊，合作程度最高。[5] 年齡較長的成員展現較強的社交能力，也比較擅長諄諄善誘。如同美世諮詢（Mercer）的資深合夥人黑格・納邦臣（Haig Nalbantian）所言：「年長員工的貢獻，在於增加周遭同事的生產力。」

德意志銀行（Deutsche Bank）發現，混合不同世代可以平均彼此的強弱項。銀行的多元長葛諾特・森多斯基（Gernot Sendowski）表示：「年長職員做事務型的工作動作較慢，但他們能靠著經驗豐富與較少出錯來彌補，因此整體而言，生產力不會較差。如果團隊只有年長員工，動作會太慢；但如果只有年輕人，則會犯太多錯，經驗不足。最好讓團隊裡同時有年長與年輕的成員。」

不論哪個行業，年長員工的經驗、耐性、大方向思考，都能和年輕人敢衝的活力互補。換句話說，長壽革命正好帶來全球經濟需要的組合：有的人負責打破常規，有的人則負責慢下步調、質疑方法，甚至是質疑是否真的有需要改變。

老少合作無間的例子可以看仁愛之家。史托佛和兩名院民，一起打造都市農業生意。八十多歲的安思（Ans）不時會提供設計上的建議。泰巴拉先是協助種植水耕花園，現在則幫忙銷售。泰巴拉表示：「史托佛做生意的經驗有限，所以我協助他規畫、談生意。開會時，我負責發言、開啟談判，接著再把場子還給他。」三個人還一起登上 TEDx 講台。

❖

隨著長壽革命大步向前，傳承技術與知識將成為每個職場的基本要務。不過，導師制度在大型複雜組織中不易安排。工作行程、辦公室政治、官僚作風，各種因素都可能讓員工之間無法建立史托佛與泰巴拉那樣的關係。解決辦法是成立正式的導師計畫。

各行各業正在流行老人帶新人的計畫，波音（Boeing）、時代華納（Time Warner）、開拓重工（Caterpillar）、英特爾、安侯建業（KPMG）、陶氏化學（Dow Chemicals）都採行這樣的制度。「長青專家在家工作網」旗下的許多保險員都會指引年輕同行，斯克里普斯醫療集團（Scripps Health）更是開發出一種全新的工作：「臨床護理師導師」（clinical nurse mentor）。德國汽車製造商戴姆勒（Daimler）邀請退休員工回來指導年輕經理。強鹿（John Deere）也以同樣的方式，協助在職員工開發農機軟體。

正式導師制度帶來的好處不只是傳承經驗而已。幾年前，跨國建設公司斯堪卡（Skanska）認為，公司在五代員工間傳承知識的方式太過零散，今日共有數百位員工參加激勵工作文化的導師計畫。除了分享知識的頻率增加，公司內部的合作、創新、風險分析都有所改善。導師協助找出值得快速提拔的員工，全公司的士氣與留職率大大提升。斯堪卡的多元長伊斯瑞．布萊恩（Israil Bryan）表示：「員工現在覺得更受重視，多了目標感，工作不再單純只是完成專案，而是在培養下一代。」我在斯堪卡的倫敦郊區總部待了一個下午，和參與導師制度的員工聊天，離開時，非常羨慕他們有導師，想著當年自己剛入行時，如果也有經驗豐富的記者帶領就好了。

當然，年長員工也能反過來向年輕同仁學習。一九九〇年代，奇異公司（General Electric）率先推出「反向導師」（reverse mentoring），今日許多企業也模仿那種作法，如塔吉特百貨（Target）、微軟（Microsoft）、思科（Cisco）、安永（Ernst & Young）。ＢＢＣ近期推出的計畫是由二十來歲的員工，協助資深經理瞭解年輕受眾的想法與感受。不過，效果最好的導師制度，永遠是雙向的相互學習。斯堪卡將導師和被指導的對象稱為「搭檔」，鼓勵彼此學習。美國軍事學院（United States Military Academy）與美國海軍陸戰隊在訓練期間，都會混合不同年齡層，讓老少彼此學習。

此外，混齡的導師制度，還能減少職場上的世代摩擦。年紀大的員工，有可能不習慣聽令於年輕上司。下屬經驗較豐富時，年輕長官也可能感受到威脅。一項針對六十一間德國企業的研究顯示，[6]主管比下屬每小兩歲，整體表現會下滑五%。

這個數據聽來值得注意，不過相關問題應該會逐漸消失。原因之一是年輕與年長工作者渴望的東西愈來愈一致，包括彈性工時、健康、足夠的休閒時間、有意義的工作、終身學習等。美國退休人員協會每年頒發的「五十歲以上人士的最佳雇主」（Best Employer for Over-50s），得獎的公司通常能夠替所有年齡的工作者營造和諧友善的環境。

此外，創造和善的混齡環境也有前例可循。一九七〇年代，大量女性進入職場，當時就有人警告，企業的指揮鏈會癱瘓。許多男性自問：「我有辦法聽令於女主管嗎？」今日多數人則根本不會去想指派工作的人是男是女。同樣的道理，我們習慣與不同年齡的人一起工作、相互指導之後，實際年齡便不再那麼重要。

職場外的世代摩擦呢？那是否是壽命延長帶來的未爆彈？如果想到歷史悠久的世代糾葛，各位可能會這麼想。在過去，年輕一輩通常會和父執輩起摩擦，因為上一代掌控家中的財產，或是和兒子搶年輕妻子。公元前一世紀的羅馬政治家西塞羅提過，在古希臘時代，劇作家索福克勒斯的兒子認為，父親在老年花太多時間寫劇本，未能好好照顧田產。為了爭奪家中財產的掌控權，兒子們告上法庭，理由是父親年邁昏聵。索福克勒斯在法庭上大聲朗誦最新作品《伊底帕斯在科羅納斯》（*Oedipus at Colonus*），問陪審團：「那樣的詩，像是腦子已經混亂的人寫出來的嗎？」一千五百多年後，在中世紀的法國，人們經常公開抱怨「父親活太久」（le père que vit trop）。還有別忘了，世界各地在戲劇與詩作中嘲諷長者的傳統源遠流長。另一方面，每個年代也都有長輩認為年輕人放蕩、懶散、不懂得敬老尊賢、自以為是、軟弱、口齒不清。公元前四世紀的古希臘哲學家亞里斯多德怒斥：「他們自以為什麼都懂。」喬叟在十四世紀則輕描淡寫地說道：「老少常常意見不合。」

然而，老少間的針鋒相對，不曾真的升高成世代間的戰爭。有時局勢一觸即發，例如一九六〇年代的青年震盪，或是二〇一六年的英國脫歐投票。不過，每次全面爆發衝突之前，相關討論最終總是會冷卻下來。為什麼？因為沒有任何世代是完全同質的。同齡的人也會各有不同的觀點、價值觀和經濟考量。不是每個六十歲的人都是名下有房子的保守主義者，也不是每個二十歲的人都是窮困的自由派——隨著身分證上的年齡愈來愈不重要，這種情況的普遍性將更勝以往。

❖

為了活出美好的長壽生活，我們需要培養世代之間的信任、理解、尊重，而唯一的辦法，就是讓不同年齡的人有更多相處機會。也就是說，我們必須讓生活、工作、休閒的地點更混齡。不過，最大的目標不是讓不同世代每分每秒都處在一起。「年齡只是數字」這句口號振奮人心，然而也造成了誤導。身分證上的年齡不再那麼重要，但永遠有差。沒人到了八十歲，還會和六十歲、四十歲、二十歲時的狀態一樣。年齡會改變我們，而生命中的每一個階段各有獨特的優缺點。正如拳王阿里（Muhammad Ali）所言：「如果五十歲的人看世界的方式，還跟二十歲時一樣，那他的人生有三十年白活了。」

未來仍舊會有適合分齡的時刻。運動與選美等某些形式的競賽，適合依照出生年齡分組。有一次，我參加專門舉辦給三十五歲以上人士的曲棍球錦標賽，很慶幸自己不必對抗快如閃電的二十歲小夥子。老實講，身旁如果都是跟自己同齡的人，的確比較自在，他們懂得你提到的童年回憶，而且處於相同的人生階段。不是每個問題永遠適合用混齡來解決。

❖

回到仁愛之家的都市農場，史托佛正在照顧作物。他把營養液加進塑膠容器，檢查溫度表上的數字，接著調整幾個旋鈕與轉盤。空氣中飄散著化學物質與蔬菜香氣混和後的好聞氣味。

雖然史托佛知道，青銀共居有其極限，他計畫要一直做下去，直到離開仁愛之家的那一天，包括與泰巴拉保持聯絡。我問史托佛和長者同住後，得到最珍貴的啟示是什麼。他不假思索便回答：「我學到在一生之中，你會做很多事，然而最後你會發現簡單的事才重要。你花了很多時間尋找幸福，然後卻發現幸福其實就在眼前，不論目前幾歲都一樣。」

結語 現在是史上最適合變老的年代：揚棄「讀書、工作、退休」三段式人生

有年紀並不是失去青春，而是帶來機會與力量的新階段。

——女權運動者貝蒂．傅瑞丹

哈佛心理學家艾倫．藍格（Ellen Langer）有一個猜想：一個人如果自認老了，身心就會真的開始退化，但如果把自己當年輕人，則會反過來。一九八一年，藍格測試自己的理論，不過由於她的研究方法相當非正統，研究結果又出人意表，故而不曾投稿至醫學期刊發表。

藍格的計畫是讓八名七十多歲的男性，相信自己其實比目前的年齡小二十二歲，接著評估他們的健康情形因此受到的影響。藍格團隊的方法是在美國新罕布夏州的鄉下僻

靜地區，租下改裝過的修道院。內部裝潢有如時光膠囊，每個細節都刻意符合一九五九年的世界。書架上和各角落擺著該年的雜誌與暢銷書，復古黑白電視上播放著《蘇利文秀》（*The Ed Sullivan Show*，一九四八年至一九七一年的節目），舊型收音機劈哩啪啦響著派瑞・寇摩（Perry Como，美國歌手，在一九四〇年代成名，成名曲為〈Till the End of Time〉）的歌曲。晚間則播放吉米・史都華（Jimmy Stewart，美國男演員，生於一九〇八年）的《桃色血案》（*Anatomy of a Murder*，一九五九年的美國法庭片）等電影。從鏡子到現代服飾，任何會提醒受試者自己目前年齡的物品都被移走，只擺放他們年輕時的照片。

研究人員指示受試者想像自己真的就住在從前的身體裡，不只是回憶過往而已。藍格團隊對待受試者的方式，也彷彿他們處於壯年——讓他們自己拖行李上樓梯，沒有門房幫忙。受試者每天閒聊看到的黑白電影、張伯倫（Wilt Chamberlain，前NBA球員，一九三六年生）等「今日」的運動明星、卡斯楚（Fidel Castro）上台掌控古巴政權的「新聞事件。每場一九五〇年代的模擬對話，都以英文的現在式進行。

受試者在修道院待一星期，他們出來時結果太驚人，令藍格大呼神恩。受試者幾乎每一項健康指標都大幅改善，柔軟度變好，關節炎比較不痛，握力變強，身體姿勢也變正。記憶、聽力、視力皆改善，認知測驗分數提高。實驗的獨立觀察者也表示，受試者看起來年輕許多。在實驗的最後一天、受試者等著回家時，即興來了一場觸身式橄欖球的對決，場面堪比電影《魔繭》（*Cocoon*，劇情為外星人使地球一間安養院的老人意外回春）中的場景。

藍格的「時光倒流」研究不曾經過同儕審查。英國、南韓、荷蘭的電視節目也做過結果各異的相同實驗，但是不曾在學術研究的情境下進行。不論如何，藍格仍然啟發了其他大量實驗，研究結果都一樣：我們如何看待變老這件事，將影響我們如何老去。[1]

我們如果樂觀看待老年，此一研究結果是個好消息。然而，實際狀況並非如此。如同前文在肖迪奇舉辦的募資大會，我們用最糟糕的情況想像晚年。活得更長，通常被當成更大的負擔，而非人類的重大突破。藍格的修道院實驗會成功，原因是受試者原本從相當陰鬱的角度看待變老這件事。

我們可以做些什麼？我們可以倒轉時鐘，否認自己的年齡，騙自己還年輕。或者我們可以採取明智的作法：從正面的觀點看待老年，從根源解決問題。

改變看法不是一件容易的事。不論吃下多少枸杞，早餐前做多少下健身波比跳，年齡會以討厭的方式改變我們的身體和大腦，象徵具備生殖能力的特徵會消失，打擊求生本能，對一部分人做出殘忍可怕的事。不論是誰，死亡前的最後階段，很少帶來樂趣。雪上加霜的是在現代的世界，包括語言、設計、廣告、科技、藝術、工作、教育、娛樂、媒體、運動、時尚、醫學，幾乎事事讚揚青春，迎合年輕人的需求。總而言之，老是一件很難令人接受的事。

然而，很難不代表不可能。前文我們已經提過保持樂觀的多項理由。

首先，老並沒有我們想像的那麼糟，並非小說家菲利普．羅斯筆下的大屠殺。即便有些事確實會走下坡，同時間，有些方面則會漸入佳境。銀髮生活通常不同於我們最悲觀的想像，有可能更豐富、更具深度、更幸福快樂。以《悲慘世界》（*Les Misérables*）的作者法國大文豪雨果（Victor Hugo）為例，一八六九年，時年六十七的他在信上寫道：「我的身體正在走下坡。」雨果是否不久後，就開始一邊讀《世界報》（*Le Monde*，法國大報），一邊打瞌睡流口水？當然沒有。雨果不但沒有江郎才盡，還獲選為巴黎議員，接著又在七十五歲進入參議院。一年後，同為文豪的友人福樓拜（Gustave

Flaubert）評論：「這個老傢伙愈來愈年輕，一輩子沒見過他這麼開心。」雨果在生命尾聲的言論，聽起來像是盲目地讚美老化：「優雅加上皺紋很迷人。老年是難以言喻的幸福開端。」

另一個樂觀的理由在於，我們現在相當清楚如何才能好好老去，包括：多動身體，多動腦；培養樂觀的態度及幽默感；大量的社交生活；避免承受過度的壓力；飲食要健康；飲酒要適量；不要抽菸。只要遵守以上處方，就會有更多人能過著史上最健康的長壽生活。

我們有理由樂觀的最後一個原因（或許也是最有說服力的一點），則是這個世界正在改變，努力開啟銀髮的黃金年代。每一天，醫療人員都在進一步掌握與老年相關的疾病與退化。恢復聽力與視力的新型科技問世，而神經科學家正在研究如何透過大腦移動義肢與操作電腦。設計師忙著打造穿戴式裝置，提供老年的身體一臂之力。科技也不斷開拓新方法，讓我們一直到過世前都能參與這個世界。企業打造適合年長人士的友善工作環境，零售商也忙著改變店內裝潢、產品包裝方式、廣告手法與產品設計。相較於二十年前，今日的世界已經更適合五十歲以上的人士居住。只要朝正確的方向走，二十年後的世界將變得更美好。

人口分布也朝著有利於老年的方向走。每過一年，全球老年人口就更多一些，而人數就是力量。我們比較難忽略或貶低正在成長的族群，尤其多數成員都知道如何好好過活。今日出現史上前所未有的大量銀髮模範，他們以多采多姿的方式勇敢迎接老年。有的人走超級老人的路線，八十幾歲還騎單車上山路，九十幾歲玩風箏衝浪。更多人則是走簡單路線，單純在銀髮歲月從事社交、旅遊、工作、助人、談戀愛、藝術創作、成家立業、跳舞、鍛鍊、做運動、有性生活，讓世人對老年改觀。一切的一切加在一起，各位會得出和本書開頭提到的老化史專家桑恩相同的結論：「現在是史上最適合變老的年代，沒有道理這樣的潮流不會持續下去。」

不過，也不能一味讚揚老年。我們的目標不是從崇拜年輕，改成崇拜老年。沒有任何年齡應該受到敬重或貶低，每個年齡都有各自的喜悲。說穿了，三十、四十、五十不是什麼分水嶺。每個人生時期都值得活。每個年齡都應該開心迎接——這樣的心態不再是遙不可及的理想。

「年齡歧視」一詞問世五十年後，事情正在以史無前例的程度逆轉。電影、電視、廣告出現了大量銀髮族面孔，媒體也逐漸將老年生活描繪成充滿各式無窮的可能性，而非衰老與絕望的荒原。名人以史無前例的程度，回擊網路上流露年齡歧視的酸民。二〇一八年，網友在推特上批評流行歌手「紅粉佳人」（Pink），指責三十八歲的她看起來比二十多歲時老。紅粉佳人反擊，大家拍手叫好。她在推特上回文：「我抱持的心態是能變老是一種福氣。如果你的眼睛與唇邊多了皺紋，代表你常常笑。我祈禱自己十年後會看起來更老，因為那代表我好好活著。」推特事件發生的同一週，紐約的餐點外送服務Postmates 迫於輿論壓力，撤掉公然表達年齡歧視的廣告：「三十歲基本上等於五十歲，五十歲基本上等於躺在棺材裡。如果你來到三十歲大關，心情不好，想一個人吃下一整個蛋糕，就找 Postmates。」年齡歧視愈來愈不見容於世。

從澳洲的「每個年齡都重要」（EveryAGE Counts），一直到美國的「年齡全面運動」（The Radical Age Movement），世界各地對抗年齡歧視的運動正在生根。愈來愈多學生選擇到大學念「年齡研究」（Age Studies）的學位。如同早期的女性運動，人們參加意識提升團體，瞭解年齡歧視是集體問題，必須整個社會齊心協力一同解決。美國退休人員協會執行長喬・安・詹金斯（Jo Ann Jenkins）認為年齡歧視的高峰已經過去，情況逐漸好轉。詹金斯表示：「十年前，我們幾乎必須拜託名人出現在我們的雜誌封面，如今則是隨時有明星毛遂自薦。」

這樣的轉變背後有兩件事助陣。一是對抗年齡歧視的戰役，可以搭上多元化的浪潮。多元運動已經徹底改變人們對性別、種族與性向的看法。第二，年齡歧視也對富裕的白人男性不利，也就是有能力回擊的人口群組。

此外，太多人活太久將讓整個社會破產的說法，得到前所未有的檢視。經濟學領域幾個最有力的聲音，對長壽革命產生了興趣。世界銀行（World Bank）近日提出：「……老化未必代表扶養比將大幅增加、生產力下降，也不代表要在『無法永續的財政形勢』與『普遍貧窮的老年人口』之間做極端的選擇。」如果拿掉枯燥無味的專家術語，將這幾句話翻譯成白話文，其實就是說：活更久，是我們負擔得起的。世界經濟論壇（World Economic Forum）進一步強調長壽將帶來的好處：「……社會如果老年人口比例高，有大量經驗豐富的公民，將擁有我們的祖先不曾擁有的資源：大量的優秀人力。資深公民擁有豐富的知識、優秀的情商、務實的技能、利用創意解決問題的能力，他們為後代子孫著想，願意貢獻能力，以過去做不到的方式改善社會。」突然間，臉書創辦人祖克柏提出的年輕定律變得一點也說不通，老成為一個值得嚮往的境界。

長壽革命是一種結構上的變化，各行各業都將出現轉變，我們因此有兩種選擇。我們可以浪費新型人口分布帶來的禮物，繼續堅守過去的年齡歧視。或者，我們可以擁抱長壽生活，努力讓世界變成更適合每一個人變老的地方。我建議還是挑第二個選項。

我們還有相當長遠的路要走，很長很長的路。若要善用長壽革命，幾乎必須重寫每件事的原則，包括工作、醫療、金融、教育、消費、住房、設計、商業、社會照顧。我們必須讓居住環境更清潔、更安全、更適合走動、更與世「無」隔絕。我們需要新型金融產品，在一生中，用更彈性的方式存錢與消費。我們的退休金制度要能配合更多元的工作模式，讓每個人無法再賺錢時，還能活下去。我們必須找出辦法，支付老化人口的照護支出。我們必須改變目前靠著過度醫療苟延殘喘的模式，打造出更仁慈、更不令人恐懼的死亡模式。機器如今取代人力，奪走不少工作，我們必須提升所有年齡的生產力，以更平均的方式分配勞力與勞動成果。此外，現在是揚棄「讀書、工作、退休」三段式人生路線的時候了，改成更具彈性的模式。那個模式是什麼，目前還很難說，不過起點很清楚：讓每個人都能自由分配時間，依據最適合各個年齡階段的方式，在生活中同時有機會工作、休息、照顧家人、當義工、進修或休閒。

然而，如果要讓前述提到的理想成真，我們必須改變思維。我們必須學習用經濟產出以外的方式，計算個人價值，擁抱慢活的好處，接受倚賴他人是人生的一環。如果我們全都做對了，最後每個人都能在這個世上過著更長壽、更美好的人生。

以上是遠大的目標，但絕非遙不可及的烏托邦，每個人都能盡一分心力。要怎麼做？我們可以改變說話、思考的方式，以及行為模式。先從小小的不隨流俗開始。在網路上說出自己真正的年齡。參加每個人的年紀都比你大或小的活動。實驗放任頭髮變白。在社群媒體放上自己沒修圖的照片。永遠不停止探索。每年過生日時，不再懊悔失去了什麼，改成慶祝今日得到的東西，也期待未來將出現的種種。不待在舒適圈，持續學習新技能。失智症專家克雷格・李齊和學吉他的何月英一樣，打算在六十五歲開始學鋼琴。《納尼亞傳奇》（*The Chronicles of Narnia*）的作者C・S・路易斯（C. S. Lewis）說過：「你永遠不會老到無法設定新目標、做新的夢。」順帶一提，路易斯本人在五十多歲找到一生的摯愛。

我們必須一起改變談論銀髮歲月的方式。語言會影響觀點與行為，這也是為什麼在討論種族、性別、性向時，哪些詞彙能用、哪些不能用，總會引發熱議。現在談論年齡時，也應該同樣留心。只要「老」、「變老」、「老化」、「上了年紀」等字詞使人退避三舍，我們就該試著找出較樂觀正面的替代詞彙。喬治亞西北的阿布哈茲人（Abkhazian）稱長者為「長壽之人」，我喜歡這個叫法。網路創業家吉娜・裴爾（Gina Pell）以「多年生」（perennial，或譯作「長青」）一詞，形容不願意被年齡定義或限制的人。「多年生永遠欣欣向榮，不管幾歲都是重要角色。他們瞭解世界上發生的事，跟上最新科技，也結交各種年齡的朋友。」裴爾表示：「我們參與各種事務，永遠保持好奇心，樂於指導他人。我們是熱情、熱心、創意十足、自信、合群、具備全球思維的冒險家。」

在我們尋找理想新說法的同時，也該重新思考自己運用其他詞彙的方式。以「爺爺」、「奶奶」為例，許多人覺得有孫子是一件既開心又討厭的事，因為升格為祖輩聽起來就是老了。英國作家艾米斯曾說，接到自己做祖父或祖母的消息，彷彿「接到死亡通知」。我發現自己是全曲棍球錦標賽年齡最大的球員時，第一時間就把自己歸類為沒用的老爺爺。從一方面來講，用電吉他嗨翻全場的「搖滾奶奶」、伍稜針織品公司的「霹靂奶奶」、被封為伸展台性感大爺的王德順、在全球各地行善的「祖母力量」等團體，的確有助於改變人們對長者的印象。然而，從另一方面來看，討論處於人生下半場的人士時，不假思索就貼上「爺爺、奶奶」等封號，仍是一種以偏概全的態度。這就像認定所有的男同志都懂時尚，所有的黑人節奏感都很好。許多銀髮族目前不是祖父母，以後也不會是。即便是有孫子的人，也不一定想把自己定義為爺爺、奶奶。

等到有一天，伍稜編織的員工被稱為「霹靂女性」，而不是「霹靂奶奶」；在七十多歲開創音樂事業的人，不被封為「某某奶奶」或「某某爺爺」；當貞可這樣的喜劇人才可以開各式各樣的玩笑，不必只是取笑自己的年齡，我們就知道擊敗年齡歧視的大業已經成功。

有的詞彙或習慣說法，真的可以不必再用。首先不要再講：「我一定是得了老年癡呆症」、「以你的年齡來說算不錯了」、「抗老」。我現在看到銀髮族從事任何活動，都盡量避免用「還在做某件事」來評論。不要講五十歲「還」在打曲棍球，六十歲「還」有性生活，八十歲「還」在經營事業；那些原本就是生活的一部分，沒什麼「還不還」的問題。銀狐熟男艾文斯不講「有一顆年輕的心」。他表示：「那幾個字是胡說八道。人是幾歲就是幾歲，你的年齡會影響你的態度，年紀帶來的是優勢。」

同樣的道理，有一些用爛的話，就別再講了，例如：「五十歲是新的三十歲」、「六十歲是新的四十歲」，沒這回事。五十歲和六十歲還是五十歲和六十歲——再過一百年也是一樣。今日不同的地方，在於我們有能力在每個年紀活得比從前的人都好。假裝比實際年齡小好幾十歲，來慶祝那項人類成就，並不會消除年齡歧視，反而會助長。

談到年齡時，誠實為上策。否認自己的年齡，即便只是開玩笑，也是在否定自己、否定自己的經歷、否定自己的方向，還賦予數字不必要的力量。接受自己的年齡，可以消除常與老化連結在一起的遺憾與自我厭惡。此外，拿出「挑釁」的態度，是幾歲就幾歲，還能挑戰一般的年齡歧視。別人問我們幾歲時，可以照實回答，但接著反問對方為什麼想要知道。如此一來，就能讓對方意識到自己對數字的假設與偏見，或許還能開始消除歧視。

當有人告訴你，以你的年齡來講，你保養得很好，此時也可以採取類似的對策。聽到這種話的時候，我的第一反應是暗喜——太好了，我看起來比同齡的人年輕！不過接著我就會感到不高興，因為這是一種挖苦的讚美。不論對方是善意還是惡意，言下之意就是：「你很醜，因為你老了，不過至少沒像其他同齡的人那麼離譜。」行動主義者亞普懷特建議，碰到這種情況，可以迂迴地反擊：「如果有人告訴你：『以你的年紀來講，你看起來還不賴。』你可以回答：『以你的年齡來講，你看起來也不賴。』接著讓尷尬的沉默醞釀一陣子，讓對方反思，為什麼他們的本意是讚美，感覺卻不像讚美。相較於他人承受的偏見，我們比較容易意識到自己碰上的偏見。此外，這也會帶來解放——尤其是當你開始理解，年齡歧視不是個人的問題或缺點，而是社會上共通的問題，需要大家一起採取行動。只要大家齊心翻轉，生活絕對會更美好。」

我建議大家多多思考未來的自己。工作、照護、助人、育兒、戀愛、創造、性愛、學習、悠閒、旅遊，將在我的生活中扮演什麼樣的角色？我需要賺多少錢、存多少錢？我將如何面對喪親之痛？我再也無法照顧自己時，誰能伸出援手？長青星球創辦人坎博以詼諧口吻，列出「老了才做得好的事」。目前為止，清單上包括：連續十二天什麼事都不做、只看書，也不會有罪惡感；有勇氣誠實說出自己的心聲，包括寫投訴信給報社；建立深度的人際關係；成為蒐藏家；滾床單時有自信，更能體貼床伴。坎博表示：「最後一項讓我有點訝異，不過許多銀髮族都提到性事。」

我家目前十多歲的女兒和朋友玩遊戲，想像自己老了是什麼樣子。有的朋友想和齊女士一樣四處旅遊，打扮要像網紅海倫．露絲．凡溫寇。我女兒的夢想比較傳統，打算穿毛衣，織毛線，烤蛋糕，和孫子玩桌遊。我們不妨學學她們，鼓勵在念書的孩子思考：自己將如何度過生命的各種階段？要如何替每個階段做準備？以後，我們可以讓每個人在迎來下一個十年時……做一做「年齡健檢」，檢查身體健康狀況，向當事人解釋在未來十年，他們的腦袋與身體將如何受到年齡的影響，並提供面對那些改變的最佳方式。

此外，先替人生下半場做好規畫，也能讓人不再那麼恐懼老之將至。法國雷恩市（Rennes）有個四十多歲的教師雅克．杜宏（Jacques Durand）。他有一個十人的朋友團，大家說好退休後要一起住在布列塔尼一間大農莊，彼此照顧，分別貢獻財務、水電、照護、農藝等不同的技能。杜宏表示：「現在我能想像老了會過著什麼樣的生活，再也不怕變老。這是令人興奮的計畫——我幾乎開始期待那一天快點來臨。」

杜宏那段話的關鍵字是「幾乎」。我們很難完全愛上變老這件事，因為變老會失去一些東西，尤其是臨終前的那段時間。不過，我不再恐懼變老，不論是自己變老或他人變老都一樣。我對自己所處的年齡感到滿意，因為年齡象徵我度過五十年的美好歲月。我和別人一樣，還是會擔心時光流逝對健康、財務、外表、親人產生的影響，況且我也不想死。然而，我不再那麼憂慮，因為我知道只要有一點點運氣，加上正確的心態，未來還有很多美好的事物在等我。我期待成為自己這輩子始終應該成為的人。

我剛開始探索老化這件事的時候感到憂鬱，因此，我很開心現在出生證明上的數字，再也不會令我感到自卑或畫地自限。對我來說，在每一週的每一天，我決定如何過日子，比我的實際年齡還重要。我兩年後重返蓋茨黑德的曲棍球錦標賽時，感受到自己的心境確實有所轉變。

我環視運動中心，確認自己依然是現場最接近老爺爺的選手，但不再耿耿於懷。我和其他選手開玩笑，自嘲是老頭子，一起大笑。對我來說，如今重要的不是我幾歲，而是我在場上是否表現良好，享受到競賽的樂趣。隊友在運動中心附近租下一間屋子，我們熬夜喝酒玩牌，調侃彼此，交朋友是沒在分年齡的。雖然我今年沒有靠重新爭球替隊上得分，還是使出了幾招絕活，讓自己露出笑容。我的隊伍順利打完準決賽，進入決賽，差一點就拿到獎杯。

十年後，我還能繼續打蓋茨黑德錦標賽嗎？希望可以，但誰知道呢？我只知道，我已經期待明年還能回來——或許這次終於能高舉勝利的獎杯。

謝辭

雖然書封只列出我的名字，本書其實集結了眾人之力。

我的經紀人派崔克・華許（Patrick Walsh）出馬談妥出版合約，讓一切能夠成真。加拿大藍燈書屋（Random House Canada）的葛雷格・派特（Craig Pyette）與英國西蒙與舒斯特（Simon & Schuster UK）的伊恩・馬歇爾（Ian Marshall）耐性十足，判斷力強，做事一絲不苟——這個雙人組合是最佳編輯團隊。米蘭達・法蘭斯（Miranda France）與帕蜜拉・歐諾黑（Pamela Honoré）一如往常施展魔術，讓我的草稿改頭換面。寇蒂莉亞・紐林・德・羅哈斯（Cordelia Newlin de Rojas）亦提供寶貴的研究助力。

我的著作源自於報導。換言之，我深深仰賴後勤團隊的支援。我能在泰國、黎巴嫩、德國、南韓等地進行採訪，都要感謝幾位口譯員：Itiyada Chareonsiri、Samar Shahine、Hannah Weber、Kim Seo-Yun、Park Yeon-Han。其他助我一臂之力的人士還包括：Carmela Manzillo、Scott Ellard、Ashton Applewhite（艾須頓·亞普懷特）、Debora Price（黛博拉·普萊斯）、Esme Fuller-Thomson（艾絲美·富勒－湯森）、Eric Kaufmann、Hiba Farhat、May Nassour（梅·納索）、Paulina Braun（寶琳娜·卜蘭）、Laila Zahed（萊拉·札希德）、Damian Hanoman-Cornil、Kathy Katerina、James Kimsey、Kat Ray、Marina Rozenman（瑪麗娜·羅姍曼）。

最後，我要深深感謝世界各地抽空與我聊老化這個議題的人士。要是少了他們的真知灼見與精采故事，本書不可能問世。

註釋

前言　不想過生日？門都沒有！

1. Scott Feinberg, ‘Judi Dench on Beating Failing Eyesight, Bad Knees and Retirement’, *Hollywood Reporter*, 21 February 2014.
2. James Boswell, *The Life and Times of Samuel Johnson* (London: Wordsworth Editions, 1999), 849.
3. Market Data Forecast, ‘Anti-Ageing Market by Demographics, by Products, by Services, by Devices, and by Region-Global Industry Analysis, Size, Share, Growth, Trends, and Forecasts (2016–2021)’.
4. Becca R. Levy, Pil H. Chung, Talya Bedord, Kristina Navrazhina, ‘Facebook as a Site for Negative Age Stereotypes’, *The Gerontologist*, 54, 2, 1 (2014): 172–6.
5. Lena Marshal, ‘Thinking Differently About Ageing’, *The Gerontologist*, 55. 4 (2015): 519–25.
   Deirdre A. Robertson, George M. Savvy, Bellinda L. King-Kallimanis, Rose Anne Kenny, ‘Negative Perceptions of Ageing and Decline in Walking Speed: A Self-Fulfilling Prophecy’, *PLOS One*, 10, 4 (2015).

Suzete Chiviacowskya, Priscila Lopes Cardozoa, Aïna Chalabaev, 'Age stereotypes' effects on motor learning in older adults', *Psychology of Sport and Exercise*, 36, (2018): 209–12.

6. 'London Marathon: middle-aged runners faster than their younger counterparts', *Daily Telegraph*, 20 April 2015.
7. Catherine Mayer, 'Amortality', *TIME*, 12 March 2009.

1 我們不是一開始就害怕變老

1. Atul Gawande, *Being Mortal* (London: Profile Books, 2015), 73.
2. Yohan Noah Harari, *Sapiens: A Brief History of Mankind* (London: Vintage), 294.
3. David Pilling, 'How Japan Stood up to Old Age', *Financial Times*, 17 January 2014.

2 要活就要動

1. Robert N. Butler, *Why Survive: Being Old in America* (Baltimore: Johns Hopkins University Press, 2002), 18.
2. Tad Friend, 'Silicon Valley's Quest to Live Forever', *New Yorker*, 3 April 2017.

3. Ross D. Pollock, 'Properties of the Vastus Lateralis Muscle in Relation to Age and Physiological Function in Master Cyclists Aged 55–79 Years', *Ageing Cell*, 17, 2 (2018).
4. Erik Prestgaard, 'Impact of Excercise Blood Pressure on Stroke in Physically Fit and Unfit Men. Results From 35 Years Follow-Up of Healthy Middle-Aged Men', *Journal of Hypertension*, 36, 3, (2018).
5. 'Getting to Grips with Longevity', *The Economist*, 6 July 2017.
6. Institute for Health Metrics and Evaluation (IHME). GBD Compare. Seattle, WA: IHME, University of Washington, 2017. Available from http://vizhub.healthdata.org/gbd-compare
7. E. M. Crimsons, Y. Zhang, Y. Saito, 'Trends Over Four Decades in Disability-Free Life Expectancy in the United States', *American Journal of Public Health*, 106, 7 (2016): 1287–93.
8. Jeffrey Kluger, Alexandra Sifferlin, 'The Surprising Secrets to Living Longer – And Better', *Time*, 15 February 2018.

3 老年創意大爆發

1. Barbara Stauch, *The Secret Life of the Grown-Up Brain: The Surprising Talents of the Middle-Aged Mind* (London: Viking, 2010), 92–8.

2. M. Karl Healey, 'Cognitive Ageing and Increased Distractibility: Costs and Potential Benefits', *Progress in Brain Research*, 169 (2008): 362.
3. A. Eaton, 'Social Power and Attitude over the Life Course', *Personality and Social Psychology Bulletin*, 35, 12 (2009): 1646–60.
4. 2016 study by Information Technology and Innovation Foundation.
5. John P. Walsh, 'Who Invents?: Evidence from the Japan– US Inventor Survey', (2009).
6. Adam Grant, *Originals: How Non-Conformists Move the World* (New York: Penguin Random House USA, 2016), 109–12.
7. Pagan Kennedy, 'To Be a Genius, Think Like a 94-Year-Old', *New York Times Sunday Review*, 7 April 2017.
8. Katherine Woollett, 'Acquiring "the Knowledge" of London's Layout Drives Structural Brain Changes', *Current Biology*, 21 (2011): 2109–14.
9. Denise C. Park, 'The Impact of Sustained Engagement on Cognitive Function in Older Adults: The Synapse Project', *Psychological Science*, 25, 1 (2013): 103–12.
10. Peter Capelli, *Managing the Older Worker: How to Prepare for the New Organisational Order* (Brighton:

Harvard Business Review, 2010), 82.

11. Kan Ding, 'Cardiorespiratory Fitness and White Matter Neuronal Fiber Integrity in Mild Cognitive Impairment', *Journal of Alzheimer's Disease*, 61, 2 (2018): 729–39.

12. 請見 Alzheimer's Disease International: https://www.alz.co.uk/research/statistics

4 老骨頭不一定要退休

1. Pat Thane, Lynn Botelho, *The Long History of Old Age* (London: Thames and Hudson, 2005), 229.

2. Capelli, 48. 'The Older American Worker, Age Discrimination in Employment', Report of the Secretary of Labor to the Congress (Washington, DC, 1965).

3. David Neumark, 'Age Discrimination and Hiring of Older Workers', Federal Reserve Bank of San Francisco, *Economic Letters*, 27 February 2017.

4. Capelli, 91.

5. Julia Angwin, 'Dozens of Companies Are Using Facebook to Exclude Older Workers From Job Ads', ProPublica report, 20 December 2017.

6. 'Working Conditions of an Ageing Workforce', EurWORK, 21 September 2008.

7. Ros Altmann, 'A New Vision for Older Workers: Retain, Retrain, Recruit', report to government (March 2015), 31.
8. Brigit Verwarn, 'Does Age Have an Impact on Having Ideas? An Analysis of the Quantity and Quality of Ideas Submitted to a Suggestion System', *Creativity and Innovation Management*, 18 (2009): 326–34.
9. Joshua K. Harshorne, 'When Does Cognitive Functioning Peak?', *Psychological Science*, 26, 4 (2015): 433–43.
10. Ashton Applewhite, *This Chair Rocks: A Manifesto Against Ageism* (Networked Books, 2016), 79.
11. Barbara Staunch, *The Secret of the Grown-Up Brain: The Surprising Talents of the Middle-Aged Men* (London: Viking, 2010), 89.
12. Igor Grossman, 'Reasoning about Social Conflicts Improves into Old Age', *Proceedings of the National Academy of Sciences of the United States of America*, 107, 16 (2010): 7246–50.
13. Grossman.
14. Jennifer Stanley, 'Age-related Differences in Judgments of Inappropriate Behavior are Related to Humor Style Preferences', *Psychology and Ageing*, 29, 3 (2014): 528–41.
15. Applewhite, 79.

16. Louise Butcher, ‘Older Drivers’, briefing paper, United Kingdom House of Commons, SN409 (2017), 5.
17. ‘Retirement is out, new portfolio careers are in’, *The Economist*, 6 July 2017.
18. William McNaught, ‘Are Older Workers “Good Buys”? A Case Study of Days Inns of America’, *Management Review*, 33, 3 (1992): 53–63.
19. David J. Deming, ‘The Growing Importance of Social Skills in the Labor Market’, National Bureau of Economic Research working paper 21473 (August 2015).
20. Roselyn Feinted, ‘The Business Case for Workers Age 50+: Planning for Tomorrow’s Talent Needs in Today’s Competitive Environment’, report for AARP prepared by Towers Perrin (December 2005), 22.
21. Capelli, 82.
22. John R. Beard, ‘Global Population Ageing: Peril or Promise’, World Economic Forum (Geneva, 2011), 40.
23. Capelli, 31.
24. Alex Börsch-Supan, ‘Productivity and Age: Evidence from Work Teams at the Assembly Line’, Mannheim Research Institute for the Economics of Ageing discussion paper, 148 (2007): 1–30.
25. Timothy A. Malthouse, ‘Effects of Age and Skill in Typing’, *Journal of Experimental Psychology: Gen-*

eral, 113, 3 (1984): 345–71.
26. Judith Kerr, 'My Writing Day', *Guardian*, 25 November 2017.
27. Gary Charness, 'Cooperation and Competition in Intergenerational Experiments in the Field and the Laboratory', *American Economic Review*, 99, 3 (2009): 956–78.
28. Thomas Schott, 'Special Topic Report 2016–2017: Senior Entrepreneurship', Global Entrepreneurship Monitor, fig. 2.2, 21.
29. University of Basel, 'Willingness to Take Risks – a Personality Trait', 30 October 2017.
30. Schott.
31. Benjamin F. Jones, 'Age and High-Growth Entrepreneurship', National Bureau of Economic Research working paper 24489 (2018).
32. Alex Maritz, 'Senior Entrepreneurship in Australia: Active Ageing and Extending Working Lives', Swinburne University of Technology (2015), 3.
33. Emma Jacobs, 'Working Older', *Financial Times Magazine*, 3 July 2015.
34. 'The Sharing Economy', *Consumer Intelligence Series* (2015), 10.
35. Christopher Loch, 'The Globe: How BMW is Defusing the Demographic Time Bomb', *Harvard Busi-*

ness Review (March 2010).

36. 'Jobs Lost, Jobs Gained: Workforce Transitions in a Time of Automation', McKinsey Global Institute (December 2017).
37. Lawrence H. Leith, 'What happens when older workers experience unemployment?', *Monthly Labor Review* (October 2014).
38. Laura Carstensen, *A Long Bright Future: Happiness, Health and Financial Security in an Age of Increased Longevity* (New York: PublicAffairs, 2011), 275.

5 挑戰老年印象

1. Ceridwen Dovey, 'What Old Age Is Really Like', *New Yorker*, 1 October 2015.
2. Dana R. Touron, 'Memory Avoidance by Older Adults: When "Old Dogs" Won't Perform Their "New Tricks"', *Current Directions in Psychological Science*, 24, 3 (2015): 170–76.
3. Christina Draganich, 'Placebo Sleep Affects Cognitive Functioning', *Journal of Experimental Psychology: Learning, Memory, and Cognition*, 40, 3 (2014): 857–64.
4. Mecca R. Levy, 'Longevity Increased by Positive Self-Perceptions of Ageing', *Journal of Personality*

and Social Psychology, 83, 2 (2002): 261.

5. Becca R. Levy, 'Positive Age Beliefs Protect Against Dementia even among Elders with High-risk Gene', *PLOS One*, 13, 2 (2018).
6. Based on research carried about for SunLife's Welcome to Life After 50 campaign (2017).
7. 'The Global Later Lifers Market: How the Over 60s are Coming into their Own', *Euromonitor* (May 2014).
8. Schumpeter, 'The Grey Market: Older Consumer will Reshape the Business Landscape', *The Economist*, 7 April 2016.
9. 'A Silver Opportunity? Rising Longevity and its Implications for Business', *The Economist* (2011), 3.
10. Schumpeter.
11. Schumpeter.
12. Martin Fackler, 'With a Poison Tongue, Putting a Smile on a Nation's Ageing Faces', *New York Times*, 23 March 2012.
13. 'Stress Management', Mayo Clinic staff: https://www.mayoclinic.org/healthy-lifestyle/stress-management/in-depth/art-20044456

14. Mark A. Yoder, 'Sense of Humor and Longevity: Older Adults' Self-Ratings Compared with Ratings for Deceased Siblings', *Psychological Reports*, 76, 3 (1995): 945–46.

6 科技讓眾生平等

1. Smart Insight, 'Global Social Media Research – Summary 2018': https://wearesocial.com/uk/blog/2018/01/global-digital-report-2018
2. 'Age Does Not Define Us', Age of No Retirement (2017), 3.
3. Rob Baesman, 'What it Takes to be Happy and Creative at Work', *Dropbox Business*, 8 June 2016.
4. Patrick Morrison, 'Is Programming Knowledge Related To Age?: An Exploration of Stack Overflow': https://people.engr.ncsu.edu/ermurph3/papers/msr13.pdf
5. Jean Pralong, 'L'Image du Travail Selon la Génération Y: Une Comparaison Intergénérationelle Conduite sur 400 Sujets Grâce à la Technique des Cartes Cognitives', *Revue Internationale de Psychosociologie*, 16, 39 (2010): 109–34.
6. Hal Hershfield, 'You Make Better Decisions If You "See" Your Senior Self', *Harvard Business Review*, June 2013.

7 變老不是通往悲傷星球的單程票

1. Lynn Segal, *Out of Time: The Pleasures and the Perils of Ageing* (London: Verso Books, 2013), 185.
2. Patty David, 'Happiness Grows with Age', *AARP Research* (August 2017).
3. Beard, 40.
4. Jeffrey Kluger, 'Why Are Old People Less Scared of Dying?', *Time*, 11 February 2016.
5. Amelia Grandson, 'Dying is Unexpectedly Positive', *Psychological Science*, 28, 7 (2017): 988–99.
6. Brooke E. O'Neill, 'Happiness on the horizon', *University of Chicago Magazine*, November–December 2009.
7. 資料來源為 UK Office of National Statistics。見 fig. 1: https://www.ons.gov.uk/peoplepopulationandcommunity/wellbeing/articles/measuringnationalwellbeing/atwhatageispersonalwellbeingthehighest
8. Andrew J. Oswald, 'Do Humans Suffer a Psychological Low in Midlife? Two Approaches (With and Without Controls) in Seven Data Sets', National Bureau of Economic Research working paper w23724 (2017).
9. Gawande, 178.
10. Laura L. Carstensen, 'Socioemotional Selectivity Theory and the Regulation of Emotion in the Second

Half of Life', *Motivation and Emotion*, 27, 2 (2003): 103–23.

11. 數據取自 Age UK and the Campaign to End Loneliness: https://www.campaigntoendloneliness.org/loneliness-research/
12. AARP survey: https://www.aarp.org/research/topics/life/info-2014/loneliness_2010.html
13. Tim Adams, 'Interview with (neuroscientist) John Cacioppo', *The Guardian*, 28 February 2016.
14. 資料來源為全球健康服務公司康健人壽（Cigna）所做的研究：https://www.multivu.com/players/English/8294451-cigna-us-loneliness-survey/
15. Laura L. Carstensen, 'Ageing and Emotional Memory: The Forgettable Nature of Negative Images for Older Adults', *Journal of Experimental Psychology: General*, 132, 2 (2003): 310–24.
16. Vincanne Adams, 'Ageing Disaster: Mortality, Vulnerability, and Long-Term Recovery Among Katrina Survivors', *Medical Anthropology*, 30, 3 (2011): 247–70.
17. Aaron Hicklin, 'David Bowie: An Obituary', *Out*, 11 January 2016.

8 以皺紋與白髮瀟灑示人

1. George Minois, *History of Old Age* (Cambridge: Polity Press, 1989), 10.

2. Thane, 134.
3. Thane, 21.
4. 見梅約診所醫學中心（Mayo Clinic）的健康老齡網站：https://www.mayoclinic.org/healthy-lifestyle/healthy-ageing/in-depth/growth-hormone/art-20045735
5. Minois, 303.
6. Susanna Mitro, 'The Smell of Age: Perception and Discrimination of Body Odors of Different Ages', *PLOS One*, 7, 5 (2012):
7. 數據取自 Fashion Spot.
8. Laura M. Hsu, 'The Influence of Age-Related Cues on Health and Longevity', *Perspectives on Psychological Science*, 5, 6 (2010): 635.

9 解除禁忌的熟齡戀愛

1. Thane, 134.
2. Michel Houellebecq, *The Possibility of an Island* (London: Phoenix, 2005), 182.
3. 'Pensioners are an Underrated and Underserved Market', *The Economist*, 8 July 2017.

4. ‘Pensioners are an Underrated and Underserved Market’, *The Economist*, 8 July 2017.
5. Segal, 89.
6. David Lee, ‘Sexual Health and Wellbeing Among Older Men and Women in England: Findings from the English Longitudinal Study of Ageing’, *Archives of Sexual Behavior*, 45, 1 (2015): table 5.
7. 見 OkCupid 所做的研究：http://www.businessinsider.com/10-surprising-charts-about-sex-2012-3?IR=T
8. Boston University School of Medicine: http://www.bumc.bu.edu/sexualmedicine/physicianinformation/epidemiology-of-ed/
9. David Lee, ‘How Long Will I Love You? Sex and Intimacy in Later Life’ (2017): https://www.researchgate.net/publication/315165295_How_long_ will_I_love_you_Sex_and_intimacy_in_later_life
10. Michael E. Metz, *Enduring Desire* (Abingdon: Rutledge, 2010).

10 發揮最大剩餘價值

1. Encore.org, ‘Purpose in the Encore Years: Shaping Lives of Meaning and Contribution’ (2018), 10.
2. Merrill Lynch, ‘Giving in Retirement: America’s Longevity Bonus’ (2015), 14.

3. Baris K. Yörük, 'Does Living to Charity Lead to Better Health? Evidence from Tax Subsidies for Charitable Giving', *Journal of Economic Psychology*, 45 (2014): 71–83.
4. Jenny Santi, 'The Secret to Happiness is Helping Others', *Time*, 4 August 2017.
5. Pär Bjälkebring, 'Greater Emotional Gain from Giving in Older Adults: Age-Related Positivity Bias in Charitable Giving', *Frontiers in Psychology*, 7 (2016): 846.
6. Merrill Lynch, 'Giving in Retirement: America's Longevity Bonus' (2015), 3.
7. Kessler, 698.

11 青銀交流，減少世代隔閡

1. Eva-Marie Kessler, 'Intergenerational Potential: Effects of Social Interaction Between Older Adults and Adolescents', *Psychology and Ageing*, 22, 4 (2007): 691.
2. Anne Karpf, *How to Age* (London: Macmillan, 2014), 92.
3. Benevolent Society, 'The Drivers of Ageism' (2017), 26.
4. Lancaster University, 'Research Shows McDonald's Customers Prefer Older Workers', 9 January 2009.
5. Charness.

6. ‘Elders not Better: In Germany Mature Workers are Answering to Young Supervisors’, *The Economist*, 15 December 2016.

結語　現在是史上最適合變老的年代

1. Bruce Grierson, ‘What if Age is Nothing but a Mind-Set?’, *New York Times Magazine*, 22 October 2014.

推薦閱讀

Ashton Applewhite, *This Chair Rocks: A Manifesto Against Ageism* (Networked Books, 2016).

Marina Benjamin, *The Middlepause: On Life After Youth* (London: Scribe UK, 2017).

Dan Buettner, *The Blue Zones (2nd Edition): 9 Lessons for Living Longer From the People Who've Lived the Longest* (Washington, DC: National Geographic, 2012).（中文版：丹・布特納，《打造藍區飲食法，吃出不老人生：五個地球上最長壽地區的飲食之道》）

Robert N. Butler, *Why Survive: Being Old in America* (Baltimore: Johns Hopkins University Press, 2002).

Peter Capelli, *Managing the Older Worker: How to Prepare for the New Organisational Order* (Brighton: Harvard Business Review, 2010).

Laura Carstensen, *A Long Bright Future: Happiness, Health and Financial Security in an Age of Increased Longevity* (New York: Public Affairs, 2011).

Gene D. Cohen, *The Mature Mind: The Positive Power of the Aging Brain* (New York: Basic Books, 2006).

（中文版：吉恩・柯翰，《熟年大腦的無限潛能》）

Marc Freedman, *The Big Shift: Navigating the New Stage Beyond Midlife* (New York: Public Affairs, 2012).

Atul Gawande, *Being Mortal* (London: Profile Books, 2015).（中文版：葛文德，《凝視死亡：一位外科醫師對衰老與死亡的思索》）

Christopher Gilleard, *Cultures of Ageing: Self, Citizen and the Body* (London: Rutledge, 2000).

Adam Grant, *Originals: How Non-Conformists Move the World* (New York: Penguin Random House USA, 2016).

Lynn Gratton, Andrew Scott, *The 100-Year Life: Living and Working in an Age of Longevity* (London: Bloomsbury Business, 2017).（中文版：葛蘭特，《反叛，改變世界的力量：華頓商學院最啟發人心的一堂課》）

Bruce Grierson, *What Makes Olga Run? The Mystery of the 90-Something Track Star and What She Can Teach Us About Living Longer, Happier Lives* (Toronto: Vintage, 2014).（中文版：布魯斯・葛里森，《最活力的老後：95歲金牌阿嬤教你不只老得很健康，還可以有成就、有夢想！》）

Margaret Morganroth Gullette, *Agewise: Fighting the New Ageism in America* (Chicago: University of Chicago Press, 2011).

Anne Karpf, *How to Age* (London: Macmillan, 2014).（中文版：安妮・卡普芙，《艾倫・狄波頓的人生學校：關於變老這件事》）

Anne Kreamer, *Going Grey: How to Embrace your Authentic Self with Grace and Style* (London: Little Brown, 2009).

George Magnus, *The Age of Ageing: How Demographics are Changing the Global Economy and Our World* (Hoboken: John Wiley & Sons, 2008).

Catherine Mayer, *Amortality: The Pleasures and Perils of Living Agelessly* (London: Vermillion, 2011).（中文版：凱瑟琳・梅爾，《逆齡社會：愈活愈年輕的全球新趨勢》）

George Minois, *History of Old Age: From Antiquity to the Renaissance* (Cambidge: Polity Press, 1989).

Joan Price, *Naked at Our Age: Talking Out Loud About Senior Sex* (Berkeley: Sea Press, 2011).

Lynne Segal, *Out of Time: The Pleasures and the Perils of Ageing* (New York: Verso Books, 2013).

Gordon F. Shea, Adolf Haasen, *The Older Worker Advantage: Making the Most of Our Aging Workforce* (Westport: Praeger, 2005).

Barbara Starch, *The Secret Life of the Grown-Up Brain: The Surprising Talents of the Middle-Aged Mind* (London: Viking Books, 2010).（中文版：芭芭拉・史特勞區，《腦到中年照樣靈光：成熟大腦&中

年心智出人意表的開創優勢》）

Pat Thane, Lynn Botelho, *The Long History of Old Age* (London: Thames and Hudson, 2005).

Bill Thomas, *Second Wind: Navigating the Passage to a Slower, Deeper and More Connected Life* (London: Simon & Schuster, 2015).

終極慢活：現在是當老人最好的時代 / 卡爾.歐諾黑（Carl Honoré）著 ; 許恬寧譯. -- 初版. -- 臺北市 : 大塊文化, 2019.06
252面 ; 14×20公分. --（from ; 128）
譯自 : Bolder : making the most of our longer lives
ISBN 978-986-213-981-3（平裝）

1. 老年　2. 生活指導

544.8　108007172